Brüssel
Paris
Französisch
R. L. F.
Rumänisch
Bukarest
Italienisch
Lissa-bon
Madrid
Barcelona
Katalanisch
Spanisch
Portugiesisch
Sardisch
Rom
R. = Rätoromanisch
L. = Ladinisch
F. = Friaulisch
tum
Aquincum
Regnum Bospori
Dacia
107 n. Chr.
Tomi
Pontus Euxinus
29/28 v. Chr.
Thracia
46 n. Chr.
Byzantium
65 v. Chr.
Armenia
114–117 n. Chr.
Regnum Parthorum
Philippi
148 v. Chr.
Thessalonice
Nicomedia
Ancyra
25 v. Chr.
Cappadocia
18 n. Chr.
Troia
Pergamum
Pydna
Asia
Pharsalus
133/129 v. Chr.
Mesopotamia
115–117 n. Chr.
Actium
Athenae
Ephesus
103 v. Chr.
67 v. Chr.
Tigris
Corinthus
Achaia
146 v. Chr.
Miletus
Lycia
Antiochia
63 v. Chr.
74 n. Chr.
Rhodus
Euphrates
58 v. Chr.
Cnossus
67 v. Chr.
105 n. Chr.
Damascus
Babylon
Tyrus
Iudaea
Hierosolyma
Internum
74 v. Chr.
Cyrenaica
Alexandria
Petra
Arabia
105 n. Chr.
Aelana
30 v. Chr.
Aegyptus

# Salvete

Neue Ausgabe

Texte und Übungen

Band 1

Unter beratender Mitarbeit von

**Peter Broghammer**
**Andreas Efing**
**Ute Fenske**
**Werner Fortmann**
**Karlheinz Glaser**
**Thomas von Kleinsorgen**
**Heinrich Krefeld**
**Monika Lange**
**Hartmut Loos**
**Andreas Nick**
**Christa Palmié**
**Beate Promberger**
**Sylvia Thiele**

# Salvete

## Neue Ausgabe

### Texte und Übungen

### Band 1

Von

Ulrike Althoff
Maren Berghorn
Alfred Bertram
Manfred Blank
Sylvia Fein
Regina Freese-Rieck
Armin Höfer
Jens Kühne
Gisa Lamke
Ina Lehmann
Christoph Schmid
Stefan Schrade
Brigitte Weber

Cornelsen

Für Hinweise und Anregungen danken wir

Herrn Dieter Belde, Hamburg
Frau Britta Boberg, Berlin
Herrn Joerg Ferrari, Friedrichshafen

Namen- und Sachregister:
Gabriele Nick, Stefanie Prähofer

Redaktion: Werner Schmidt
Illustration: Ulrike Braun, Hans Wunderlich, Berlin
Umschlaggestaltung: Wolfgang Lorenz
Layoutkonzept: Christoph Schall
Layout und technische Umsetzung: Wladimir Perlin, Berlin

Die Abbildung auf dem Umschlag zeigt Schauspieler vor Kulissen
für den Film *Mein Vater, der Kaiser*. Dieser Film über Kaiser Augustus wurde
2002 in Tunesien produziert.

**www.cornelsen.de**

Dieses Werk berücksichtigt die Regeln der reformierten Rechtschreibung
und Zeichensetzung.

1. Auflage, 2. Druck 2006/06

Alle Drucke dieser Auflage sind inhaltlich unverändert
und können im Unterricht nebeneinander verwendet werden.



Druck: CS-Druck CornelsenStürtz, Berlin

ISBN-13: 978-3-06-120094-7
ISBN-10: 3-06-120094-0

Inhalt gedruckt auf säurefreiem Papier aus nachhaltiger Forstwirtschaft.

Salvete!

Mit diesem lateinischen Gruß begrüßen wir euch in der Welt der Römer. In 45 Lektionen lernt ihr hier die Grundlagen der lateinischen Sprache und der römischen Kultur kennen.

Jede Lektion umfasst in der Regel 4 Seiten und ist gleich aufgebaut:

- Auf der ersten Seite zeigen **Landkarte und Zeitstrahl**, wo und wann die Handlung der Lektionstexte spielt.
- Unter der Überschrift **GUT ZU WISSEN** führt die erste Lektionsseite wichtige Vokabeln der folgenden Lektionstexte ein, klärt Grammatik und Inhalt.
- Auf der ersten Lektionsseite findet ihr außerdem kurze Sätze und Ausdrücke, mit denen ihr euch lateinisch unterhalten könnt. Deshalb lautet die Überschrift hier ***Loquāmur Latīnē*** – Sprechen wir doch Latein!
- Auf der zweiten und vierten Lektionsseite stehen die lateinischen **Lektionstexte**. Meist führt ein deutscher Text in das Thema ein.
- Auf der zweiten, dritten und vierten Seite findet ihr nummerierte **Arbeitsanregungen** und **Übungen**; sie sind durch verschieden farbige Querbalken kenntlich gemacht.
  - Fragen zu Inhalt, Formen und Satzlehre
  - Wortschatzübungen
  - Anregungen für Spiele und andere Unternehmungen
  - Vergleiche mit dem Deutschen und modernen Fremdsprachen
- Der ***Informationstext*** auf der 3. Seite erläutert und vertieft Themen der Lektionen.

Auf den 5 Spezial-Doppelseiten zum Thema ***Übersetzungstraining*** lernt ihr Schritt für Schritt Dinge, die wichtig sind, um lateinische Texte zu übersetzen. Spezielle Übungen hierfür sind in den Lektionen mit dem Schraubenschlüssel gekennzeichnet. Die Zahlen geben an, auf welche der 5 Doppelseiten sich die Übungen beziehen.

Nach jeweils 9 Lektionen gibt es eine **CLARO**-Lektion. Sie macht klar, was ihr schon könnt und in welchen Bereichen eine Wiederholung gut tut.

Im **Vokabelverzeichnis** ab S. 144 sind die Vokabeln zu den einzelnen Lektionen in der Reihenfolge aufgeführt, in der sie in den Lektionstexten vorkommen.
**Tipps zum Vokabellernen** (S. 142) zeigen verschiedene Wege, sich diese Arbeit zu erleichtern.
In den Bildfolgen **De rebus Romanis** sind die Bedeutungen wichtiger Vokabeln durch besonders eindrucksvolle Bilder aus der Welt der Römer veranschaulicht.

Bene eveniat! Autoren, Berater und Verlag

# RÖMISCHES UND LATEINISCHES BEGEGNET UNS

murus • muro • Mauer • mur

Juventus Turin

Trier

Porta Westfalica

nulla poena sine lege

Mode

Mainz

Borussia Dortmund

delere • (to) delete

SOLVIS

Expedition zum Mars

Konstanz

Sensationelle Bilder des Saturn

Köln

bonus, -a, -um • buono, -a • bon, bonne • buen(o), -a

Audi

amicus • amigo • ami • amico

dividere • dividieren • (to) divide • diviser • dividir

hora • Uhr • heure • ora • hour

filia • hija • fille • figlia

## RÖMISCHES UND LATEINISCHES – WIR SAMMELN INFORMATIONEN

1 Ordnet die abgebildeten Beispiele für Römisches und Lateinisches verschiedenen Bereichen zu.

2 Sammelt zu diesen Bereichen weitere Beispiele, die ihr zu Hause, im Fernsehen und in Zeitungen oder im Urlaub findet.

1 LEBEN IN DER GROSSSTADT

# *Alle Wege führen nach Rom*

500 v. Chr. | zwischen 10 und 70 n. Chr. | 500 | 1000 | 1500 | 2000

## GUT ZU WISSEN

***Loquāmur Latīnē***

– *Salvēte puerī!*

– *Salvē magistra! Salvē magister!*

– *Quod nōmen est tibi?*

– *Mihi nōmen est Mārcus, Claudia …*

– *Quis es?*

– *Magistra/Magister/Puella/Puer sum.*

– *Valēte puerī!*

– *Valē magistra! Valē magister!*

# TEXT 1 *Treffpunkt Goldener Meilenstein*

Titus springt aus dem Bett. Heute Vormittag hat er viel vor. Sein Vater, der reiche Kaufmann Marcus Livius Maximus, hat ihn beauftragt, Gäste vom *forum Romanum* abzuholen.

Da Titus schon fünfzehn ist, darf er dieses Jahr die Zeichen der Volljährigkeit in Empfang nehmen. In wenigen Tagen ist es so weit. Titus freut sich schon darauf, seine Gäste zu begrüßen. Im Übrigen gibt es auf dem *forum Romanum*, dem Zentrum Roms, immer viel zu sehen. Titus nimmt sogar in Kauf, dass ihn seine kleine zehnjährige Schwester Livia begleitet. Immerhin hat er dadurch erst einmal Ruhe vor seinem sechsjährigen Bruder Secundus. Die Eltern können nicht mitkommen: Vater Marcus erwartet eine große Warenlieferung, Mutter Cornelia bereitet das bevorstehende Fest vor. Deshalb begleitet ein Sklave namens Theodorus die Kinder.

Titus und Livia werden Verwandte und alte Freunde der Familie wiedersehen. Ihr Onkel Rufus reist aus Pompeji in Süditalien an. Quintus, ein enger Freund der Familie, hat einen noch weiteren Weg. Er wird aus Britannien erwartet, wo er sich als Händler niedergelassen hat. Als Treffpunkt ist das *milliarium aureum* vereinbart, der „Goldene Meilenstein“ auf dem Forum. Ein idealer Treffpunkt. Diese Säule war zum Teil mit Gold verziert. Auf dem Meilenstein standen die Namen der wichtigsten Städte des Reiches. Komm doch einfach mit ...

Ecce forum Rōmānum. Forum Rōmānum amplum est.
Ecce monumentum. Monumentum mīlliārium[1] est.
Mīlliārium[1] est aureum[2] et altum.
Hīc sedet Titus, illīc[3] sedet Līvia.
Ecce Titus. Titus attentus est.
Ecce Līvia. Etiam Līvia attenta est.
Titus hūc spectat, illūc[4] Līvia.
Etiam Theodōrus adest. Theodōrus et servus Graecus et paedagōgus[5] est.
Etiam Theodōrus circumspectat[6].
Nunc Līvia fessa est. Nam diū exspectat.
*Līvia:* „Ubī est Quīntus? Ubī est Rūfus?“

1 mīlliārium n. *Meilenstein*
2 aureus, -a, -um *golden*
3 illīc (Adv.) *dort*
4 illūc (Adv.) *dorthin*
5 paedagōgus m. *Begleiter der Kinder, Erzieher*
6 circumspectat (er/sie/es) *schaut umher, sieht sich um*

**1** Wie kommen Quintus und Rufus auf dem schnellsten Wege nach Rom? Verwende dazu die Karten auf den Innenseiten des Umschlags.

**2** Plane nun deine eigene Reiseroute nach Rom für die nächsten Ferien: Welche Verkehrsmittel benutzt du, wie lang ist die Strecke und durch welche Länder reist du?

1 **3** Wie gut kennst du schon Titus, Livia, Theodorus, Quintus und Rufus? Was sind sie? Welche Eigenschaften haben sie? Wie handeln sie? Sammle dazu aus den Einleitungs- und Lesetexten die passenden *Adjektive, Substantive* und *Verben*.

4 Schreibe aus den beiden Texten alle *Substantive* nach ihrem *Genus* in einer Tabelle geordnet heraus.
Beispiel:

| Maskulinum | Femininum | Neutrum |
|---|---|---|
| Titus | Līvia | forum |

5 Titus will Livia noch andere Dinge zeigen, doch auf dem Forum herrscht großer Lärm. Manchmal versteht man sein eigenes Wort nicht. Besonders die *Endungen* einiger Worte gehen in der Vielfalt der Geräusche unter. Kannst du Titus und Livia helfen?
*Beispiel:* Forum ampl--- est. – Forum ampl*um* est.
Forum Rōmānum māgn--- est. Ecce mīlliāri--- aureum! Mīlliāri--- alt--- est. Serv--- māgnus appropinqua--- . Hīc dominus sede--- .

6 Kleiner, aber feiner Unterschied! Wo wird das Adjektiv als *Attribut,* wo als *Prädikatsnomen* verwendet?
Sērva magna labōrat. Dominus attentus est. Amicus Britannicus appropinquat. Gaudium magnum est.

7 Lies Text 1 und 2. Nenne die Namen der dort auftretenden Personen. Wer von ihnen ist hier abgebildet? Welche der abgebildeten Personen kommen in der Geschichte noch nicht vor?

## *Die Familie des Marcus Livius Maximus*

# TEXT 2 *Warten auf Rufus*

Das Forum wimmelt nur so von Menschen. Die Zeit verrinnt. Titus versucht, Livia bei Laune zu halten und zeigt ihr, aus welchen Gebieten des riesigen römischen Reiches die Leute kommen.

*Titus:* „Ecce! Hīc stat servus Germānicus, illīc[3] sedet domina Graeca.
Hīc dominus Aegyptius clāmat, illīc[3] serva Syra labōrat."
Sed *Līvia:* „Ubī est amīcus Britannicus, ubī est Rūfus?"
Subitō dominus appropinquat et clāmat. Quis est?
Est amīcus Britannicus. Quam māgnum est gaudium!
Titus rīdet, etiam Līvia gaudet.
Sed Theodōrus nōn gaudet. Nam Rūfus nōn adest.
*Paedagōgus*[5] murmurat[7]: „Rūfus semper tardus est …"

3 illīc (Adv.) *dort*
5 paedagōgus m. *Begleiter der Kinder, Erzieher*
7 murmurat (er/sie/es) *murmelt, brummt*

## VON WORT ZU WORT

8 Füge zu jedem Substantiv aus Übung 4 eine neue passende Eigenschaft, also ein *Adjektiv*, hinzu. Achte auch hier auf das Genus.
Beispiel: forum *amplum*

Aegyptius • amplus • altus • attentus • aureus • Britannicus • fessus • Germānicus • Graecus • māgnus • Rōmānus • tardus

9 Stell dir vor, du stehst auf dem Forum Romanum und erzählst einem Freund auf Latein, was du dort siehst. Kombiniere die vorgegebenen *Substantive, Adjektive* und *Verben* zu neuen Sätzen. Du kannst dazu Wörter auch mehrmals verwenden. Verstehen dich deine Mitschüler? Lasse sie deine lateinischen Sätze zur Kontrolle übersetzen.

| | |
|---|---|
| Substantive | dominus, forum, monumentum, serva, paedagōgus |
| Adjektive | amplus, altus, attentus, fessus, māgnus, tardus |
| Verben | clāmat, est, gaudet, labōrat, rīdet, spectat |

## UND IN MODERNEN SPRACHEN?

10 Mit Latein findest du dich auch in vielen anderen europäischen Sprachen zurecht. Von welchem lateinischen Wort stammen die Wörter folgender Sprachen?

| spanisch | italienisch | französisch | englisch | deutsch |
|---|---|---|---|---|
| monumento | monumento | monument | monument | Monument |
| es | è | est | is | ist |
| amplio, -a | ampio, -a | ample | ample | ... |
| atento, -a | attento, -a | attentif, -ive | attentive | ... |

# 2 LEBEN IN DER GROSSSTADT
# *Erlebnisse im alten Rom*

## GUT ZU WISSEN

***Loquāmur Latīnē***

*Quot annōs nāta/nātus es?*

*Novem/Decem/Undecim/Duodecim/*
*Trēdecim annōs nāta/nātus sum.*

# TEXT 1 *Ein verlockender Duft*

Quintus, der ja schon lange nicht mehr in Rom gewesen ist, schlägt den Kindern vor, das Forum und seine Umgebung zu erkunden. Theodorus muss inzwischen am Goldenen Meilenstein weiter auf Rufus warten ...
Quintus staunt über Neubauten in der Stadt. Die Sonne steht schon sehr hoch am Himmel, es wird immer heißer. Plötzlich steigt ihnen ein verlockender Duft in die Nase. Da merken Quintus und die Kinder, wie hungrig und durstig sie sind ...

Ubīque aedificia māgna sunt. Subitō *Titus* puer clāmat: „Ecce taberna!"
Porta aperta est. Intus nōnnūllae sellae[1] sunt.
Quīntus amīcus circumspectat[2].
Etiam puerī circumspectant[2].
Intus multī virī sunt. Aliī sedent, aliī stant.
Nōnnūllī sunt Rōmānī, nōnnūllī sunt barbarī; aliī dominī sunt, aliī servī.
Hīc Rōmānī rīdent, illīc[3] Graecī disputant.
Etiam nōnnūllae fēminae, et dominae et servae, adsunt.
Tandem puerī et Quīntus sedent.
Tum *cōpa*[4], fēmina pulchra, appropinquat:
„Cibī sunt bonī. Etiam vīnum bonum est."
Quīntus et puerī gaudent et cēnant[5].
Tandem Quīntus et Titus et Līvia contentī sunt.
Subitō autem *Quīntus:* „Ubī est pecūnia?"
Timet et sollicitus est. Nam pecūnia dēest.
Iam cōpa[4] appropinquat ...

1 sella f. *Sitz, Sessel*
2 circumspectat (er/sie/es) *schaut umher, sieht sich um;* circumspectant *sie schauen umher, sehen sich um*
3 illīc (Adv.) *dort*
4 cōpa f. *Wirtin, Kellnerin*
5 cēnant *sie speisen, essen*

## WIR SPIELEN DIE SZENE

**1** Wie könnte die Geschichte weitergehen? Versuche deine Vermutung aus dem Text zu begründen. Spielt die Szenen.

**2** Was isst du am liebsten, wenn du unterwegs Hunger bekommst? Welche Art von Gaststätten gibt es in deinem Wohnort?

1 **3** Leicht zu verwechseln: Was ist *femininum,* was ist *neutrum*?
pecūnia, perīcula, puella, mēnsa, monumenta, gaudia, vīna, aqua, aedificia

**4** Aus eins mach zwei: Setze in den *Plural* und übersetze die neue Form.
*Beispiel:* timet – *timent – sie fürchten*
puer, serva, adest, aedificium, vir, rīdet, disputat, dominus

***Abb. 1*** *Ein römisches Festessen. Wandmalerei aus Pompeji*

## *Die Taberna: Fastfood schon im alten Rom*

Für hungrige Reisende gab es im alten Rom ein vielfältiges Angebot an Speisen. Imbissverkäufer schoben Warmhaltekessel durch die Straßen und priesen dampfende Würstchen und andere Leckerbissen mit lautem Geschrei an. Oft verursachten diese Verkäufer Fußgängerstaus in den engen Gassen.
Etwas bequemer waren Imbissstuben oder Weinschenken (*tabernae*), die es an vielen Straßenecken im Erdgeschoss großer Mietshäuser gab. Hier konnte man sein Essen an einer Theke im Stehen oder auf Bänken oder Stühlen sitzend einnehmen.
Der Kunde bekam warme und kalte Getränke und einfache Speisen wie Suppen und Gemüsegerichte, auch Backwaren und Obst. Man konnte sich das Essen auch zum Mitnehmen einpacken lassen.
Für viele Römer war dies die einzige Möglichkeit, ein warmes Essen zu bekommen: In ihren engen Mietwohnungen hatten sie oft gar keinen Herd, um sich selbst etwas zu kochen.
Vornehme Speiselokale gab es kaum. Reiche Römer aßen in ihren Privathäusern.

## TEXT 2 *Alarm!*

Subitō autem *vir* clāmat: „Incendium, incendium! Māgnum perīculum!“ Cūnctī timent. Aliī trepidant[6], aliī clāmant. Turba māgna ēvolat[7]. Etiam Quīntus et puerī ēvolant[7]. Forīs multī virī et multae fēminae stant et spectant. Illīc[3] aedificium māgnum et pulchrum ārdet. Ubīque flammae sunt. Iam alia aedificia ārdent. Subitō servī pūblicī advolant[8]. Iam aqua adest. Nunc etiam aliī virī adsunt. Tandem incendia exstīncta[9] sunt. Aedificia nōn iam ārdent. Cūnctī gaudent. Etiam Quīntus et puerī laetī sunt. Nam *cōpa*[4], fēmina bona, clāmat: „Nunc cibī sunt grātuītī.“

**3** illīc (Adv.) *dort*
**4** cōpa f. *Wirtin, Kellnerin*
**6** trepidant *sie zittern, sind ängstlich*
**7** ēvolat (er/sie/es) *läuft schnell hinaus;* ēvolant *sie laufen schnell hinaus*
**8** advolant *sie kommen schnell herbei*
**9** exstīnctus, -a, -um *gelöscht*

**5** Welche Personen erkennst du aus Lektion 1 wieder?
Text 1 und 2 bilden eine zusammenhängende Geschichte. Oft findest du am Satzanfang Wörter, die die einzelnen Sätze eng miteinander verknüpfen. Sie heißen *Konnektoren* (Satz-Verbinder). Sie reihen Aussagen aneinander, enthalten Zeit- oder Ortsangaben, leiten Begründungen oder einen Gegensatz ein.

Lege in deinem Heft eine Tabelle nach dem folgenden Muster an:

| Aneinander-reihung | Zeitangabe | Ortsangabe | Begründung | Gegensatz |
|---|---|---|---|---|
| | | | | |

Trage die in Text 1 und 2 enthaltenen *Konnektoren* entsprechend ihrer *Sinnrichtung* ein.

**6** Einer oder mehrere? Entscheide, ob folgende Sätze im *Singular* oder *Plural* stehen und wandle sie dann in den anderen *Numerus* um.
*Beispiel:* Aedificium altum est. – Aedificia alt*a sunt*.

Taberna māgna est. Sellae māgnae sunt. Virī Graecī rīdent. Dominus Rōmānus clāmat. Servī bonī advolant. Vīnum bonum est. Dominus contentus est et gaudet. Puerī laetī sunt. Puella pulchra gaudet. Subitō perīculum māgnum adest. Aedificia ampla ārdent. Fēmina clāmat. Servī pūblicī appropinquant.

# 3 LEBEN IN DER GROSSSTADT

# *Ein aufregender Nachmittag*

500 v. Chr. — *zwischen 10 und 70 n. Chr.* — 500 — 1000 — 1500 — 2000

## GUT ZU WISSEN

***Loquāmur Latīnē***

*Ecce familia mea.*

*Ecce pater, ecce māter.*

*Ecce frāter et soror.*

*Ecce avia, ecce avus.*

*Estne tibi frāter aut soror?*

# TEXT 1 *Gefährliche Subura*

Livia, Titus und Quintus sind froh und erleichtert über den glücklichen Ausgang des Vormittags. Sie spazieren zu der lebhaften Geschäftsstraße Argiletum, in der Handwerker und Buchhändler ihre Waren verkaufen. Dort gibt es viel zu sehen …

Titus et Līvia circumspectant[1]. Hīc servī labōrant: Aliī aquam et frūmentum apportant, aliī saccum complent. Illīc[2] līberī servās vident. Servae alia negōtia exercent: Cibōs parant et vīnum apportant.
Tum asinus appropinquat. Saccōs et nōnnūlla īnstrūmenta portat. Servus asinum agitat.
Subitō Līvia trepidat[3] … armilla[4] deest.
*Līvia* circumspectat[1], tum clāmat : „Ecce vir! Armillam[4] habet."
Multī virī et fēminae circumspectant.

Inter servōs virum vident. Vir per viam angustam[5] festīnat. Nunc etiam *nōnnūllī servī* prope tabernam clāmant: „Fūrtum[6], fūrtum!" Iam virum urgent.
Subitō vir ad īnsulam obscūram festīnat. Etiam servī ad īnsulam festīnant.
Tandem virum captant[7].
Līvia sollicita est; nam vir armillam[4] nōn iam habet. Subitō autem Līvia puerum videt. Puer apud virum scelestum[8] stat et … armillam[4] sublevat[9].
Tum puer rīdet et armillam[4] apportat.
Līberī gaudent. Tum *Quīntus*, amīcus Britannicus, monet: „Subūra perīculōsa[10] est. Hīc sunt nōn sōlum servī et libertī, sed etiam virī scelestī[11]."

**1** circumspectat (er/sie/es) *schaut umher, sieht sich um*
**2** illīc (Adv.) *dort*
**3** trepidat (er/sie/es) *zittert, ist ängstlich*
**4** armilla f. *Armband*
**5** angustus, -a, -um *eng*
**6** fūrtum n. *Diebstahl*
**7** captat (er/sie/es) *fängt, fasst*
**8** scelestus, -a, -um *verbrecherisch*
**9** sublevat (er/sie/es) *hebt auf*
**10** perīculōsus, -a, -um *gefährlich*
**11** scelestus, -a, -um *verbrecherisch*

## ORTSTEILE – HEUTE UND FRÜHER

**1** Welche Ortsteile kennst du in deinem Wohnort? Beschreibe und vergleiche.

1 **2** Stelle die *Akkusative* aus Text 1 in einer Tabelle zusammen. Ordne sie dabei nach ihrem *Numerus* in zwei Gruppen und weise sie den beiden *Deklinationsarten* zu.
Beispiel:

| Akkusativ Singular | | | Akkusativ Plural | | |
|---|---|---|---|---|---|
| o-Deklination | | a-Dekl. | o-Deklination | | a-Dekl. |
| m. | n. | f. | m. | n. | f. |
| servum | ______ | ______ | ______ | īnstrūmenta | ______ |

3 Bilde den *Akkusativ Singular* und *Plural* von:
saccus māgnus, serva pulchra, vestībulum amplum, īnsula obscūra, vīnum bonum

4 Immer wieder diese *Endungen*! Ergänze sie sinnvoll und übersetze.
Titus et Gāius servam vident et ad serv--- festīna--- .
Nam serv--- cib--- apport--- . Līber--- gaudent et rīde--- .

5 a Suche aus Text 1 alle *präpositionalen Verbindungen* heraus.
b Welchen Satzteil stellen sie jeweils dar?

## Wohnen im alten Rom

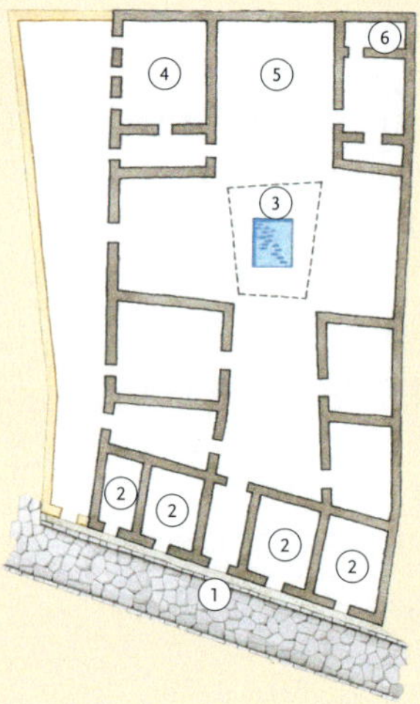


***Abb. 1*** *Grundriss einer römischen domus*
*1 Eingang*
*2 Läden (tabernae)*
*3 Atrium*
*4 Speisesaal*
*5 Raum des pater familias*
*6 Lagerraum für Speisen und Schmuck*

Im alten Rom lebten viele unterschiedliche Menschen. Entweder waren sie Freie, Freigelassene oder Sklaven.

Die Subura war ein dicht bevölkertes, lautes Viertel, in dem es Lebensmittelgeschäfte, Buden und Kneipen gab. Da dort aber viele Arme wohnten, hatte die Subura einen schlechten Ruf: Sie galt als Ganovenviertel.

Die meisten Menschen wohnten dort in 6-7-stöckigen Mietskasernen (*insulae*). Im Erdgeschoss befanden sich häufig Geschäfte (*tabernae*). Meist lebten die Inhaber in ihren Läden. Über den *tabernae* lagen die oft feuchten und dunklen Mietwohnungen. Sie waren über Treppen von der Straße oder dem Innenhof aus zu erreichen. Wohnungen in höheren Etagen waren kleiner; hier lebten sehr arme Menschen oder Sklaven.

Stadtviertel, die ausschließlich Reichen vorbehalten waren, gab es in Rom aber nicht. Die Häuser der Oberschicht waren über das gesamte Stadtgebiet verstreut.

Reiche Familien lebten meist in prächtigen einstöckigen Häusern (*domus*). Zu einer *domus* gehörten in der Regel ein großer Empfangssaal für Gäste (*atrium*), ein Speisesaal (*triclinium*) und ein Hofraum (*peristylium*), der von Säulen umgeben war. Dort befand sich der Garten (*hortus*). Vor der Sommerhitze flohen viele reiche Römer auf ihre Landgüter (*villae*).

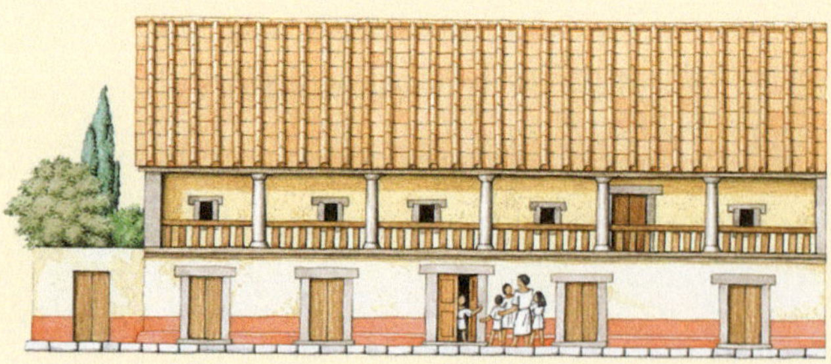

***Abb. 2*** *Vorderansicht der domus*

# TEXT 2 *Ein neuer Freund*

Livia ist glücklich, dass ihr Armband wieder da ist. Dankbar hat sie Gaius, den Jungen aus der Subura, eingeladen. Doch beruhigt hat sich Livia noch nicht. Der Diebstahl und die Wohnverhältnisse in der Subura haben sie sehr erschreckt. Wie dicht die Häuser dort beieinander stehen! Die meisten Wohnungen sind klein und dunkel. Auf dem Esquilin, wo sie mit ihren Eltern und Geschwistern wohnt, lässt es sich doch bedeutend besser leben. Endlich erreichen die Vier das Haus und klopfen erschöpft an die Tür. Secundus, ihr kleiner Bruder, öffnet ihnen.

Quīntus et līberī Secundum salūtant et vestibulum[12] intrant. Secundus autem stupet[13]; nam Gāium, puerum ignōtum, inter Titum et Līviam videt.
Sed *Līvia* iam explicat: „Gāius novus amīcus est." Tum Līvia narrat et armillam[4] mōnstrat. Nunc Secundus laetus est.
*Gāius* autem stupet[13]: „Quam māgnum est aedificium!" Tum *puer* circumspectat[1]: „Etiam hortus māgnus et pulcher est. Illīc[2] sunt multae statuae."
*Secundus:* „Hīc familia libenter habitat."
Subitō *Titus:* „Ecce! Nōnnūllae servae cibōs et vīna in triclīnium[14] apportant."
Cūnctī per ātrium ad triclīnium[14] festīnant.
Līberī Rūfum exspectant. Fortasse Rūfus iam adest …

1 circumspectat (er/sie/es) *schaut umher, sieht sich um*
2 illīc (Adv.) *dort*
4 armilla f. *Armband*
12 vestibulum n. *Vorhalle*
13 stupet (er/sie/es) *staunt*
14 triclīnium n. *Speisezimmer*

**6** Zeichne einen Plan von dem Haus oder der Wohnung, in der du wohnst. Vergleiche ihn mit dem Grundriss des römischen Stadthauses auf S. 26.

**7** In diesen Sätzen fehlen *est* und *sunt*. Füge jeweils die richtige Form hinzu und übersetze ins Deutsche:
serva bona • fora māgna • fēmina contenta • puella laeta • aedificia nova

## UND IM ENGLISCHEN?

**8** Eine Familie aus Oxford besucht Rom und ist begeistert. Wenn Titus und Livia zuhören könnten, wären sie erstaunt, wie viele Wörter ihnen bekannt vorkämen.

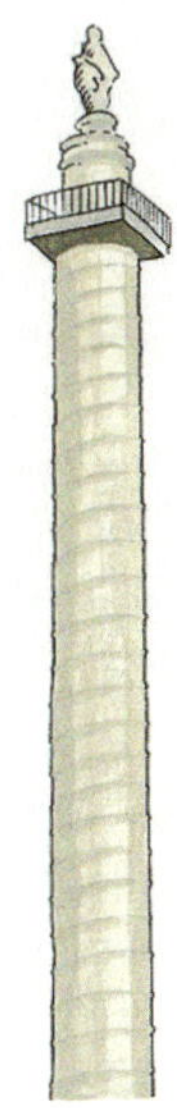

## *Die Gesellschaft der Römer zur Zeit des Kaisers Augustus*

Die römische Gesellschaft gliederte sich in verschiedene Gruppen, die in unterschiedlicher Weise am öffentlichen Leben beteiligt waren. Wir können drei große Gruppen unterscheiden:

- freie Bürger,
- Freigelassene,
- Sklaven.

Die Gruppe der freien Bürger war unterteilt in drei Untergruppen:

- die nobiles,
- die Ritter,
- die Plebejer.

**Nobiles.** Das Wort *nobilis* bedeutet edel, vornehm, adelig. Die Angehörigen dieser Gruppe hoben sich von den anderen Römern dadurch ab, dass sie sehr reich waren, die höchsten Staatsämter übernehmen konnten, Provinzen verwalteten, als Senatoren den Kaiser berieten und die Namen ihrer Vorfahren bis weit zurück in die Vergangenheit angeben konnten. Ein Senator war auf den Straßen Roms leicht zu erkennen an dem breiten Purpurstreifen auf Tunika oder Toga und an roten Schuhen. Es gab nur wenige Tausend *nobiles*.

**Ritter.** Das Wort „Ritter“ ist abgeleitet vom Wort „Reiter“. Ursprünglich wurden in Rom diejenigen Ritter genannt, die zu Pferd in den Kampf zogen. Anschaffung und Unterhalt eines Pferdes sind teuer. Später wurde deshalb eine Gruppe reicher Römer, die ein bestimmtes Vermögen besaßen, als Ritter bezeichnet. Die Ritter waren nicht ganz so reich und vornehm wie die nobiles und bildeten eine zweite Adelsgruppe unterhalb dieser Gruppe. Die Ritter waren reiche Geschäftsleute und Anwälte. Sie arbeiteten auch in der Verwaltung des *imperium Romanum* mit.

***Abb. 3** Ein nobilis mit Büsten seiner Ahnen*

**Plebejer.** Zu den Plebejern gehörten die einfachen Leute: Handwerker, Händler, Arbeiter, Bauern. Die meisten Römer waren Plebejer. Sie durften im öffentlichen Leben nicht mitbestimmen, hatten aber einige Grundrechte: Zum Beispiel konnten sie gegen ein Todesurteil vor einem Gericht in Rom Einspruch erheben.

**Sklaven.** Sklaven waren Eigentum ihres Herren und hatten keinerlei Rechte. Viele Sklaven kamen als Kriegsgefangene nach Rom. Wenn eine Sklavin Kinder bekam, blieben diese auch Sklaven. Die Lebensbedingungen der Sklaven waren unterschiedlich: In der Regel erträglich war die Arbeit im Haushalt. Unerträglich harte Arbeit mussten Sklaven auf den großen Plantagen und in Bergwerken ausführen. Sklaven durften Geld verdienen. Damit konnten sie sich freikaufen – wenn ihr Herr einverstanden war! Man schätzt,

**Abb. 4** *Figur eines Jungen, der als Diener oder Sklave arbeitete.*

dass 10 bis 30 % der Bevölkerung Sklaven waren.

**Freigelassene.** Sklaven konnten sich freikaufen oder wurden wegen besonderer Verdienste freigelassen. Aber auch nachher waren sie noch abhängig von ihrem ehemaligen Herren. Sie gehörten auch weiterhin zur *familia*. Erst die Kinder der Freigelassenen galten als vollwertige römische Bürger.

**Familie.** Für die Römer hatte *familia* eine umfassendere Bedeutung als „Familie" für uns: Wir stellen uns die Gemeinschaft von Vater und/oder Mutter und Kind(ern) vor. Zur *familia* gehörten alle im Haus lebenden Personen, einschließlich der Sklaven, außerdem alle verheirateten Söhne mit ihren Frauen, Kindern, Adoptivkindern und Sklaven. Der Familienvater (*pater familias*) bestimmte als Hausherr (*dominus*) die Geschicke der Familie und vertrat ihre Interessen nach außen. Seine Frau führte als Hausherrin (*domina*) die Aufsicht über die Sklaven im Haus, kümmerte sich um die Kinder und hatte innerhalb der Familie oft viel Einfluss. Politik und Verwaltung waren ausschließlich Männern vorbehalten.

**Namen.** Ein freier römischer Bürger hatte in der Regel drei Namen: Einen Vornamen (*praenomen*), einen Familiennamen (*nomen gentile*) und einen Beinamen (*cognomen*), der einen Zweig der Familie bezeichnete. Ein Beispiel: Der berühmte Caesar hieß mit vollem Namen Gaius Iulius Caesar. Der Beiname verwies oft auf eine körperliche Eigenart des ersten Trägers dieses Namens (z. B. *Crispus* Kraushaar, *Flaccus* Schlappohr), und diesen Beinamen erbten die Nachkommen. Die Römer hielten nur ungefähr 15 männliche Vornamen für ausreichend (z. B. *Gaius, Marcus, Quintus*). Die Mädchen bekamen die feminisierte Form des Familiennamens: Die Tochter von Gaius *Iulius* Caesar hieß also *Iulia*. Sklaven bekamen von ihren Herren einen einzigen Namen, der oft auf ihr Herkunftsland hindeutete (z. B. *Syrus* der Syrer).

**Die Regierung des Kaisers.** Der Kaiser Augustus und seine Nachfolger regierten als Alleinherrscher. Ihre Macht beruhte auf ungeheurem Reichtum und dem Oberbefehl über das Heer. Bei der Regierung ließ sich der Kaiser von *nobiles* und Rittern unterstützen: Sie verwalteten Ämter in Rom, Italien und den Provinzen, erhoben Steuern, dienten als Offiziere oder berieten ihn als Senatoren. Die Masse der Bevölkerung war ausgeschlossen vom politischen Leben.

**Abb. 5** *Büste des Kaisers Augustus*

9 Stelle aus Lektion 1, 3, 4 und 5 einen Steckbrief der Familie des Marcus Livius Maximus zusammen: Nenne die Namen der Personen und ihre Aufgaben.

10 Zu welcher gesellschaftlichen Gruppe gehört die Familie?

# 4 Schule – mal so, mal anders

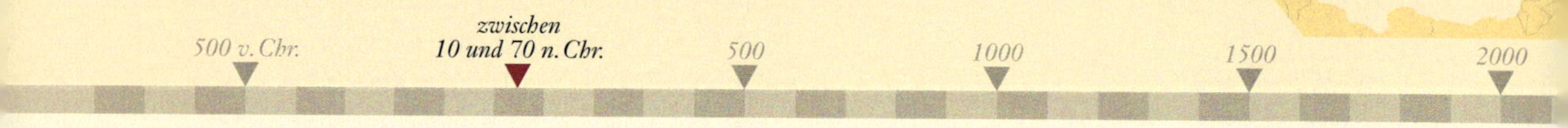


## GUT ZU WISSEN

*Magister docet.*

*Secundus rīdet.*

*Lūdus discipulōs dēlectat.*

*Līvia īrāta est.*

*Discipulus litterās notat.*

***Loquāmur Latīnē***

*Ubī est Mārtīnus?*

*Ecce Mārtīnus.*

*Ubī est ... ?*

*Quid hoc est Latīnē/Theodiscē?*

## TEXT 1 *Secundus lernt schreiben*

Rufus ist noch nicht da, deshalb geht das Leben im Haus des Marcus am nächsten Tag seinen gewohnten Gang. Für Livia und Secundus, ihren kleinen Bruder, heißt das: Unterricht wie an jedem Vormittag. Als Kinder reicher Eltern lernen sie zu Hause bei ihrem Privatlehrer Theodorus. Titus hat den Lese- und Schreibunterricht schon abgeschlossen und lernt beim *grammaticus* Grammatik, Literatur und Griechisch. Secundus aber soll heute seine ersten lateinischen Buchstaben schreiben. Livia beherrscht schon das ganze Alphabet. Trotzdem sitzt sie erwartungsvoll in der Hausbibliothek.

Līvia Theōdorum exspectat. Tandem magister adest. *Theodōrus:* „Gaudeō; nam tū iam parāta es ad lūdum! Ubī autem est Secundus?" – *Līvia:* „Egō parāta sum! Iam diū hīc sedeō et tē exspectō, sed Secundus adhūc somniat[1]." Tandem Secundus appropinquat; cōdicillōs[2] apportat. *Secundus* clāmat: „Iam adsum. Nōn somniō[1]!" Ad Līviam: „Tū numquam cōdicillōs[2] portās, itaque semper egō cōdicillōs[2] apportāre dēbeō." – Secundus īrātus est, rīdet Līvia. Tum līberī attentī sunt, nam Theodōrus litterās Latīnās docet. *Theodōrus* ad Līviam: „Cūnctās litterās Latīnās iam notāre[3] potes." *Līvia* clāmat: „Egō iam litterās Latīnas notāre[3] possum!" Tum cūnctās litterās Latīnās notat[3]. Nunc Līvia notat[3] litteram T, tum litteram O, tum litteram G, tum litteram A. Etiam Secundus notat[3]: TOGA

Theodōrus Secundum laudat. Secundus laetus est, nam iuvat litterās Latīnās notāre[3]. *Secundus* cōgitat: „Nōs Theodōrum magistrum timēre nōn dēbēmus, nam nōs laudat. Lūdus mē dēlectat."

Tum *Theodōrus:* „Secundus fortasse etiam aliās litterās Latīnās notāre[3] potest." Līvia notat[3] litterās : P – V – E – L – L – A. Secundus spectat et cōgitat; tum autem notat[3]: PVER. Theodōrus rīdet, stupet[4] Līvia.

*Magister:* „Vōs discipulī bonī estis, cūnctās litterās Latīnās nomināre potestis, litterās pulchrās notātis[3] - itaque vōs laudō."

Secundus gaudet, cūr autem tacet Līvia? Somniat[1]. *Secundus* Līviam agitat: „Egō nōn somniō[1]; tū autem somniās[1], attenta nōn es!" Secundus et Theodōrus rīdent, nunc autem Līvia īrāta est.

**1** somniāre *träumen*
**2** cōdicillī m. (Pluralwort) *Schreibtafel*
**3** notāre *zeichnen, schreiben*
**4** stupēre *staunen*

### KLEINES SCHULTHEATER

**1** Schreibt Text 1 in ein kleines lateinisches Theaterstück um und spielt die Szene. Informiert euch, was ihr braucht, damit die Aufführung richtig römisch wirkt.

**2** Eine Übung, die schon Schüler im alten Rom machten: Suche aus Text 1, Zeile 1–9 alle Prädikate heraus und bilde den jeweils gegensätzlichen Numerus.
Beispiel: *exspectat – exspectant; adest – adsunt* etc.

## *Schule in Rom*

***Abb. 1*** *Szenen aus dem Leben eines Kindes: Rechts sind Schüler und Lehrer dargestellt. Römisches Relief*

In Rom bestand keine Schulpflicht. Trotzdem lernten fast alle Kinder lesen, schreiben und rechnen. Wer reich war, konnte seine Kinder zu Hause unterrichten lassen. Lehrer war oft ein griechischer Sklave – wie Theodorus. Die meisten Eltern schickten ihre Kinder aber zu einem Lehrer, der in der Stadt einen Unterrichtsraum hatte. Dort saßen die Schüler in Gruppen zu 20 bis 30 auf Hockern um ihren Lehrer versammelt. Jungen und Mädchen wurden gemeinsam in unterschiedlichen Altersgruppen unterrichtet. Das Gehalt, das die Eltern dem Lehrer zahlen mussten, war gering. Oft bezahlten Eltern das Schulgeld nicht.

Der Unterricht begann früh am Morgen und dauerte nach einer Pause bis in den Nachmittag. Ferien gab es von Ende Juli bis Mitte Oktober und an Feiertagen.

Viele Lehrer waren streng und verprügelten die Kinder. Andere ließen sich für den Unterricht etwas Besonderes einfallen: Sie brachten den Kindern das Alphabet mit Plätzchen in Buchstabenform bei.

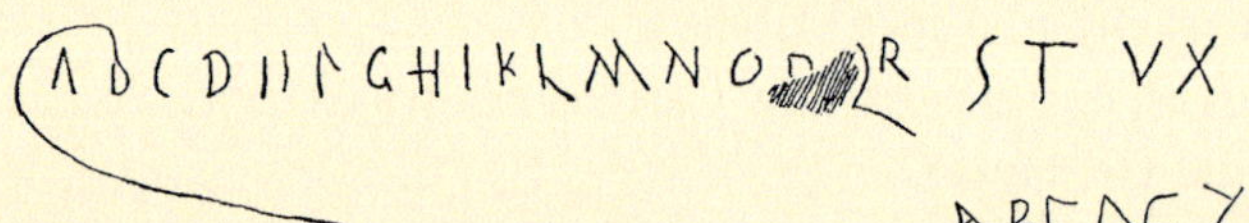

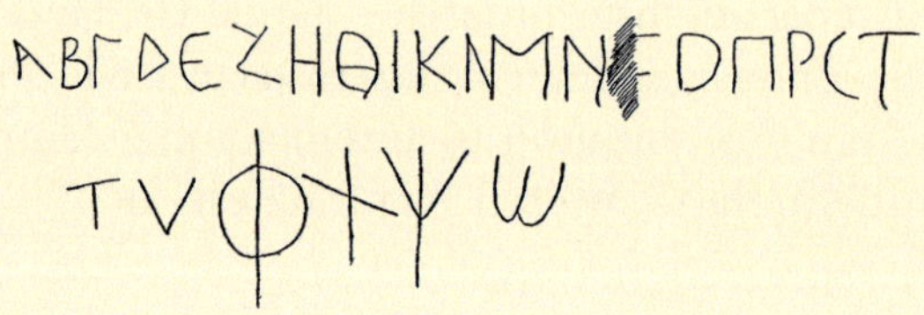

***Abb. 2 und 3*** *Lateinische und griechische Schreibübungen. Inschriften aus Pompeji.*

3 *Possum* ist aus *pot-sum* entstanden. Vergleiche: *possum* • *potes* • *possumus* • *potestis.*
- **a** Bei welchen Formen wird *pot-* zu *pos-*? Nenne eine Regel.
- **b** Wie müssen dann die restlichen Formen von *posse* lauten?

4
- **a** Vergleiche die römische Schrift (Abb. 2) mit deiner. Was fällt dir auf?
- **b** Welche lateinischen Buchstaben sind den griechischen (Abb. 3) besonders ähnlich?

5 Schreibe aus Text 1 und 2 alle Infinitive heraus. Suche das Verb, von dem sie abhängig sind (z. B. *narrāre potes*)

## TEXT 2 *Unterricht bei Orbilius*

Für den Nachmittag haben sich Livia und Titus wieder mit Gaius verabredet. Etwas belustigt berichtet Livia ihm von der ersten Schreibstunde ihres kleinen Bruders am Vormittag. – Ob Gaius so lernt wie sie und ihre Geschwister? Einen Privatlehrer können sich seine Eltern nicht leisten; er geht zum Unterricht in eine der Bretterbuden (*taberna*) an der nächsten Straßenkreuzung. Dort hat Orbilius, ein alter, meist schlecht gelaunter Lehrer, seine Schule eröffnet. Wie wird es da wohl zugehen? Gaius soll unbedingt von seinem Schulalltag erzählen! Erst verzieht er das Gesicht, dann aber berichtet er: „In aller Frühe muss ich aufstehen ...“

Familia adhūc dormitat[5], egō autem ad tabernam festīnō. Orbilius enim magister mē exspectat. Etiam multī aliī puerī ad Orbilium festīnant. Magistrum salūtāmus. Tum prope viam sedēre dēbēmus. Quam māgna turba illīc[6] est! Clāmat magister, clāmant discipulī et discipulae, clāmant virī, fēminae, servī, servae.

Vōs gaudēre potestis, nam Theodōrus magister bonus est. Sed nōs discipulī Orbilium timēmus. Magister dūrus est. Semper nōs agitat et increpat[7]:

„Cūr vōs somniātis[1]? Cūr puerī attentī nōn sunt? Cūr tū clāmās?“

„Egō nōn clāmō, nonnumquam autem attentus nōn sum; tum magister mē etiam verberat[8].

Nonnumquam magister fābulās Graecās narrat; tum laetī sumus. Sed rīdēre nōn licet. Lūdus iūcundus nōn est ...“

Tum Gāius tacet. Subitō māgna turba adest. Līberī attentī sunt. Servī et servae per ātrium festīnant. Vir appropinquat. Quis est? Est Rūfus! *Līberī* gaudent et ad Rūfum festīnant: „Tandem ades!“

**5** dormitāre *schlafen*
**6** illīc (Adv.) *dort*
**7** increpāre *anbrüllen*
**8** verberāre *schlagen, prügeln*

### UND IM ENGLISCHEN?

**6** Wenn Personen miteinander ins Gespräch kommen, verwenden sie verschiedene Pronomen. Sammle die dir bekannten englischen und lateinischen *Personalpronomen* (Nominativ) in einer Tabelle.

**7** Für Sprachdetektive: Vergleiche die lateinischen und englischen *Pronomen* und notiere, was dir auffällt. Achte auf Schreibweise und ähnlichen Klang!

**8** *„We are children.“* Im Lateinischen hast du zwei Möglichkeiten, einen Satz mit diesem Sinn zu bilden. Erkläre, warum der lateinische Satz auch ohne *Personalpronomen* auskommt. Warum wird es trotzdem manchmal verwendet? Versuche beide Sätze mit der richtigen Betonung auszusprechen.

# 5 LEBEN IN DER GROSSSTADT
# *Feste feiern*

## GUT ZU WISSEN

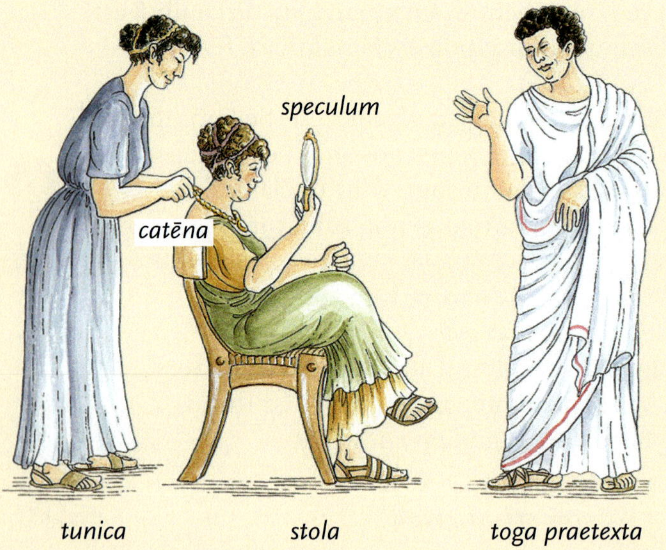


***Loquāmur Latīnē***

*Surge/Surgite, quaesō!*

*Cōnsīde/Cōnsīdite!*

*Prōmite librōs!*

*Aperite librōs ad pāginam decimam, undecimam … !*

*Lege/Legite fābulam!*

*Narrā/Narrāte fābulam!*

*Properā/Properāte ad tabulam!*

*Scrībe/Scrībite ad tabulam / in libellum!*

*Theodōrus Titō togam novam praebet.*

# TEXT 1 *Kleider machen Leute*

Endlich ist der Tag gekommen, auf den Titus sehnsüchtig gewartet hat: der 17. März. An diesem Tag finden die Volljährigkeitsfeiern der fünfzehn- bis siebzehnjährigen Jungen statt. Heute soll Titus also in den Kreis der Erwachsenen aufgenommen werden. Alle bereiten sich auf dieses Ereignis vor. Im Rahmen einer religiösen Feier wird Titus seine Kinderkleidung, die so genannte *toga praetexta* mit dem Purpurstreifen, ablegen und zum ersten Mal die rein weiße „Männertoga" (*toga virilis*) anziehen. Zum anschließenden Festessen sind Verwandte und Freunde eingeladen.
Gaius, Secundus und Livia toben durchs Atrium, Onkel Rufus tut ganz geheimnisvoll und Titus ist ziemlich aufgeregt ...

*Cornēlia* ātriō appropinquat et līberōs monet: „Properāte in cubiculum[1], līberī! Theodōre, praebē Titō togam praetextam[2] et mōnstrā togam novam! Serva, dā puellae tunicam novam! Tacēte, līberī! Attentī este! Semper vestīmenta nova vōs dēlectant. Mēdēa autem serva et Theodōrus nunc vōbīs adsunt."
Ecce Cornēlia. Ante speculum[3] sedet. Servam interrogat: „Mēdēa, ubī sunt ōrnāmenta?"
*Serva:* „Iam ōrnāmenta tibi praebeō, domina."
*Cornēlia:* „Mēdēa, fībulās et catēnās[4] mihi mōnstrā!"
Cornēliae multa ōrnāmenta sunt. Itaque dubitat.
Dum Cornēlia adhūc dubitat, Theodōrus Titō puerō adest.
Subitō *Rūfus* cubiculum[1] intrat; circumspectat[5] et rīdet:
„Ecce toga nova. Iam sordida[6] est."
Tum *paedagōgus*[7] sollicitus est: „Mihi adesse dēbēs, Mēdēa! Nunc domina certē īrāta est, quod toga sordida[6] est. Sollicitus sum, quod domina nōs nōnnumquam etiam verberat[8]."
Mēdēa aquam apportat. Tum Theodōrus togam pūrgat[9]. Tandem toga pūra est.
Theodōrus Rūfō et Mēdēae grātiam habet.
Dum Theodōrus et Mēdēa līberīs adsunt, *Cornēlia* tandem clāmat:
„Mēdēa, dā mihi fībulam et catēnam[4] auream[10]! Praebē mihi etiam ānulum[11] pulchrum!"
Subitō Mārcus dominus cubiculum[1] intrat. Spectat Cornēliam et gaudet.
Dominō et līberīs vestīmenta et ōrnāmenta valdē placent.
Clāmant: „Quam pulchra est Cornēlia!" Etiam Cornēlia contenta est.

**1** cubiculum n. *Schlafzimmer*
**2** praetextus, -a, -um *(mit Purpur) gesäumt, besetzt*
**3** speculum n. *Spiegel*
**4** catēna f. *Kette*
**5** circumspectāre *sich umsehen*
**6** sordidus, -a, -um *schmutzig*
**7** paedagōgus m. *Erzieher*
**8** verberāre *schlagen*
**9** pūrgāre *reinigen*
**10** aureus, -a, -um *golden*
**11** ānulus m. *Ring*

Jetzt ist die eigentliche Volljährigkeitsfeier die reinste Erholung. Nach dem Essen führt Rufus seinen Neffen Titus in den Garten. Titus traut seinen Augen kaum. Da steht tatsächlich ... ein Pferd. Rufus grinst und Titus begreift: Es ist ein Geschenk seines Onkels. Deshalb war er also so lange unterwegs. Titus fällt Rufus um den Hals.

1 Wodurch unterschied sich Männer- und Frauen-, Herren- und Sklavenkleidung?

2 Sprecht die Szene im *cubiculum* mit verteilten Rollen nach. Überlegt vorher, wie die Personen sprechen und auftreten müssen.

3 Auch heute gibt es in vielen Kulturen und Religionen Feiern für Jugendliche, die einen besonderen Abschnitt in ihrem Leben hervorheben.
Welche kennst du? Vergleiche sie mit Titus' Volljährigkeitsfeier. Was fällt dir auf?

4 Wer sind Romulus und C. Iulius Caesar? Verfasst kurze „Steckbriefe".

5 Ein Kaiser aus dem 1. Jh. n. Chr. hat sogar für die Benutzung von Toiletten eine Steuer verlangt. Seine Begründung: *Pecūnia nōn olet* (*olēre* riechen, stinken).
*a* Gib den Abschnitt von Text 2 an, in dem es um die von den römischen Kaisern erhobenen Steuern und Abgaben geht.
*b* Finde heraus, von welchem Kaiser die Begründung für die Toilettensteuer stammt.

6 Was versteht man heute unter einem *Forum*? Was bedeutet das Wort *Ferien* heute?

7 Der Grammatikfunk meldet: „Achtung! In dieser Reihe kommt Ihnen eine Geisterform entgegen!" Welche Form passt nicht? Begründe deine Auswahl.
fābula • spectā • puella • taberna
tace • gaude • serve • vide
puellīs • portīs • togīs • vestīmentīs
īnsula • templa • monumenta • incendia

## *Feste und Feiern*

Außer privaten Feiern zu Geburt, Volljährigkeit, Hochzeit und Bestattung gab es in Rom öffentliche Feste (*feriae publicae*). Ursprünglich standen 45 solche Feste im Kalender. Sie dauerten zunächst einen Tag, manche wurden später verlängert, andere um Zirkus- oder Theaterspiele erweitert.

Unter den Kaisern kamen viele neue Feste hinzu. Im Mittelpunkt eines solchen Festes stand die Verehrung der Gottheit mit Prozessionen, Opfern, Gebeten und Kulthandlungen. Dadurch sollte sie veranlasst werden, die Wünsche der Menschen zu erfüllen.

**Abb. 1** *Opferhandlung, bei der ein Schwein, ein Schaf und ein Stier geopfert werden*

# TEXT 2 *Der Kaiser opfert auf dem Marsfeld*

Am nächsten Tag soll auf dem Marsfeld eine große Opferfeier zu Ehren der Götter stattfinden. Der Kaiser selbst wird sie leiten. Auch Marcus Livius Maximus hat für Familie und Gäste eine Einladung erhalten. Die Kinder freuen sich, da heute unterrichtsfrei ist. Titus ist stolz, weil er nun mit der Männertoga bekleidet als vollwertiger Bürger in der Öffentlichkeit erscheinen kann. Endlich sind alle so weit. Die Familie und ihre Freunde lassen sich von Sklaven in Sänften zu ihrem Ziel tragen. Marcus nutzt die Gelegenheit: Voller Stolz zeigt er die alten und neuen Sehenswürdigkeiten Roms.

Servī lectīcās[12] per Viam Sacram ad forum Rōmānum portant. *Mārcus* līberīs et amīcīs aedificia et multa monumenta mōnstrat et explicat: „Spectāte amīcī! Hīc basilicās[13] amplās et templa māgna vidētis. Hīc vidēmus cūriam[14], illīc[15] templum novum."
Servī aliō forō et aliīs monumentīs et statuīs novīs appropinquant. *Līvia* stupet[16]: „Ecce multae statuae! Explicā mihi statuās!" *Mārcus* puellae explicat: „Sunt virī Rōmānī clārī velut Rōmulus aut Gāius Iulius Caesar." *Gāius amīcus* clāmat: „Etiam egō Gāius sum." *Titus:* „Sed tibi statua adhūc nōn est."
Dum servī lectīcās[12] per Viam Lātam ad campum Mārtium portant, *Quīntus* clāmat: „Mē iuvat Rōmam frequentāre, quod imperātor[17] Rōmānīs aedificia māgnifica dat."
*Rūfus* autem: „Nōbīs Pompēiānīs iam diū aedificia māgnifica sunt."
Tandem servī campō Mārtiō appropinquant. Illīc[15] iam turba māgna exspectat. Subitō *Cornēlia:* „Spectāte! Imperātor[17] nōbīs appropinquat." *Populus* clāmat: „Avē[18] Caesar!" Imperātor[17] deīs immolat.
Tum servī pūblicī populō frūmentum et dōna parva praebent. Multī contentī sunt. *Rūfus* autem: „Vōs grātī estis, quod imperātor[17] vōbīs multa dōna praebet. Egō autem grātus nōn sum. Nam imperātor[17] semper pecūniam postulat."

**12** lectīca f. *Sänfte*
**13** basilica f. *Markthalle*
**14** cūria f. *Kurie, Sitzungsgebäude des Senats*
**15** illīc (Adv.) *dort*
**16** stupēre *staunen*
**17** imperātor m. *Kaiser*
**18** avē! *Sei gegrüßt!*

1 **8** Unterscheide bei folgendem lateinischen *Satzgefüge* zwischen *Haupt-* und *Nebensatz*. Bestimme dann alle *Satzglieder* und entscheide dich für eine der vier *Übersetzungen*. Wo gibt es in den anderen drei *Übersetzungen* Fehler?

Dum servī lectīcās portant, Mārcus līberīs et amīcīs monumenta mōnstrat.

- Während die Sklaven die Sänften tragen, zeigen die Freunde Marcus und den Kindern die Denkmäler.
- Während Marcus den Kindern und Freunden die Denkmäler zeigt, tragen die Sklaven die Sänften.
- Während die Sklaven die Sänften tragen, zeigt Marcus den Kindern und Freunden die Denkmäler.
- Während die Sklaven die Sänfte tragen, zeigt Marcus den Kindern und Freunden das Denkmal.

# Vokabeln „richtig“ lernen!

*ludus m.- Spiel; Schauspiel; Schule*
Muss ich etwa alle drei Bedeutungen lernen?

Nōnnumquam magister fābulās narrat;
tum lūdus iūcundus est.

*iucundus, -a, -um angenehm*
Hmm, in diesem Zusammenhang würde ich das Wort *angenehm* nicht gebrauchen. Kann ich auch ein anderes deutsches Wort verwenden, das hier besser passt?

Überhaupt: Warum steht da so viel im Vokabelverzeichnis? ... , *-a, -um; m./f./n., Adv.; Präp. beim ...* ? Hätten nicht nur das lateinische Wort und die Bedeutung gereicht? Muss ich das etwa auch noch lernen?

## *TIPPS ZUM LERNEN VON VOKABELN*

▶ **Der Vokabeleintrag.** Der Eintrag eines Wortes im Vokabelverzeichnis deines Buches besteht aus zwei Teilen: aus dem lateinischen Wort mit verschiedenen Zusatzinformationen und seiner deutschen Wiedergabe. In beiden Teilen stecken wichtige Informationen fürs Übersetzen!

*lūdus m.*

**o-Deklination** — **Genus**

Dieses Wort ist ein **Substantiv!** Es wird genauso dekliniert wie das Beispielwort für die **o-Deklination (m.)**, das du gelernt hast. Du kennst also alle lateinischen Formen von *lūdus* und kannst im Text die Form sicher bestimmen und richtig in den Satz einordnen.

*Spiel; Schauspiel; Schule*

*lūdus* hat **drei verschiedene Bedeutungen,** die du dir **alle** merken musst! Andernfalls kann es passieren, dass du beim Übersetzen eine unpassende Bedeutung verwendest! *Lūdus iūcundus est* – Setze doch einmal die drei verschiedenen Bedeutungen ein – Was fällt dir auf?

✔ Es ist also nützlich, alle Informationen und alle Bedeutungen zu lernen!

▶ **Die Bedeutung.** Die Bedeutungen, die im Vokabelverzeichnis den lateinischen Wörtern mitgegeben sind, sollen dir eine Vorstellung davon geben, was das lateinische Wort meint. Das heißt nicht, dass das lateinische Wort ausschließlich mit genau diesen Bedeutungen wiedergegeben werden muss. Manchmal ist es sogar besser, im Deutschen ein anderes Wort einzusetzen, das dem Gemeinten entspricht, um den deutschen Ausdruck zu verbessern.

Ein Beispiel:
*Properāte in cubiculum, līberī! Eilt ins Zimmer, Kinder!*
*Properāre* wird im Vokabelverzeichnis mit *eilen* wiedergegeben. Völlig richtig kannst du diesen Satz auch übersetzen: *Lauft schnell ins Zimmer, Kinder!*
Du darfst also bei der Übersetzung nicht an der erlernten Bedeutung „kleben", sondern kannst und sollst, wenn es den deutschen Ausdruck verbessert, ein anderes deutsches Wort verwenden, das der gemeinten Bedeutung entspricht.

✔ Du solltest dir also schon beim Lernen genau klar machen, was denn die Lernvokabel eigentlich bedeutet. Das erleichtert dir, nicht an der gelernten Bedeutung zu „kleben" und im Bedarfsfall ein bedeutungsgleiches deutsches Wort zu verwenden!

lūdus m.- *Spiel; Schauspiel; Schule*
Das Wort *magister* zeigt mir, dass hier die Bedeutung *Schule* passt. – Wie gut, dass ich alle drei Bedeutungen gelernt habe!

Nōnnumquam magister fābulās narrat;
tum lūdus iūcundus est.
„Manchmal erzählt der Lehrer Geschichten;
dann ist die Schule schön."

iūcundus, -a, um- *angenehm*
Mir ist klar, was *iūcundus* bedeutet, und ich wähle ein entsprechendes deutsches Wort, das hier besser passt: *Dann ist die Schule schön.*

Warum da also so viel im Vokabelverzeichnis steht? Damit ich die Wörter genau bestimmen kann- z. B. *fābulās* ist Akk. Pl., also Objekt und nicht Subjekt!

## ALLES GEKLÄRT? ALLES KLAR?

In den folgenden lateinischen Satzpaaren kommt jeweils ein Wort in unterschiedlichen Bedeutungen vor.
Übersetze die Sätze. Begründe die Wahl der jeweiligen Bedeutung.

**1**
- **a** Lūdōs Rōmānōs spectāmus.
- **b** Magistrī et puerī lūdum frequentant.

**2**
- **a** Īnsula prope forum sita est.
- **b** Sicilia īnsula māgna est.

**3**
- **a** Līvia cūnctās litterās Latīnās notat.
- **b** Dominus servō litterās dat.

**4**
- **a** Amīcō novō pecūniam dēbet.
- **b** Discipulī prope viam sedēre dēbent.

Die Lösungen findest du S. 143.

Das Unterscheiden von Wortarten hast du schon in Lekt. 1 geübt. Das Finden wirklich passender deutscher Bedeutungen kannst du in Lekt. 7 üben.

# 6 DIE GLADIATOREN KOMMEN! *Helden der Arena?*

500 v. Chr. — *um 70 n. Chr.* — 500 — 1000 — 1500 — 2000

## GUT ZU WISSEN

*meus, -a, -um*

*tuus, -a, -um*

*noster, nostra, nostrum*

**Loquāmur Latīnē**

*Valēsne? Valētisne?*

*Bene valeō.*

*Optimē valeō.*

*Satis bene valeō.*

*Male mē habeō.*

*Pessimē mē habeō.*

*vester, vestra, vestrum*

# TEXT 1 *In der Gladiatorenschule*

Für die beiden Gladiatoren Philippus und Celadus ist heute ein großer Tag. Sie haben drei Jahre im Amphitheater von Capua gekämpft. Nun werden sie freigelassen und können in ihre Heimatländer zurückkehren. Celadus stammt aus Thrakien, Philippus aus Illyrien. Doch sie sind nicht einer Meinung, wie sie in Zukunft ihr Leben gestalten wollen:

*Philippus:* „Nunc lībertī sumus, Celade! Nōn iam pūgnāre necesse est. Patria nōs exspectat. Egō patriam meam dēsīderō, tū patriam tuam. Ibī amīcī nōs exspectant."

*Celadus*: „Patria, amīce, procul est. Mea patria amphitheātrum est; nam locus māgnificus est. Vīta nostra mihi placet. Itaque, Philippe, pūgnāre dēsīderō! Ō adversāriī, audāciam vestram nōn timeō!"

*Philippus:* „Amphitheātrum locus foedus est. Ibī multī virī pūgnāre dēbent. Lūdī dūrī sunt, amīce!"

*Celadus:* „Egō neque saevitiam[1] bēstiārum neque gladium adversāriī timeō. Fēminae audāciam virōrum amant. Populus semper lūdum perīculī plēnum dēsīderat. Itaque multī virī Rōmam eunt, ubī amphitheātrum amplum est. Egō libenter Rōmam eō et ibī pūgnō. Cūr tū nōn libenter Rōmam īs, Philippe? Vir bonus libenter pūgnat. Mihi placet pūgnāre, quod glōriam et dōna dēsīderō. Vīta glōriae plēna mē dēlectat."

*Philippus:* „Vir bonus domum it; nōn libenter perit. Mihi nōn placet sociōs necāre. Sumus enim familia gladiātōria[2]!"

*Celadus:* „Nōn sociōs, sed adversāriōs necō."

*Philippus:* „Egō in patriam redīre dēsīderō."

T(h)R(aex)[3]
CELADUS – RETI(arius)[4]
CRESCE(n)S
PUPARRU(m)[5] DOM(i)NUS
[CIL IV 4356]

1 saevitia, -ae f. *Wildheit*
2 gladiātōrius, -a, -um *Gladiatoren-*
3 T(h)r(aex) m. *Gladiator mit thrakischer Rüstung und Bewaffnung*
4 rētiārius, -ī m. *Netzkämpfer*
5 pūpa, -ae f. *Puppe;* pūpārrum *Schreibfehler statt* pūpārum

**1** Schlage auf der Karte vorne im Buch nach, wo sich die Heimatländer von Philippus und Celadus befinden.

**2**
**a** Vir bonus domum it; nōn libenter perit (Text 1, Z. 15): Wer ist *Subjekt* des 2. Satzes? Übersetze so, dass die Aussage des 2. Satzes möglichst deutlich wird.
**b** Wende dein neues Wissen nun für die Übersetzung der beiden durch *nam* verbundenen Sätze in Z. 4 und 5 an.

**3** Philippus und Celadus diskutieren. Ordne ihre Argumente für oder gegen die Teilnahme an Gladiatorenspielen in einer Tabelle. Wie ist deine Meinung?

| pro | contra |
|---|---|
| ------------------------ | ------------------------ |

**4** Gladiatorenspiele waren beliebt. Nenne mögliche Gründe, die in Text 1 angesprochen sind. Wer ist heute „Gladiator"?

**5** Ersetze die Formen von esse durch Formen von īre:
sumus • est • estis • es • sum • sunt.

2 **6** **a** Ordne die folgenden Gegenstände aus dem Haus des Publius sinnvoll ihrem *Besitzer* zu und übersetze die Ausdrücke. Wem gehört hier was?

Beispiel: gladius Mārcī das Schwert des Marcus

| | | | | | |
|---|---|---|---|---|---|
| gladius | (Pūblius) | pecūnia | (servī) | cibus | (Mārcus) |
| toga | (Sextus) | tunica | (servae) | | |

**b** Was drückt der *Genitiv* hier aus?

2 **7** Publius ist mit dieser Verteilung nicht einverstanden. Er verteilt neu. Verbinde dazu die in Klammern hinzugefügten *Possessivpronomen* in der richtigen Form mit den *Substantiven* und übersetze.
Pūblius: „Toga (meus) est. Pecūnia (noster) est. Tunicae (vester) sunt, servae et servī. Gladius (tuus) est, Sexte. Cibus (noster) est."

## *Gladiatoren*

***Abb. 1*** *Gladiatorenkampf: Deutlich ist der Netzkämpfer (retiarius) zu erkennen (2. v. links). Mosaik aus Rom.*

Gladiator heißt Schwertkämpfer (*gladius:* Schwert). Er kämpfte zur Unterhaltung des Publikums. Häufig ging es um Leben oder Tod. Meist waren Gladiatoren Kriegsgefangene, zum Tode verurteilte Verbrecher oder Sklaven. Es gab aber auch Freiwillige. Siegreiche Gladiatoren konnten viel Geld gewinnen und besonders bei Frauen zu Publikumslieblingen werden. Es gab auch Tierhetzen. Dafür wurden Bären, Löwen und Elefanten in die Arenen gebracht. Römische Kaiser nutzten Gladiatorenkämpfe, um das Volk zu beeindrucken.

# TEXT 2 *Verschiedene Meinungen*

Gladiatorenspiele waren überall im römischen Reich sehr beliebt. Dennoch gab es auch Römer, die diese Veranstaltungen ablehnten. Zu dieser kleinen Gruppe gehörten die beiden Brüder Marcus und Sextus. Doch ihr Bekannter Publius, ein hoher römischer Beamter, war ein begeisterter Zuschauer. Außerdem wurde von ihm erwartet, dass er sich bei solchen Großveranstaltungen sehen ließ. So kommt es vor dem Amphitheater zu einer Diskussion:

*Mārcus:* „Mē nōn iam dēlectat lūdōs spectāre, Pūblī.“
*Pūblius:* „Quid? Lūdī multōs Rōmānōs dēlectant.“
*Sextus:* „Multī virī nōn libenter pūgnant. Nam sociōs necāre necesse est. Etiam multae bēstiae ibī pereunt.“
*Pūblius:* „Sunt virī scelestī[6]. Poenās iūstās subeunt.“
*Mārcus:* „Mihi nōn placet supplicia spectāre. Plēnus misericordiae sum.”
*Pūblius:* „Lūdī perīculōrum plēnī vōbīs nōn placent. Domum ite! Nam lūdōs spectāre officium meum est, nōn vestrum. Egō libenter in amphitheātrum eō.“
*Sextus* et *Mārcus:* „Lūdōs spectāre officium tuum est, nōn nostrum. Grātiam tibi habēmus.“
Tum Pūblius in amphitheātrum it, dum Mārcus et Sextus per viās domum eunt.

**6** scelestus, -a, -um *verbrecherisch*

**8** Suche in Text 2 eine Stelle, an der du dein neues Wissen aus Aufgabe 2 anwenden kannst.

## UND IM ENGLISCHEN?

Max liest vor: „Fēminae audāciam virōrum amant.“
Ben übersetzt ins Englische: „Women love men's courage.”
Hannah sagt auf Deutsch: „Frauen lieben die Kühnheit der Männer.“

**9**
- **a** Bestimme in diesen Sätzen *Subjekt, Prädikat* und *Objekt*.
- **b** Stelle durch Umstellproben fest, in welcher Sprache es die feste Regel *SPO* gibt. In welcher ist nur das *Prädikat* auf die zweite Stelle festgelegt?

**10** Nun sollst du die Formen des *Artikels* in den drei Sprachen vergleichen.
- **a** Beschreibe die Besonderheit des Lateinischen.
- **b** Welchen Artikel verwendet Ben? Nenne einen weiteren Artikel im Englischen.
- **c** Welche Artikel verwendet Hannah? Nenne noch mehr Artikel im Deutschen. Wonach richten sie sich?
- **d** Wann verwendest du bei der Übersetzung Latein-Deutsch den bestimmten, wann den unbestimmten Artikel?

# 7 DIE GLADIATOREN KOMMEN!
## *Spartakus*

500 v. Chr. · 71 v. Chr. · 500 · 1000 · 1500 · 2000

### GUT ZU WISSEN

Celadus et Philippus māgnā audāciā pūgnant.
Itaque fēminae virōs dōnīs dēlectant:
Philippum ānulō[1] pulchrō, Celadum gladiō parvō dēlectant.
Nōnā hōrā virī in amphitheātrum redeunt.
Ibī autem cūrīs līberī nōn sunt.

***Loquāmur Latīnē***

*Quis dēest? Quī discipulī dēsunt? Quae discipulae aegrōtae sunt ?*

*Ūnus dēest. / Ūna dēest.*

*Iūlius nōn adest.*

*Sed ubī Iūlius est?*

*Sānus nōn est. / Aegrōtat.*

*Febrim habet.*

# TEXT 1 *Es begann in Capua*

Dramatische Ereignisse erschüttern das römische Imperium im Jahr 73 v. Chr.: Der Gladiator Spartakus ist mit 70 anderen aus der Gladiatorenschule in Capua ausgebrochen. In kürzester Zeit verließen tausende Sklaven ihre Herren und schlossen sich Spartakus an. Dem römischen Heer ist es bisher nicht gelungen, Spartakus und seine Anhängerschaft zu besiegen. Diese Ereignisse sorgen auch in Rom für Aufregung. Damophilus und Sabinus, zwei befreundete Sklaven, treffen sich auf der Straße.

*Sabīnus:* „Spartacus est captīvus Thrācus. Nunc fugitīvus[2] est. Imperium Rōmānum dēlere cōgitat, quod amphitheātrum intrāre et ibī pūgnāre nōn iam dēsīderat. Māgnam turbam servōrum armat et Rōmānōs multīs perīculīs terret: Mūnicipia expūgnat, aedificia incendiō dēlet, dominōs pecūniā spoliat. Rōmānōs proeliīs superat, nam audācia servōrum māgna est. Servī armīs sē exercent et etiam multās fēminās Rōmānās et līberōs gladiīs necant. Itaque Spartacus scelestus[3] est."

*Dāmophilus:* „Fortasse servī imperium Rōmānūm dēlēre cōgitant. Sed nōs servōs multīs cūrīs līberant. Nam Spartacus servōs in patriam reportāre[4] cōgitat. Nōs semper dominōs et dominās cibīs bonīs dēlectāmus. Nōs semper māgnā cūrā labōrāmus. Nōs semper aedificia et hortōs dominōrum māgnā dīligentiā cūrāmus. Sed dominī nōbīs grātiam nōn habent. Nōnnumquam nōs virgā[5] verberant[6] et poenīs dūrīs terrent. Vīta servōrum misera est. Vītam nōn aequō animō tolerō. Itaque etiam egō annō proximō ad Spartacum īre cōgitō."

Plötzlich sehen sie ihren Bekannten Aulus, der traurig die Straße entlanggeht.

*Sabīnus:* „Quid est, Aule?"
*Aulus:* „Spartacus mortuus est. Etiam cūnctī sociī mortuī sunt."
*Dāmophilus:* „Nōn iam spērāre nōbīs licet. Dūra est vīta servōrum. Vītam miseram multōs annōs aequō animō tolerāre dēbēmus. Rōmānī dominī sunt. Animus Rōmānōrum dūrus est."
*Aulus:* „Poenae servōrum et imprīmīs fugitīvōrum[2] vōbīs ignōtae nōn sunt."

**1** ānulus, -ī m. *Ring*
**2** fugitīvus, -ī m. *entflohener Sklave*
**3** scelestus, -a, -um *verbrecherisch*
**4** reportāre *zurückbringen*
**5** virga ,-ae f. *Rute*
**6** verberāre *schlagen, prügeln*

**1**

**a** Sabinus berichtet aus seinem Alltag. Setze die Ausdrücke in Klammern in den richtigen *Kasus:* Beispiel: Dominum vīnō bonō dēlectō. Übersetze dann.
„Dominum–– (vīnum bonum) dēlectō. Cibōs bonōs–– (māgna dīligentia) parō. Servae dominam–– (vestīmentum novum et fībulae aureae et catēnae pulchrae) ōrnant[7]. Egō dominum–– (toga nova) ōrnō[7]. Nōnnumquam dominus–– (dōna) mē dēlectat. Sed Spartacus servōs–– (gladiī) armat et servī dominōs–– (gladius) necant."

**7** ōrnāre schmücken

**b** Was bezeichnet der *Ablativ* hier?

2 Aulus denkt über seine Lage nach:
„Nunc multōs annōs servus dominī sum. Semper nōnā hōrā cibōs apportō."
In welchem *Kasus* stehen die beiden *Zeitangaben* und was drücken sie inhaltlich aus?

3 a Lies die Äußerung des Sabinus (Text 2, Z. 3–6) aufmerksam durch. Achte auf die *Subjekte* der Sätze. In welcher Person stehen sie?
b Von wem ist also die Rede? Spricht Sabinus über eigene Erfahrungen oder über Ereignisse, an denen er gar nicht beteiligt ist?

1 4 Spartacus imperium Rōmānum dēlēre cōgitat.
Welche *Übersetzung* dieses Satzes ist gelungen, welche nicht?
- In seinen Gedanken vernichtet Spartakus das römische Reich.
- Spartacus überlegt, das Reich der Römer zu zerstören.
- Spartacus will die römische Herrschaft beseitigen.

## *Der Spartakusaufstand*

73 v. Chr. brach Spartakus mit 70 Mann aus der Gladiatorenschule in Capua aus. Sie hatten nur wenige Waffen und verschanzten sich in Schluchten des Bergs Vesuv bei Neapel. Immer mehr Sklaven schlossen sich Spartakus an. Bald verfügte er über ein Heer von vielen tausend Mann. Der Senat schickte Truppen, vor allem junge Rekruten. Sie belagerten die Sklaven am Vesuv.
Doch Spartakus war klug: Er ließ aus Weinreben Leitern herstellen: So konnten bewaffnete Sklaven nachts am Steilhang nach unten klettern. Sie überfielen die Römer und besiegten sie.
Spartakus verließ die Gegend und zog nach Norditalien, um die Alpen zu überqueren und die Sklaven in ihre Heimat zurückzuführen. Sie stammten aus Gallien, Germanien oder Thrakien – wie er selbst. Auf diesem Zug hat das Sklavenheer viele Städte erobert und geplündert. Römische Heere erlitten zahlreiche Niederlagen. Man fürchtete sogar, Spartakus könnte Rom erobern. Schließlich wurde das Sklavenheer aber 71 v. Chr. vernichtend geschlagen. Spartakus fiel im Kampf. 6000 Sklaven wurden entlang der Via Appia gekreuzigt. So endete der größte Sklavenaufstand der römischen Geschichte.

**Abb. 1** *Gladiator. Römische Tonfigur aus Pompeji.*

## TEXT 2 *Wer flüchtet, riskiert sein Leben*

Betroffen sprechen die drei über die Bestrafung der entflohenen Sklaven.

*Dāmophilus:* „Dominī Rōmānī fugitīvōs[2] velut sociōs Spartacī cruciant[8].“
*Aulus:* „Servōs cruciāre[8] dūra poena est.“
*Sabīnus:* „Sed etiam pūgna servōrum dūra est: Mūnicipia expūgnant et incendiō dēlent. Māgnā audāciā pūgnant. Sē tēlīs praebēre dēbent. Etiam līberōs fēmināsque gladiīs necant. Familiās pecūniā spoliant. Multī virī Rōmānī pereunt.“
*Dāmophilus:* „Sed servīs vīta misera est. Poenās dūrās subīre dēbent. Nōnnumquam dominī servōs etiam multās hōrās vexant. Itaque cōnsilium Spartacī probō. Sed egō laetus sum, quod dominus meus iūstus est.“

**8** cruciāre *ans Kreuz schlagen, kreuzigen*

**5** Untersuche die Entgegnung des Damophilus (Text 2, Z. 7–9): In welcher Person stehen die *Subjekte*? Spricht er von eigenen oder fremden Erfahrungen?

**6** Der Herr des Sabinus denkt über sein eigenes Verhalten gegenüber den Sklaven nach:
„Sabīnum dōnīs pulchrīs dēlectō. Māgnā dīligentiā labōrat. Nōnā hōrā mēnsam[9] cibīs ōrnat[7]. Itaque Sabīnum poenīs nōn terreō.“
**9** mēnsa, -ae f. *Tisch*
Bestimme die *Satzteile* und übersetze.

### VON WORT ZU WORT

**7** Bilde zu den drei folgenden Ausdrücken jeweils eine Formenschlange:

dominus iūstus

poena dūra
Abl. Sg. ▸ Dat. Sg. ▸ Dat. Pl. ▸ Akk. Pl. ▸ Akk. Sg. ▸ Nom. Sg.
perīculum māgnum
Gen. Sg. ▸ Abl. Sg. ▸ Abl. Pl. ▸ Dat. Pl. ▸ Nom. Pl. ▸ Nom. Sg.

# Troja – Ende oder Neuanfang?

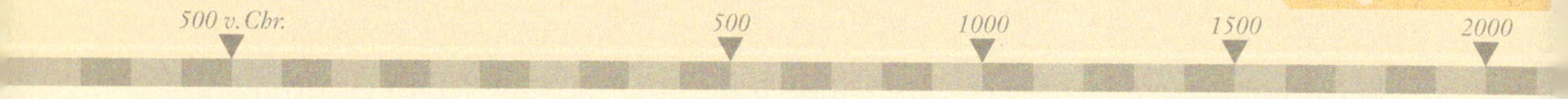


## GUT ZU WISSEN

Hector

Achillēs

Paris et Helena

Ulixēs

Lāocoōn

**Loquāmur Latīnē**

*Ita est. Sīc est.*

*Nōn ita est. / Minimē.*

*Nesciō.*

*Nōn possum narrāre.*

*Libenter.*

# TEXT 1 *Die List des Odysseus*

Die Römer wollten Näheres über die Entstehung ihrer Stadt Rom erfahren. Man erzählte sich dann, dass der Untergang der Stadt Troja mit der Gründung Roms zusammenhängt: Das Ende Trojas sei der Anfang eines neuen großen Reiches gewesen, des *imperium Romanum*. Wie war das damals genau?

Graecī et Trōiānī propter Helenam pulchram māgnā audāciā inter sē certābant. Decem annōs Graecī Trōiam superāre cōgitābant, decem annōs oppidum armīs expūgnāre nōn poterant. Erat inter virōs etiam Achillēs, Graecus clārus et strēnuus. Ante Trōiae portās pūgnābat. Multī virī ibī perībant. Sed diū neque Trōiānī Graecōs neque Graecī Trōiānōs superāre poterant.

Postrēmō Ulixēs Graecus, quod callidus erat, dolō[1] Trōiānōs superāvit: Graecī ante Trōiae portās equum ligneum[2] aedificāvērunt et ibī nōnnūllōs virōs strēnuōs occultāvērunt. Inter virōs etiam Ulixēs erat. Ceterī autem Graecī ad ōram Tenedī īnsulae nāvigāvērunt.

Statim multī Trōiānī adfuērunt, equum spectāvērunt. *Cūnctī* clāmāvērunt: „Ecce, dōnum deōrum!“ *Lāocoōn* autem Trōiānōs monuit: „Timeō Graecōs; nam equus dōnum perīculōsum[3] est!“ Sed Trōiānī tamen equum virōrum plēnum in oppidum portāvērunt. Noctū, dum Trōiānī dormītant[4], Ulixēs sociīque equō exiērunt et portās oppidī disturbāvērunt[5]. Tum etiam reliquī Graecī oppidum intrāvērunt. Ita Trōiānōs superāre et oppidum incendiō dēlēre potuērunt; cūnctōs ferē virōs necāvērunt.

1 dolus, -ī m. *List*
2 ligneus, -a, -um *hölzern*
3 perīculōsus, -a, -um *gefährlich*
4 dormītāre *schlafen*
5 disturbāre *aufbrechen, zerstören*

## TROJA – WIR SAMMELN INFORMATIONEN UND GESTALTEN

**1** In Text 1 kommen viele Namen vor. Informiere dich mit Hilfe des Textes auf S. 50, des Namen- und Sachregisters und weiterer Hilfsmittel über die auftretenden *Personen*. Schreibe einen Steckbrief von einer Person deiner Wahl. Gestalte ein Bild dazu.

**2** Stelle den Kampf um Troja im *Comic* dar. Verwende lateinische Überschriften.

**3**
**a** Suche aus dem Text 1 (Z. 1–11) die *Perfekt-* und *Imperfektformen* heraus. Unterscheide dabei die unterschiedliche *Perfektbildung* (u- und v-Perfekt). Lege in deinem Heft eine Tabelle nach folgendem Muster an und trage die Formen ein.

| Imperfekt | | u-Perfekt | | v-Perfekt | |
|---|---|---|---|---|---|
| Zu a) | Zu c) | Zu a) | Zu c) | Zu a) | Zu c) |

**b** Erkläre deinem/-er Mitschüler(in), *warum* Perfekt oder Imperfekt *verwendet* wurden.
**c** Bilde im gleichen *Tempus* den anderen *Numerus*.

4 Überlege, in welcher Stimmung Aeneas die Küste Trojas verlassen hat. Wo findest du Hinweise im Text?

## *Der Trojanische Krieg*

Um die Belagerung und Zerstörung Trojas ranken sich viele Erzählungen. Die Ursache des Krieges wird folgendermaßen erklärt: Paris, ein trojanischer Königssohn, war Gast bei Menelaos, dem König von Sparta. Paris verliebte sich in Helena, die schöne Frau seines Gastgebers. Bei der Abreise nahm Paris sie einfach mit.
Diese Verletzung des Gastrechtes wollte Menelaos nicht hinnehmen. Deshalb forderte er die Griechen auf, durch einen gemeinsamen Feldzug gegen Troja seine Frau zurückzugewinnen. Die damals größte bekannte Streitmacht zog nach Troja. Aber nach zehn Jahren Belagerung und harten Kämpfen war noch immer keine Entscheidung gefallen.
Doch Odysseus (lat. *Ulixes*) gelang es durch eine List, Troja einzunehmen. Verzweifelt versuchten die Trojaner, als die Griechen schon in ihre Stadt eingedrungen waren, im Kampf dem drohenden Untergang zu entkommen.
Auch Aeneas, der Sohn der Göttin Venus und des Trojaners Anchises, griff sofort zu den Waffen. Aber die Götter hatten bestimmt, dass er in Italien der Stammvater für ein neues, großes Volk sein sollte. Nach Mahnungen seiner Frau Kreusa und auf Drängen seines Vaters Anchises floh Aeneas aus Ehrfurcht und Pflichtgefühl (*pietas*) gegenüber den Göttern aus Troja. An der Küste warteten schon Gefährten auf Schiffen.

**Abb. 1** *Aeneas trägt auf der Flucht seinen Vater Anchises und hält seinen Sohn Askanius an der Hand. Tonfigur aus Pompeji.*

# TEXT 2 *Aeneas muss sich entscheiden*

Dum Trōiānī et Graecī pūgnant, *Hector mortuus* somniō Aenēae nūntiāvit: „Novam in patriam nāvigā, servā familiam tuam!“

Aenēas tamen pūgnāre et Trōiam servāre cōgitābat. Sed deī Aenēam etiam aliīs prōdigiīs monēbant. Postrēmō fātō deōrum pāruit; familia Aenēae et paucī sociī ad ōram iērunt. Ubīque erant perīcula: Cūncta ferē aedificia ārdēbant. Graecī Trōiānīs īnsidiās ubīque parābant et multōs Trōiānōs gladiīs necābant.

Subitō Aenēas, dum ōrae appropinquat, Creūsam nōn iam vidēre potuit. Itaque in oppidum rediit. Per viās errābat, iterum atque iterum Creūsam vocābat. Tum *umbra Creūsae* appropinquāvit et Aenēam monuit: „Egō mortua sum, tū autem servā et tē et Ascanium fīlium et familiam nostram! Nāvigā in novam patriam!“ Dēnique Aenēas Creūsae pāruit et ad ōram rediit. Aenēas et paucī sociī āvolāvērunt[6] et per altum nāvigāvērunt.

**6** āvolāre *schnell fliehen, flüchten*

**5** Suche aus Text 2 alle *Vergangenheitsformen* von esse, posse und īre heraus und wandle sie ins *Präsens* um.

2 **6** Übersetze folgende Sätze und verändere dann den *Numerus* im Deutschen und Lateinischen:
Amīcus nōn appropinquāvit. Puerī laetī nōn erant. Servī grātī esse nōn poterant. Amīcae rediērunt.

**7** Lege in deinem Heft eine Tabelle mit drei Spalten für *Präsens, Imperfekt, Perfekt* an. Ordne die Verben aus dem Behälter den unterschiedlichen *Tempora* zu und ergänze die restlichen Formen in der Tabelle.

**8** Welche Form passt nicht in die Reihe? Begründe deine Entscheidung:

**a** errāvit, errāvērunt, errābat, errat

**b** fuit, fuērunt, erant, sunt

## VON WORT ZU WORT

**9** **a** Viele Wörter in dieser Lektion beschreiben den Krieg. Suche aus den lateinischen Texten die Vokabeln heraus, die mit „Krieg“ zusammenhängen. Unterscheide dabei nach den Wortarten *Substantiv* und *Verb*. Gestalte ein Bild zu diesem *Wortfeld*.

# 9 VON TROJA NACH ROM

# *Die Stammväter Roms*

500 v. Chr. | 500 | 1000 | 1500 | 2000

## GUT ZU WISSEN

*Ā Trōiā in altum nāvigāvērunt.*

*Aenēās cum paucīs per altum errābat.*

***Loquāmur Latīnē***

*Quaesō!*

*Hoc tē rogō!*

*Tibi (maximās) grātiās agō!*

*Īgnōsce!*

*Dā veniam!*

# TEXT 1 *Drängende Fragen an Aeneas*

Sagen über Troja und Aeneas sind wie andere Mythen der Antike mündlich oder schriftlich überliefert worden. Die Menschen hatten das Gefühl, diese Erzählungen könnten helfen, die Welt besser zu verstehen.
Nach der Flucht musste die Gruppe um Aeneas viel Leid ertragen. Auf Sizilien starb Anchises. Ein Sturm verschlug sie später an die Küste Libyens. Aeneas verliebte sich in Dido, die Königin von Karthago, musste sie aber auf Befehl des Gottes Merkur verlassen. Nach erneuter Seereise erreichte er mit wenigen Männern Latium. In Cumae begegnete Aeneas der Priesterin Sibylle, die ihn zu seinem Vater in die Unterwelt führte. Dort fasste er wieder Mut, weil Anchises ihm seine künftigen Nachkommen zeigte. In Latium gründete Aeneas nach langen Kämpfen die Stadt Alba Longa.
Manchmal wurde römischen Schulkindern die Aufgabe gestellt, in der Rolle bekannter Helden zu sprechen. Dabei könnte dieses Streitgespräch zwischen Askanius und Aeneas entstanden sein. Es spielt nach der Landung in Latium. Askanius bezweifelt, dass die Entscheidungen seines Vaters richtig waren.

*Ascanius:* „Graecī Trōiam nostram dēlēbant. Tamen tū et multī sociī ā Trōiā in altum[1] nāvigāvistis! Graecī multōs Troiānōs necāvērunt, quod tū prō patriā nōn pūgnābās, quod tū et sociī adversāriōs nōn arcēbātis. Fēminae, virī, līberī, servī servaeque miserē periērunt. Posteā tēcum et cum paucīs Troiānīs per altum[1] errābam. Ibī māgna perīcula subibāmus. Ventī autem multa nāvigia dēlēvērunt; iam cūnctī ferē sociī mortuī sunt.
Quam īgnāvus fuistī, Aenēās! Cūr tū et sociī contrā adversāriōs strēnuē nōn pūgnāvistis? Cūr tibi pāruī? Cūr ē Trōiā exiimus? Ubī tandem est patria nostra?"
*Aenēās:* „Postquam Graecī Trōiam expūgnāvērunt, prīmō sociīs adfuī. Iterum atque iterum strēnuē pūgnāre studēbāmus prō patriā. Sed frūstrā! Priamus et multī Trōiānī iam mortuī erant. Itaque mēcum cōgitāvī: „Ō dī[2], cūr nōbīs nōn adfuistis? Patria nostra miserē perit!" Postrēmō fātīs pāruī, quod deī mē variīs prōdigiīs monēbant: Nam fātīs deōrum semper pārēre dēbēmus. Ita familiam et sociōs ex incendiō Trōiae servāre potuī."
*Ascanius:* „Tū familiam nostram malē servāvistī! Nam sine Creūsā ē patriā nāvigāvistī; sine avō[3] dē Siciliā abiimus. Rēgīna Poenōrum tē amābat. Tamen ibī manēre nōn potuistī. Ōrae Italiae appropinquāvimus; in Italiā autem aliēnī sumus! Nunc adversāriī nōs exspectant."
*Aenēās:* „Tacē, mī fīlī[4]! Ecce Italia, patria nova! Nam Anchīsēs mihi mōnstrāvit oppidum clārum et posterōs clārōs: Deīs grātiam habēre dēbēmus, quod nōs servāvērunt."

**1** altum, -ī n. *das hohe Meer*
**2** ō dī *oh ihr Götter*
**3** avus, -ī m. *Großvater*
**4** mī fīlī! *mein Sohn!*

**1** Aeneas auf Kreuzfahrt durchs Mittelmeer? Welche Länder besuchte Aeneas? Erkundige dich, wie diese Länder heute heißen.

2 Wiederhole die *Meinungen* des Aeneas und Askanius mit eigenen Worten. Wodurch sind die verschiedenen Standpunkte zu erklären? Wer war der Held?

3 Da fehlt noch was! Ergänze nach folgenden Muster die fehlenden *Zeiten* in deinem Heft:

| Präsens | Imperfekt | Perfekt |
| --- | --- | --- |
| | superābās | |
| cōgitant | | |
| | | dēbuistis |

2 4 **a** In dem Behälter befindet sich ein Vorrat an unterschiedlichen *Präpositionen*. Füge sie wieder an die richtige Stelle in den Text ein.

Theodōrus [¯¯] incendiō Trōiae narrābat: [¯¯¯¯] multōs annōs Aenēās [¯¯¯¯¯¯¯] fāta deōrum nōn iam [¯¯¯] patriā pūgnāvit, sed [¯] Trōiā [¯¯] novam patriam īre cōgitāvit.
[¯¯¯¯] Creūsā autem [¯¯] ōram Trōiae īre dēbuit.
[¯] Siciliā [¯¯¯] sociīs [¯¯] Āfricam nāvigāvit.
[¯¯] Libyā autem nōn diū manēbat, sed ventī Aenēam [¯¯] ōram Italiae portāvērunt.

**b** Übersetze den Text dann ins Deutsche.

## *Die Gründungssage der Stadt Rom*

Mehr als 400 Jahre regierten in Alba Longa der Sage nach Nachkommen des Aeneas als Könige, bis Romulus und Remus, Zwillingssöhne des Kriegsgottes Mars und der Priesterin Rhea Silvia, die Gründung einer neuen Stadt planten. Diese Jungen hatten eine schwere Kindheit hinter sich: Ihre Mutter war zur Strafe, weil sie als Vestalin vom Gott Mars Kinder bekommen hatte, getötet worden.

Die Zwillinge wurden auf dem Tiber in einem Korb ausgesetzt. Zum Glück trieben sie an Land, wurden von einer Wölfin gefunden und genährt. Später wuchsen sie bei dem Hirten Faustulus auf.

Als junge Männer beschlossen Romulus und Remus an der Stelle, wo sie als Kinder an Land gespült worden waren, eine neue Stadt zu bauen. Um zu klären, wer die Stadt regieren und ihr den Namen geben solle, baten sie die Götter um Zeichen:

Remus sah auf dem Aventin sechs Geier. Seine Anhänger hielten dies für das Zeichen der Götter und riefen ihn zum König aus. Er begann die Stadt zu bauen.

Romulus sah auf dem Palatin etwas später die doppelte Anzahl von Vögeln. Deswegen fühlte er sich von den Göttern auserwählt. Mit einem Pflug steckte er die Grenzen der neuen Stadt auf dem Palatin ab und fing an, Stadtmauern zu errichten.

# TEXT 2 *Ein Streit zwischen Brüdern*

Gerade ist Remus über die Stadtmauern seines Bruders Romulus gesprungen, als es zu diesem Wortwechsel kommt:

*Remus:* „Quam parvōs mūrōs prō oppidō tuō aedificāvistī, Rōmule! Egō mūrum tuum expedītē[4] trānsīre potuī.“
*Rōmulus:* „Īrātus sum! Tū enim fātō deōrum nōn pāruistī, quod oppidum meum valdē violāvistī. Diū in caelum spectābam. Tum deī mihi prōdigium secundum mōnstrāvērunt. Itaque cum sociīs oppidum aedificāvī.“
*Remus:* „Egō et sociī mūrōs parvōs oppidī tuī rīdēbāmus. Tamen oppidum tuum servāre nōn potuistī.“
*Rōmulus*, quod īrātus erat, clāmāvit: „Neque tibi neque aliīs licet oppidum sacrum violāre!“

Statim Remum necāvit, tum oppidum aedificāvit. Parvum oppidum Rōmulī nunc est Rōma māgna.

4 expedītē (Adv.) *ungehindert*

**5** Bilde folgende *Verbketten* von den Verben posse, esse, īre:
(Beispiel: studeō ▸ studēs ▸ studētis ▸ studēbātis etc.)

possum/sum/eō ▸ 2. Person ▸ Plural ▸ Imperfekt ▸ 3. Person ▸ Perfekt ▸ Singular ▸ 1. Person ▸ Plural ▸ 2. Person

## UND IM ENGLISCHEN?

Wie arbeitest du? How do you work? Quōmodo labōrās?

badly
lentē[1]
schlecht

langsam
slowly
male

1 lentus, -a, -um *langsam*

**6** Beschreibe, an welchen Merkmalen du das Adverb in den drei Sprachen erkennen kannst.

CLARO 1

# *Der heilige Martinus*

500 v. Chr. — *um 350 n. Chr.* — 500 — 1000 — 1500 — 2000

Martinus wurde im Jahre 316 n. Chr. in der Provinz *Pannonia* (Gebiet des heutigen Ungarn) als Sohn eines römischen Offiziers geboren. Mit 15 Jahren trat er in die römische Armee ein. Drei Jahre später leistete Martinus Dienst in einer Reitertruppe bei Ambianensium (heute Amiens nördlich von Paris). Der Winter war sehr hart. Viele Menschen waren bereits an Erfrierungen gestorben. Der Tag war wieder bitterkalt.

**A** Tandem Martīnus oppidō Ambiānēnsiō appropinquat. Subitō prope portam oppidī virum videt.

Martīnus sēcum cōgitat:
„Mīrum[1] est. Cūr vir nūdus[2] est?
Cūr virō miserō nōn est tunica?"

Martīnus procul stat et spectat: Nōnnūllī virī oppidum intrant, virum autem nūdum[2] praetereunt[3]. Mendīcus[4]: „Miser sum. Mihi adeste!" Sed aliī tacent et oppidum intrant, aliī clāmant: „Cūr mendīcī[4] semper prope portam oppidī nostrī sedent? Cūr nōn labōrant? Et nōs et līberōs terrent."
Nēmō[5] autem mendīcō[4] adesse studet.

Mendīcus[4] sēcum cōgitat:

„Cūr virī tam[6] dūrī sunt? Nōn cōgitō virōs pecūniā spoliāre. Hīc sedēre mē nōn iuvat. Multōs annōs dūrē labōrābam. Tum incendium casam dēlēvit. Familia mea periit. Semper sēdulus esse studēbam. Sed nunc mihi neque tunica neque cibus neque pecūnia sunt. Nōnnumquam vīta dūra est."

**B** Martīnus misericordiae plēnus ad mendīcum[4] it: „Salvē[7]! Cūr hīc sedēs? Cūr nūdus[2] es?"

Mendīcus[4]: „Domine, cūrīs mē līberā! Iam diū hīc sedeō. Dā mihi cibum! Pereō.“ Martīnus dubitat. Subitō chlamydam[8] gladiō dīvidit et mendīcō[4] dimidium[9] chlamydae dat. Nōnnūllī autem virī Martīnum spectant et rīdent.

Noctū Martīnus, dum dormītat[10], in somniō et mendīcum[4] et multōs angelōs videt. Sed mendīcus[4] nōn iam est nūdus[2], est Christus. Chlamydam Martīnī angelīs mōnstrat et Martīnō grātiam habet. Martīnus cōgitat: Nunc nōn iam gladiō pūgnāre mihi licet.

**1** mīrus, -a, -um *wunderlich, erstaunlich*
**2** nūdus, -a, um *leicht bekleidet*
**3** praeterīre *vorübergehen*
**4** mendīcus, -ī m. *Bettler*
**5** nēmō *niemand*
**6** tam (Adv.) *so*
**7** salvē! *Hallo! Sei gegrüßt!*
**8** chlamydam dīvidit *er teilt seinen Mantel*
**9** dimidium chlamydae *die Hälfte seines Mantels*
**10** dormītāre *schlafen*

Die claro – Lektion zeigt dir, was du kannst und was du besser noch einmal wiederholst.

**A**

**1** Lies den Einleitungstext und übersetze den Text Zeile 1–17.

**2** Welche der aufgeführten Personen befinden sich vor dem Stadttor?
mendīcus • Martīnus • familia mea • nōnnūllī virī • vir nūdus • līberī

**3** Im Text Z. 13–17 erfahren wir, was der Bettler denkt. In welchen Zeiten stehen die Prädikate? Erkläre den Tempuswechsel in Zeile 14–15.

**4** Übersetze den Text zu Ende.

**B**

1 **5** Bestimme folgende Formen nach Kasus, Numerus und Genus. Gib auch die Deklination an. Achtung: Es gibt mehrere Möglichkeiten!
oppidum • vīta • gladiō • virī

1 **6** Die folgenden Formen lassen sich im Textzusammenhang eindeutig bestimmen. Nämlich wie? oppidum: Zeile 6 – vīta: Zeile 17 – gladiō: Zeile 22 – virī: Zeile 23

2 **7** Setze zu jedem dieser Nomen ein sinnvolles Attribut – Achtung, KNG Kongruenz! – und übersetze: nōnnūllī • noster • dūrus • māgnus

**8** Ein wichtiger lateinischer Satz des Textes ist in eine Buchstabenschlange geraten. Er umfasste fünf Wörter. Suche sie heraus:
datbtfmartinusasthmendicoglnwadimidiumntechlamydaetbf

**9** Bestimme die Wortarten dieser fünf lateinischen Wörter.

**10** Welche anderen besonderen Tage kennst du, die nach einer Person benannt sind?

# 10 WUNDERBARES
# *Fabelhaft!*

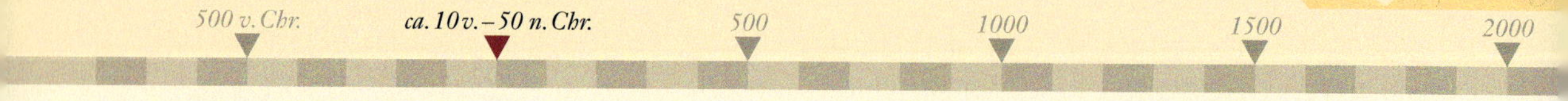


## GUT ZU WISSEN

Uva[1] in vinea[2] alta est.
Vulpecula[3] appropinquat.

Quid videmus?

Videmus vulpeculam[3] appropinquare.
Videmus uvam[1] in vinea[2] alta esse.

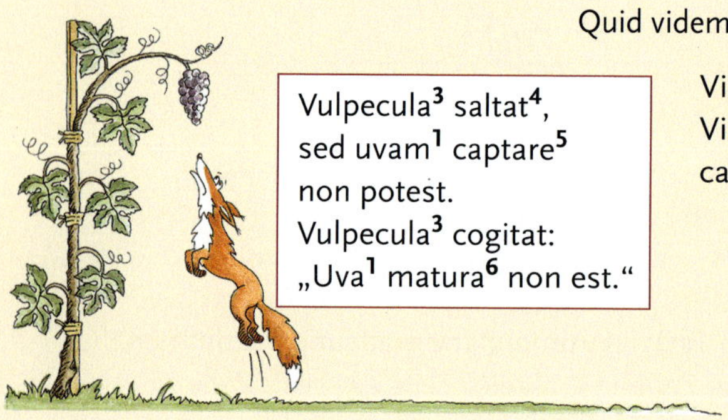

Vulpecula[3] saltat[4], sed uvam[1] captare[5] non potest.
Vulpecula[3] cogitat: „Uva[1] matura[6] non est.“

Quid videmus?

Videmus vulpeculam[3] saltare[4].
Videmus vulpeculam[3] uvam[1] captare[5] non posse.

Vulpecula[3] uvam[1] non captavit[5].
Vulpecula[3] abiit.

Quid videmus?

Videmus vulpeculam[3] uvam[1] non captavisse[5].
Videmus vulpeculam[3] abisse.

## TEXT 1 *Der zärtliche Esel*

Dominus asinum et catellum[7] possedit. Catellus[7] saepe in villa domini sedebat, dum asinus semper magna cum diligentia laborat. Tamen cuncti catellum[7] amabant et blandis[8] verbis delectabant.
Asinus cottidie videbat catellum[7] laetum esse. Itaque cogitavit: „Ego maestus sum, quod dominus semper catellum[7] delectare studet. Dominum me numquam laudare puto. Etiam dominam me saepe irridere doleo. Liberi cottidie catellum[7] etiam ex mensa[9] cibant[10]. Sed me numquam ex mensa[9] cibant[10]. Tamen existimo me domino semper paruisse. Non ignoro me semper fidum fuisse et magna cura aquam frumentumque portavisse. Ego enim laboriosus[11] sum. Itaque dominus etiam asinos ita amare debet ut catellos[7].“ Itaque asinus invidia catelli[7] ardebat. Tandem cogitavit dominum ut catellus[7] delectare. Aliquando asinus dominum villam intrare vidit. Statim eo festinavit, magno gaudio clamavit, ungulas[12] super umeros[13] domini levavit, virum lingua, ut catellus, linxit[14]. Primo dominus asinum timuit, tum iratus fuit, quod vidit togam sordidam[15] esse. Irae asini plenus servos convocavit. Tum cuncti asinum stultum verberaverunt[16] et irriserunt. Asinus autem in stabulum[17] festinavit. Maestus fuit et ibi diu mansit.

**1** uva,- f. *Weinrebe*
**2** vinea, -ae f. *Weinstock*
**3** vulpecula, -ae f. *Füchsin*
**4** saltare *springen*
**5** captare *fassen, ergreifen*
**6** maturus, -a, -um *reif*
**7** catellus,- i m. *junger Hund*
**8** blandus,- a,- um *schmeichelnd, liebkosend*
**9** mensa, -ae f. *Tisch*
**10** cibare *füttern*
**11** laboriosus, -a, -um *fleißig*
**12** ungula, -ae f. *Huf*
**13** umerus,- i m. *Schulter*
**14** linxit (3. Pers. Sg. Perf.) *(er/sie/es) leckte ab*
**15** sordidus, -a, -um *schmutzig*
**16** verberare *schlagen, prügeln*
**17** stabulum, -i n. *Stall*

**1** Vielleicht hast du schon Fabeln kennen gelernt. Erzähle, woran du dich erinnerst.

**2** **a** Welche *Eigenschaften* spielen in der von dir vorgestellten Fabel eine Rolle?
**b** Werden in einer Fabel Eigenschaften von Tieren oder von Menschen dargestellt? Begründe deine Meinung.

**3** Erkläre, warum wohl in einer Fabel *Tiere* handeln, und nicht Menschen.

**4** Warum sagt die Füchsin nach dem erfolglosen Springen *Uva matura non est*?

3 **5** Die Hauptperson der Handlung wird in Texten besonders oft genannt. Schreibe aus Text 1, Z. 1–3 alle Substantive heraus, die mehr als einmal vorkommen.

**6** Was ist der entscheidende Augenblick der Handlung in Text 1?

**7** **a** Worin besteht die *Moral* von der Geschichte?
**b** Sind dir schon vergleichbare oder ähnliche *Verhaltensweisen* im Alltag begegnet?

## *Die Fabel*

Die Fabel (lat. fabula) ist eine kurze Erzählung, die dem Leser auf unterhaltsame Weise eine Lebensweisheit nahebringen soll (*docere et delectare*). Sie ist auch ein Mittel, sich zu äußern, wenn die direkte Aussage gefährlich ist. In der Regel handeln in der Fabel Tiere, die aber in ihrem Denken und Sprechen wie Menschen dargestellt sind. Dabei verkörpern typische Tiere bestimmte Charaktereigenschaften: der Fuchs die Klugheit, der Esel die Dummheit, der Löwe Macht und Stärke. Um die Aussage der Geschichte einprägsamer zu gestalten, haben die Fabeln häufig eine witzige Pointe.

**Abb. 1** *Illustration zu der Fabel „Der Rabe und der Fuchs"*

Als „Erfinder" und geschicktester Erzähler der Fabel gilt seit dem Altertum der Grieche Aesop. Aesop soll in der Mitte des 6. Jhs. v. Chr. als Sklave auf der Insel Samos gelebt haben.

Der Dichter der Fabel vom Fuchs und der Weinrebe heißt Phädrus. Er war der erste, der in lateinischer Sprache Fabeldichtung verfasste. Phädrus kam wahrscheinlich zur Regierungszeit des Kaisers Augustus als Sklave aus Makedonien nach Rom. Dort wurde er später freigelassen. Über Einzelheiten seines Lebens wissen wir kaum etwas. Phädrus schrieb insgesamt 5 Fabelbücher: Zunächst übertrug er Fabeln des Aesop in lateinische Verse, dann verfasste er aber auch neue Erzählungen mit eigenen Motiven.

4 **8** Später erzählt der Herr Freunden, was sich ereignet hat. Übersetze die Sätze und bilde zu den eingeklammerten *Infinitiven der Gleichzeitigkeit* die entsprechenden *Infinitive der Vorzeitigkeit.* Begründe, warum der *Infinitiv der Vorzeitigkeit* erforderlich ist.

Dominus narrat asinum semper magna cum diligentia aquam (portare).
asinum tamen saepe maestum (esse).
asinum invidia catelli[7] (ardere).
asinum familiam valde (terrere).
servos asinum (irridere).
asinum in stabulo[17] diu (manere).

4 **9** Mache die folgenden Aussagesätze von dem Ausdruck *Dominus non ignorat* abhängig:

Beispiel: Dominus non ignorat familiam semper catellum[7] curare.

- Familia semper catellum[7] curat.
- Asinus semper magna diligentia laboravit.
- Nonnumquam asinus stultus est.
- Itaque servi asinum irrident.

**10** Bilde vier sinnvolle Sätze und übersetze sie. An welche Stelle im deutschen Satz kommt das Prädikat? Beispiel: *Dominus asinum stultum fuisse vidit.*

| | | |
|---|---|---|
| Dominus<br>Aeneas et Ascanius<br><br>Ascanius<br>Asinus<br><br>Vulpecula[3] | uvam[1] in vinea[2] alta esse<br>dominum catellum[7] delectare<br>asinum stultum fuisse<br>Aeneam familiam male servavisse<br>socios orae Italiae appropinquare | vidit.<br>existimat.<br><br>dolet.<br>gaudebant.<br><br>putavit. |

**11** **a** Wer macht hier was? Gib nach dem vorgegebenen Beispiel zwei mögliche *Übersetzungen* an und erkläre den Unterschied.

desiderium amicae — 1. die Sehnsucht der Freundin
2. die Sehnsucht nach der Freundin

invidia domini — cura liberorum — odium[18] Troianorum

18 odium ,-ii n. *Hass*

**b** Bilde zu jeder möglichen Übersetzung einen sinnvollen deutschen Satz.

## VON WORT ZU WORT

**12** In dem Buchstabengitter sind zehn *Infinitivformen* versteckt. Suche sie heraus und übersetze sie. Du kannst die Zeilen von links nach rechts und von oben nach unten lesen.

| | | | | | | | | | |
|---|---|---|---|---|---|---|---|---|---|
| h | o | c | p | a | m | a | r | e | o |
| a | f | o | f | d | a | b | n | r | t |
| u | c | g | h | e | l | i | i | r | e |
| f | b | i | s | s | s | r | x | a | r |
| u | d | t | z | s | d | e | e | r | t |
| k | b | a | t | e | e | u | s | e | b |
| t | e | r | r | u | i | s | s | e | h |
| z | c | e | r | t | a | r | e | s | z |
| r | q | a | m | a | v | i | s | s | e |
| o | i | r | a | f | p | g | e | m | k |

## UND IM ENGLISCHEN UND DEUTSCHEN?

**13** Auch das Englische und Deutsche kennen den *AcI*. Unterstreiche *seine Teile* und das *Verb*, von dem der AcI jeweils abhängt, in verschiedenen Farben.

1. Asinus dolet dominum catellum[7] blandis[8] verbis delectare.
2. The donkey expects the man to love him, too.
3. Dominus non ignorat dominam semper asinum irridere.
4. Der Esel sieht den Herrn ins Landhaus eintreten.
5. Der Herr hört den Esel jauchzen.
6. The man wants the slaves to beat the donkey.

# Wortstellung im Lateinischen und Deutschen

Ich habe sehr wörtlich übersetzt. Ein deutscher Satz ist das allerdings nicht. Besonders das Prädikat kann da nicht stehen bleiben. Wo gehört es eigentlich hin?

*Graeci ante Troiae portas equum ligneum aedificaverunt ...*
„Die Griechen vor Trojas Toren ein hölzernes Pferd haben gebaut ..."

## WORTSTELLUNG IM LATEINISCHEN UND IM DEUTSCHEN

▶ **Die Stellung des Prädikats im deutschen Aussagesatz.** Vergleiche die folgenden Sätze. In ihnen wurde die Wortstellung verändert. Was fällt dir auf?

| | | | |
|---|---|---|---|
| Die Griechen | bauten | ein Pferd | vor den Toren Trojas. |
| Ein Pferd | bauten | die Griechen | vor den Toren Trojas. |
| Vor den Toren Trojas | bauten | die Griechen | ein Pferd. |

Das Prädikat steht im deutschen Aussagesatz immer an der **zweiten** Stelle!

Was das für das Übersetzen bedeutet, zeigt ein weiteres Beispiel:

| | | | | |
|---|---|---|---|---|
| Graeci et Troiani | propter Helenam pulchram | magna audacia | inter se | certabant. |

kämpften

| | | | |
|---|---|---|---|
| Die Griechen und Trojaner | wegen der schönen Helena | mit großemMut | gegeneinander. |

Das Prädikat wird beim Übersetzen nach Graeci et Troiani an **die zweite Stelle** vorgezogen; der Rest kann dann „am Satz entlang" übersetzt werden.

▶ **Wortblöcke im Lateinischen.** Du konntest in den Beispielen oben beobachten, wie grammatisch und damit auch inhaltlich Zusammengehöriges in Wortblöcke eingeteilt werden kann. Welche Arten von Wortblöcken gibt es?
*Graeci ante Troiae portas equum ligneum aedificaverunt.*

▶ Suche nach Nomen, die im gleichen Kasus stehen. Das können Substantive, die durch *et, atque* oder *-que* verbunden sind, aber auch Substantive und Adjektive im gleichen Kasus, Numerus und Genus (KNG-Kongruenz) sein. Im Beispielsatz trifft das z. B. auf *equum ligneum* zu; die Zusammengehörigkeit ist erkennbar an der KNG- Kongruenz.

✔ **Nomen + adjektivisches Attribut** bilden einen Wortblock.

- Suche nach einem Nomen im Genitiv. In den meisten Fällen stehen Genitive nicht allein im Satz, sondern erläutern als substantivisches Attribut ein Beziehungswort näher. Ein solches Beziehungswort steht entweder direkt vor oder direkt hinter dem Genitiv. Im Beispielsatz gibt es von der Form her zwei „Kandidaten" für einen Genitiv: *Graeci* und *Troiae*. Aber nur *Troiae* hat ein Beziehungswort direkt bei sich: *Troiae portas*.

✔ **Nomen + substantivisches Genitiv-Attribut** bilden einen Wortblock.

- Suche nach einer Präposition. Direkt nach einer Präposition steht dann ein Nomen in dem Kasus, den die Präposition verlangt. Im Beispielsatz steht *portas* im Akkusativ nach *ante*.

✔ **Präposition + Nomen** im entsprechenden Kasus bilden einen Wortblock.
Übrig bleibt *Graeci*. Dieses Wort ist kein Genitiv, da ein Beziehungswort direkt daneben fehlt. Von der Form her kann *Graeci* auch Nom. Pl., also Subjekt sein. Dafür spricht: Das Prädikat steht auch im Plural (*aedificaverunt*). Also: *Graeci* ist das Subjekt dieses Satzes.

- **Übersetzungsmethode.** Daraus lässt sich eine einfache Methode[1] für das Übersetzen eines Aussagesatzes ableiten:
  1. Schritt: Einteilen des Satzes in Wortblöcke
  2. Schritt: Übersetzen der „1. Stelle"
  3. Schritt: Einfügen und übersetzen des Prädikats an der „2. Stelle"
  4. Schritt: Übersetzen am Satz entlang bis zum Ende

Graeci • ante Troiae portas • equum ligneum • aedificaverunt.
„Die Griechen bauten vor Trojas Toren ein hölzernes Pferd."

Nachdem ich die Wortblöcke erkannt habe, stelle ich fest, dass das Prädikat *aedificaverunt* nach *Graeci* eingesetzt wird, denn hier ist die zweite Stelle. Den Rest kann ich am Satz entlang übersetzen.

## ALLES GEKLÄRT? ALLES KLAR?

Übertrage folgende Sätze in dein Heft. Markiere die Wortblöcke und kennzeichne jeweils die zweite Stelle.

**1** Aeneas familiam ex incendio Troiae servare non potuit.

**2** Aeneas fatis deorum parebat.

**3** Aeneas cum paucis Troianis per altum errabat.

**4** Aeneas et socii in patria nova novum oppidum aedificaverunt.

Die Lösungen findest du S. 143

Das Erkennen von Wortblöcken konntest du bereits in den Übungen zu Lekt. 6, 8, 9 und claro 1 trainieren. Das Erkennen der „zweiten Stelle", an die das Prädikat eingesetzt wird, kannst du in der Lektion 10 üben.

1 Schritt 2–4 entsprechen weitgehend der Drei-Schritt-Methode, entwickelt von dem Tübinger Lehrer Dieter Lohmann.

# 11 WUNDERBARES
# *Märchenhaft!*

*6. Jh. v. Chr.* *500* *1000* *1500* *2000*

## GUT ZU WISSEN

fama

nuntius

***Loquamur Latine***

*Eheu!*

*Edepol!*

*Ecastor!*

*Mehercle!*

*Pro Iuppiter!*

*Pro di immortales!*

*O te stultum!*

*Asine!*

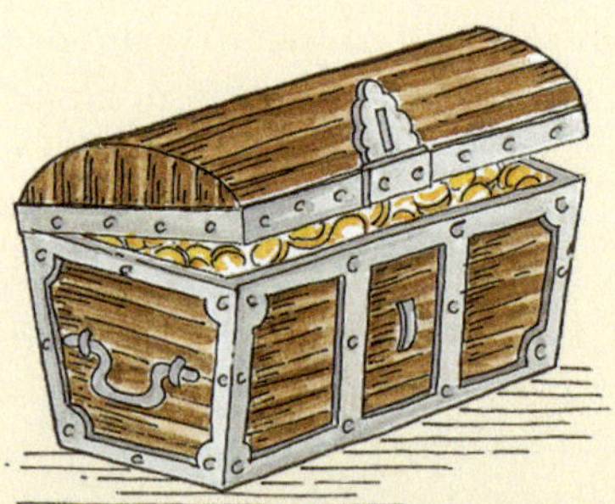

apparet

# TEXT 1 *Die schöne Rhodopis*

Es war einmal ein Mädchen namens Rhodopis, das lebte im fernen Ägypten. Dort herrschte der mächtige Pharao Psammetichus in seinem Palast in der großen Stadt Memphis.

Rhodopis, puella pulchra, serva erat. Olim Rhodopis ad ripam fluvii[1] iit et natavit[2]. Vestimenta et socci[3] in ripa remanebant. Subito magnam aquilam[4] de caelo se praecipitare[5] et alterum soccorum[3] raptare[6] vidit. Aquilam[4] soccum[3] ad regiam[7] Psammetichi portavisse notum est. Rhodopis autem ignorabat aquilam[4] cum socco[3] ad regiam[7] Psammetichi volare[8].
Psammeticho magna copia servarum servorumque erat. Unus e servis soccum[3] vidit et ad Psammetichum portavit. Iterum atque iterum Psammetichus soccum[3] spectabat et stupebat[9]: „Quam pulcher est soccus[3] et quam parvus! Certe quidem soccus[3] puellae pulchrae est."
Paulatim Psammetichum puellam ignotam iam amare apparebat. Itaque nonnullos nuntios ad se vocavit. „Quoquoversus[10] ite", inquit, „et puellam investigate[11]!"
Diu nuntii per Aegyptum errabant. Tandem servam pulchram investigaverunt[11] et cum puella ad Psammetichum redierunt. Itaque Psammetichus beatus erat et magno cum gaudio puellam spectavit. Etiam Rhodopis Psammetichum adamavit[12]. Fama est puellam et Psammetichum vitam beatam habuisse.

**1** fluvius, -i m. *Fluss*
**2** natare *schwimmen*
**3** soccus, -i m. (leichter) *Schuh*
**4** aquila, -ae f. *Adler*
**5** se praecipitare *sich stürzen*
**6** raptare *rauben*
**7** regia, -ae f. *Königspalast*
**8** volare *fliegen*
**9** stupere *staunen*
**10** quoquoversus (Adv.) *in alle Himmelsrichtungen*
**11** investigare *ausfindig machen, aufspüren*
**12** adamare *lieb gewinnen*

## PROJEKT: DAS MÄRCHEN VON DER SCHÖNEN RHODOPIS IM COMIC

**1** Nun ist euer zeichnerisches Können gefragt! Stellt das Märchen von der schönen Sklavin Rhodopis in Form eines *Comics* dar. Klärt, wie viele Szenen ihr gestalten wollt, wodurch ihr die einzelnen Personen deutlich erkennbar machen könnt usw.

4 **2** **a** Stelle alle Infinitive aus Text 1 zusammen. Ordne sie nach dem *Zeitverhältnis*. Beispiel:

| Infinitiv der Gleichzeitigkeit | Infinitiv der Vorzeitigkeit |
|---|---|
| *(se) praecipitare* | *portavisse* |

**b** Forme die Infinitive dann in das jeweils andere *Zeitverhältnis* um.

4 **3** **a** Schreibe aus Text 1 alle Sätze heraus, in denen ein *AcI* steht. Unterstreiche in deinem Heft die *Verben*, von denen der AcI jeweils abhängig ist.
**b** Welches *Zeitverhältnis* besteht jeweils zwischen AcI und übergeordnetem Verb?
**c** Welche *Aufgabe* hat der AcI jeweils im Satz?

4 **4** Du hast die Qual der Wahl! Entscheide, welche Lösung richtig ist. Gib aber auch an, welche Fehler du in den falschen *Übersetzungen* findest:
Nuntios servam pulchram investigavisse constat.
- Es steht fest, dass die Boten die schöne Tochter aufgespürt haben.
- Es stand fest, dass die Boten die schöne Königin aufgespürt haben.
- Es steht fest, dass die Boten die schöne Sklavin aufspüren.
- Es steht fest, dass die Boten die schöne Sklavin aufgespürt haben.

**5** **a** Lies beide *Märchen* noch einmal aufmerksam durch. Überlege, welche Stellen dich an bekannte deutsche Märchen erinnern. Nenne die Namen dieser deutschen Märchen.

**b** Vergleiche die beiden lateinischen Erzählungen mit den deutschen Märchen. Worin gleichen bzw. unterscheiden sich die Geschichten?

## VON WORT ZU WORT

**6** Die Römer schrieben nur große Buchstaben. Für u und v galt der gleiche Buchstabe V.
Suche aus dem folgenden Buchstabenwurm fünf neue Vokabeln heraus und nenne ihre deutschen Bedeutungen.
APPCLAMMJIOLIMNNGTNOTVSVNHFAMAVVSIMVLARESL

### *Märchen*

Wer kennt sie nicht: Dornröschen, Hänsel und Gretel oder Rotkäppchen – die zauberhafte Welt der Märchen! Vielleicht habt auch ihr schon solche Märchen gelesen. Auch in der Antike gab es viele Geschichten, die man als Märchen bezeichnen kann oder in denen zumindest märchenhafte Dinge geschehen. Dort erzählen die Schriftsteller von Zauberinnen, Riesen und verliebten Prinzessinnen, von Räubern, Geistern und Verwandlungen.
In früheren Zeiten waren Märchen bei Kindern und Erwachsenen sehr beliebt. Es gab sogar den Beruf des Märchenerzählers, der auf öffentlichen Plätzen Märchen vor einer größeren Menge von Leuten erzählte. Später ersetzten Fernsehsendungen das Erzählen von Märchen.

Echte Märchensammlungen wie die der Brüder Grimm gab es in der Antike und auch im Mittelalter noch nicht. Doch können wir zum Beispiel in den mittelalterlichen *Gesta Romanorum*, die um 1400 entstanden sind, Erzählungen entdecken, die auf antike Berichte zurückgehen. Dort finden wir orientalische, aber auch christliche Geschichten. In diesen tritt oft die Gestalt des Teufels auf, der das Böse verkörpert. Er ist häufig als Wolf oder Schlange dargestellt.

# TEXT 2 *Der Teufel und das Böcklein*

Vor vielen hundert Jahren erzählten sich die Menschen gern folgende Geschichte:

Olim capra cum haedo[13] in silva habitabat. Aliquando capram e casa exire et copiam ciborum apportare opus erat. Tum capra ad haedum[13]: „Mane in casa", inquit, „et portam obsera[14]! Valde periculosum[15] est per silvam ire; nam ibi diabolus, inimicus noster, habitat et saepe lupum[16] simulat. Exspecta me! Mihi cibos apportare opus est. Interea casa exire tibi non licet … diabolus te raptare[6] cogitat." Tum capra abiit.
Dicta autem caprae haedus[13] memoria tenebat. Multas horas capram exspectabat; itaque haedum[13] valde timuisse apertum est. Subito lupus[16] casae appropinquavit. Ostium pulsavit[17] et capram simulavit: „Adsum, te voco!"
Haedus[13] autem callidus erat. Clam e fenestra spectavit et lupum[16] vidit – tum respondit:
„Sta procul! Tu non es capra, nam lupum[16] video! Sed non ignoro diabolum quidem ante casam nostram stare."
Ita haedus[13] e summo periculo se servavit. Diabolus autem iratus erat et in silvam rediit.

**6** raptare *rauben*
**13** haedus, -i m. *Böcklein, junger Ziegenbock*
**14** obserare *verriegeln*
**15** periculosus, -a, -um *gefährlich*
**16** lupus, -i m. *Wolf*
**17** ostium pulsare *an die Tür klopfen*

**7** Der AcI – mal so, mal so!
Übersetze ins Deutsche und gib an, ob der lateinische AcI *Subjekt* oder *Objekt* ist.
- Haedum[13] callidum fuisse apertum est.
- Servam beatam fuisse notum est.
- Lupus[16] capram e casa exisse non ignoravit.

4 **8** Gib an, welche Übersetzung richtig ist und wo du *Fehler* gefunden hast.
Lupum[16] periculosum[15] ad casam caprae isse non ignoratis.
- Wir wissen nicht, dass der Wolf zu der Hütte der Ziege gegangen ist.
- Ihr wisst genau, dass der gefährliche Wolf zu der Hütte der Ziege gegangen ist.
- Ihr wisst nicht, dass der gefährliche Wolf zu der Hütte geht.

**9** Kombiniere richtig! Füge die Teilaussagen sinnvoll zusammen und übersetze.

1. Haedus[13] non ignorabat
2. Psammetichus vidit
3. Fama est

A. aquilam[4] soccum[3] apportavisse.
B. puellam pulchram ad ripam fluvii isse.
C. diabolum in silvam redisse.

**10** Auf die *Endung*, fertig, los! Wähle die drei richtigen *Endungen* aus und übersetze.

re - am - re - isse - as - is - isse

Non ignoramus haedum[13] caprae paru▲▲▲.
Rhodopis vitam Psammetichi beat▲▲ esse putat.
Nuntios diu per Aegyptum errav▲▲ notum est.

# 12 ROM IN GEFAHR

# *Retter in der Not*

*458 v. Chr.* — *500* — *1000* — *1500* — *2000*

## GUT ZU WISSEN

(dictator)

| consul | consul |
|---|---|

praetores

aediles

quaestores

Cincinnatus agricola est. — Cincinnatus dictator est.

## TEXT 1 *Cincinnatus*

Im Jahr 458 v. Chr. wurden die Römer von den Äquern angegriffen, einem Volk in Mittelitalien. Da brauchte man einen entschlossenen Mann, der das römische Heer führen konnte, man brauchte einen dictator. Nur – Wer war so schnell für diese Aufgabe zu gewinnen?

Olim timor belli animos Romanorum occupavit, quod Aequi in animo habebant Romam expugnare. Salus populi magno in periculo erat. Et consules et plerique senatorum iam de salute desperabant et pleni erant timoris. Itaque *senatores* cum consulibus diu cogitabant: „Quis Romam servabit? Certe Aequi nos necabunt et templa deorum delebunt. Nunc opus est nos dictatorem creare et cum dictatore Aequos superare. Quod magno in periculo sumus, dictatori parebimus. Sed quis dux noster erit?"
Diu senatores dubitabant. Tandem *consul:* „Vobis" inquit, „consilium dabo. Ad Cincinnatum ibimus, quod magno in honore est." Consilium consulis ceteris placuit.
Cincinnatus agricola[1] erat et in agro laborabat. Ibi *senatores* viro nuntiaverunt: „Salve, dictator! Nam tu dictator noster eris et nobiscum Aequos superabis. Tecum Romani victores erunt. Officium tuum est populum Romanum adiuvare." At *Cincinnatus:* „Erratis! Agricola[1] numquam imperator idoneus erit." Denique autem cuncti viro persuadere potuerunt. Profecto Romani cum dictatore Aequos superaverunt. Tamen Cincinnatus statim dictatura se abdicavit[2] et in agrum rediit.

1 agricola, -ae m. *Bauer*

2 dictatura se abdicare *die Diktatur niederlegen, vom Amt des Diktators zurücktreten*

**1** Römische Historiker sahen in Cincinnatus ein Beispiel für alle Römer. Wie könnte man dies begründen? Nenne Stellen in Text 1, an denen er als *Vorbild* dargestellt ist.

2 **2** Ordne die folgenden Adjektive den richtigen Substantiven zu (*KNG-Kongruenz!*):
multi, publicam, Romanas, magno, clarus, paucis
dictator, mulieres, duces, salutem, senatoribus, honore

**3** In dieser Formenreihe haben sich einige *Ablative* versteckt. Finde sie heraus.
time • victore • sine • clare • consule • valde • senatore • prope • salute • salvete • ante • nuntio • nuntia • nuntiabo • portis • portatis • portabitis • porta

**4** Suche aus Text 1 *Genitiv-Formen* heraus, erkläre ihre *Sinnrichtung* und übersetze sie.

### WIR FORSCHEN NACH

**5** Forscht nach, wie die Stadt *Cincinnati* in den USA zu ihrem Namen kam.

## VON WORT ZU WORT

6 **a** Der Konditor hilft uns, die Herkunft von Wörtern zu verstehen. Seine Berufsbezeichnung hat die Endung *-tor*. Sie sagt dir, was jemand ist oder tut. Das Verb *condire* bedeutet *lecker zubereiten*. Schreibe aus Text 1 Substantive mit dieser Endung heraus und gib die deutschen Bedeutungen dazu an.

**b** Welche deutschen Wörter kennst du, die ebenso enden?

7 Auch wenn die *Zukunft* sonst ungewiss ist, hier kannst du sie schnell erkennen.
erras • eras • eris • aedificabo • aedificio • aedifico • erunt • errant • placebit • ibis • errabimus • eritis • errabitis • ero • erro • portas • portabas • portabimus

8 Warum haben die Römer das *Amt* des Diktators wohl auf sechs Monate *begrenzt*?

## *König, Konsuln, Diktator*

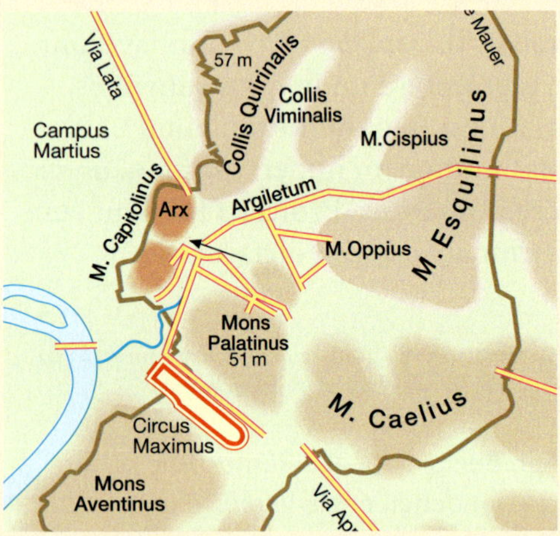


**Abb. 1** *Das frühe Rom*

Nach der Vertreibung des Königs Tarquinius Superbus 510 v. Chr. sicherten sich die Römer gegen allzu mächtige Alleinherrscher ab: Sie wählten an die Spitze des Staates zwei Konsuln für nur je ein Jahr. In Zeiten der Not aber, wenn schnelles Handeln erforderlich war, ernannte einer der Konsuln auf Empfehlung der Senatoren einen Diktator. Dieser war ein Beamter mit unbeschränkter Vollmacht. Ihm hatten alle zu gehorchen. Er durfte aber höchstens sechs Monate im Amt bleiben.

## *Das Kapitol*

Das Kapitol (lat. *Capitolium*) ist einer der sieben Hügel Roms. Er begrenzt im Westen das Forum Romanum. Da seine Felsen auf fast allen Seiten steil abfallen, konnte man ihn gut verteidigen. In der Antike stand dort ein Tempel für die Götter Jupiter, Juno und Minerva. Eine Erhöhung des Kapitols trug den Namen Arx (Burg). Dort hatte die Göttin Juno einen eigenen Tempel.

**Abb. 2** *Blick auf das Tabularium (Staatsarchiv) am Abhang des Kapitols. Die Blickrichtung ist durch den Pfeil in Abb. 1 gekennzeichnet.*

## TEXT 2 *Die Kapitolinischen Gänse*

Im 4. Jh. v. Chr. kamen Gallier über die Alpen und fielen in Italien ein. In der Schlacht an der Allia, einem Flüsschen nördlich von Rom, erlitten die Römer eine schwere Niederlage (390 oder 387 v. Chr.). Dann drangen die Gallier sogar in die Stadt Rom ein und zerstörten sie weitgehend. Die Römer, die überlebt hatten und nicht geflohen waren, verschanzten sich auf dem Kapitol und verteidigten sich dort gegen die Feinde.

Diu Galli contra Romanos pugnabant. Tamen victores non fuerunt. Nam in arce Capitolina adhuc nonnulli Romani erant. Ibi *mulieres* clamaverunt: „Quando dei nos adiuvabunt?"
Diu Galli arcem frustra oppugnabant. Denique, quod putabant noctu Romanos dormitare[3], summam arcem occupare cogitaverunt. Constat custodes tum non vigilavisse[4]. Anseres[5] autem prope templum Iunonis vigilabant[4]. Romani enim anseres[5] in arce tenebant, quod deae sacri erant. Dum Galli arci appropinquant, anseres[5] magno clamore custodes e somno excitaverunt. Statim ceteri viri ad arma festinaverunt et Gallos superaverunt. Sic anseres[5] Capitolium a Gallis servaverunt.

**3** dormitare *schlafen* **4** vigiliare *Wache halten* **5** anser, anseris m. *Gans*

### WIR RECHERCHIEREN

**9** Suche in Lexika und im Internet, welche Rolle das *Kapitol* in Rom und anderswo heute spielt.

### UND IM ENGLISCHEN UND DEUTSCHEN?

Jugendliche aus Europa sind zu einem Jugendcamp nach Perugia (Italien) eingeladen worden. Ihre Antworten kommen per E-Mail.

Peter aus Deutschland schreibt:
Hallo, Leute! Ich komme gerne im Sommer. Eine Freundin begleitet mich. Wir freuen uns, euch wiederzusehen. Tschüss, Peter

Kate aus Irland mailt zurück:
Hi there! Sorry, I don't think I'll make it this year. I will probably have to work this summer. See you! Kate

Mika aus Finnland antwortet:
Salvete, amici! Libenter in Italiam ibo. Postea in Germaniam festinabo. Valete! Mika

**10** Vergleiche, wie die drei Sprachen *zukünftiges Geschehen* ausdrücken.

# 13 ROM IN GEFAHR
# *Allmächtiger Caesar?*

500 v. Chr. · 44 v. Chr. · 500 · 1000 · 1500 · 2000

## GUT ZU WISSEN

Cincinnatus apud Romanos clarus erat. Nam is vir non solum agricola[1], sed etiam dictator et imperator fuit. Romani ei dictatori gratiam habebant.
Cincinnatus enim Aequos superavit. Post eam autem victoriam dictatura se abdicavit[2]. Itaque Romani eum virum laudaverunt.

**1** agricola, -ae m. *Bauer*
**2** dictatura se abdicare *die Diktatur niederlegen, vom Amt des Diktators zurücktreten*

miles

legio

# TEXT 1 *Der Diktator wird ermordet*

Um 510 v. Chr. wurden die ersten beiden Konsuln gewählt. So begann die römische Republik. Der bekannteste Römer dieser Zeit ist C. (Gaius) Iulius Caesar. Durch seine politischen und militärischen Erfolge war er so mächtig geworden, dass ein Teil des römischen Adels um die eigene Macht fürchtete. Im Gegensatz zu Cincinnatus hatte sich Caesar das Diktatorenamt nämlich auf Lebenszeit übertragen lassen.

***Abb. 1** Münze, die Caesar als Diktator auf Lebenszeit prägen ließ.*

Post bellum Gallicum et bellum intestinum[3] Caesar dictator perpetuus erat. Itaque multi senatores putabant eum hominem libertati civitatis perniciosum esse. Caesar enim sine consiliis senatorum civitatem modo regis administrabat. Plerique autem milites ei homini grati erant propter multa beneficia. Eum imperatorem amabant, quod erga milites fidos iustus et aequus erat. At senatores nimiam eius hominis auctoritatem timebant. Diu de eo homine secum considerabant.
*Alii:* „Caesar homo superbus est. Tamen non licet eum necare. Sed nos ei parere debemus. Praeterea legiones eius timemus. Nam Romam ibunt et imperatorem suum adiuvabunt."
*Alii:* „Neque Caesarem neque milites eius timebimus. Cuncti non ignorant Caesarem cupidum imperii esse. Cottidie vitia eius videmus. Is autem vitia sua non videt. More maiorum opus est Romanos imperium dictatoris perpetuum non sustinere. Certe Caesari consilia sua placent, sed homines boni et iusti consilia eius probare non possunt. Cur dubitamus?"
Postremo nonnulli senatores inter se contra Caesarem coniuraverunt[4], quod in animo habebant civitatem eo dictatore liberare. Principes eius coniurationis Cassius et Brutus fuerunt.

**3** bellum intestinum *Bürgerkrieg*  **4** se coniurare *sich verschwören*

**1** Welche Argumente für oder gegen Cäsars Ermordung werden von den Verschwörern in Text 1 vorgebracht? Stelle sie einander gegenüber.

**2** Geht sie oder er vielleicht doch? Suche aus den folgenden Formen diejenigen von ire heraus: it • eo • is • eam • ea • eis • id • itis • eis • eunt • ei • eos • eum • imus

**3** Bilde dazu die entsprechenden Formen im Futur, Imperfekt und Perfekt.

**4** Suche und bestimme die Formen, die von is, ea, id und von ire kommen können.

4 **5** Bilde aus den folgenden Sätzen AcI-Konstruktionen. Beispiel:

- Caesar mortuus est. Non ignoramus. — Caesarem mortuum esse non ignoramus.
- Cassius et Brutus Caesarem necaverunt. — Constat.
- Ii libertatem civitatis servare in animo habebant. — Romani putant.
- Cincinnatus apud Romanos magno in honore erat. — Quis ignorat?

6 Überlege, ob in die Lücke ein *reflexives* oder *nichtreflexives Possessivpronomen* gehört.

- Imperatores post victoriam Romam redierunt. Ibi Romani facta ■■■ celebraverunt[5].
- Dictatores saepe more ■■■ imperaverunt[6]. Imperia ■■■ non cunctis placebant.

**5** celebrare *feiern* **6** imperare *befehlen*

## C. Iulius Caesar

Caesar (100–44 v. Chr.) stammte aus einer angesehenen Familie. Schon früh ließ er sich bei einem berühmten Lehrer in Asien als Redner ausbilden. Die Redekunst half ihm später in der Politik. Dort stieg er 59 v. Chr. bis zum höchsten Amt auf, dem Konsulat. In Text 2 erfährst du, dass Caesar Gallien eroberte, nach Britannien übersetzte und den Rhein mit seinen Truppen überschritt. Dann kehrte er nach Italien zurück und machte sich nach dem Sieg über seine Gegner zum Diktator auf Lebenszeit.
Caesar wurde auch als Schriftsteller bekannt. Eine besondere Leistung war außerdem die von ihm veranlasste Reform des römischen Kalenders. Der war nämlich im Laufe der Jahrhunderte total durcheinandergeraten, weil die Römer die Monatsdauer nach dem Mondumlauf berechneten. Danach hatte das Jahr nur 355 Tage. Vom Sonnenjahr mit 365 Tagen wich es also um 10 Tage ab. Man kann sich leicht vorstellen, dass sich im Laufe der Jahrhunderte große Verschiebungen im Kalender ergaben.

**Abb. 2** *Szenenfoto aus dem Fernsehspiel Die Verschwörung von Walter Jens (1969)*

**Abb. 3** *Caesar als Figur bei Asterix und Obelix (aus: R. Goscinny / A. Uderzo: Die Lorbeeren des Caesar. Berlin: Egmont Ehapa 2002, S. 47)*

# TEXT 2 *Enttäuschte Hoffnungen der Verschwörer*

Im Jahr 44 v. Chr., an den Iden des März (15. 3.), führten die Verschwörer das Attentat auf Caesar aus. Obwohl Caesar vor einem Anschlag gewarnt worden war, ging er in die Senatssitzung. Dort stürzten sich die Verschwörer auf ihn und töteten ihn mit ihren Dolchen. Als die Tat in Rom bekannt wurde, herrschte großes Entsetzen. Als während der Leichenfeier sein Freund Antonius Caesars Testament öffentlich verlas, schlug die Stimmung um und richtete sich gegen die Caesarmörder. Ging deren Rechnung etwa nicht auf? Sah das Volk Caesar gar nicht als Tyrannen?

C. Iulius Caesar mortuus erat. Tum senatores eum non iam timebant. Cassius autem et Brutus, interfectores[7] eius, cunctos Romanos propter id factum laetos esse putabant. At populus eorum facta non probavit neque gaudebat Caesarem mortuum esse. Non solum milites imperatorem suum laudaverunt, sed etiam multi homines magnitudinem atque gloriam eius viri celebraverunt. Nam Romani memoria tenebant Caesarem Galliam expugnavisse et in Britanniam navigavisse et Rhenum transisse. Eis hominibus Caesar dux erat in bello et in pace. Denique interfectores[7] Caesaris apud populum magno in odio fuerunt. Itaque Cassius et Brutus, principes coniurationis, cum amicis e patria in Graeciam abierunt.

**Abb. 4** *Diese Münze ließ der Caesarmörder Brutus etwa 43/42 v. Chr. prägen. Die Beschriftung lautet EID(ibus) MAR(tiis).*

**7** interfector, -oris m. *Mörder*

## UND IM ENGLISCHEN UND FRANZÖSISCHEN?

Im Englischen und Französischen gibt es viele *Substantive,* die von lateinischen Substantiven mit bestimmten Endungen (so genannten *Suffixen*) abgeleitet sind.

**7** Wenn du folgenden Lateinvokabeln die entsprechenden englischen bzw. französischen Vokabeln zuordnest, verrät dir das Lösungswort, was du bist.

**8**

| Latein | Englisch | Französisch |
|---|---|---|
| civitas | senator | le senateur (CH) |
| officium | victory | la victoire (SCHER) |
| senator | office | l'office (RA) |
| libertas | liberty | la liberté (FOR) |
| victoria | city | la cité (SP) |

Stelle fest, welche Endungen im Englischen und Französischen den lateinischen Endungen *-tas, -ia, -tor, -ium* entsprechen.

# 14 DAS SAGENUMWOBENE GRIECHENLAND

# *Im Reich des Königs Minos*

## GUT ZU WISSEN

Quid vides?

Insulam video.
Estne insula magna?

Ita est!
Cui insula Creta nota est?

Constantino,
amico Graeco,
insula certe nota est.

Quis est?
Cuius caput est?

Nonne caput regis est?

Ita est!
Minoem regem vides.
Is rex insulae erat.
Quem nunc vides?

Estne bestia?
Num taurus[1] est?

1 taurus, -i m. *Stier*

# TEXT 1 *Wohin mit dem Ungeheuer?*

König Minos hatte für den Gott Poseidon einen Altar geweiht, um ihm zu opfern. Dann betete er, es möge ein Stier aus dem Meer steigen. Tatsächlich kam plötzlich ein schöner weißer Stier ans Ufer. Minos war so überwältigt von seiner Schönheit, dass er ihn für das Opfer zu schade fand. Er nahm als Ersatz ein anderes Tier. Poseidon war darüber empört: Er ließ als Strafe Pasiphae, die Frau des Minos, sich in diesen weißen Stier verlieben. Sie gebar Minotaurus, den König Minos als eigenen Sohn betrachtete.

Iis temporibus Minos rex desperatus[2] erat, nam Minotauro filio caput tauri[1] et corpus hominis erant. Secum cogitavit: 'Tempora mihi iucunda non sunt, nam filius meus monstrum[3] est. Itaque et ego et familia mea formam eius timemus. Praeterea Minotaurus cunctos terret, quod periculosus est. Sed filium meum necare non licet. At necesse est id monstrum a me et meis arcere. Quis mihi aderit? Quis consilium mihi dare poterit?'
Eo tempore Daedalus, vir propter scientiam clarus, apud regem habitavit. Itaque *rex* ei imperavit: „Daedale, specta Minotaurum, filium meum! Nos cuncti id corpus magnum et id caput periculosum[4] timemus. Meum autem officium est id monstrum a populo arcere. Itaque aedifica labyrinthum, aedificium mirum pro corpore miro!“ *Daedalus:* „Egone?“ *Minos rex:* „Tu multa alia aedificavisti, nunc de eo aedificio labora!“ Daedalus consilium regis non probavit, tamen magna cum diligentia labyrinthum aedificavit. Multis viis, columnis[5] pulchris, parvis fenestris labyrinthum ornavit. Numquam Minotaurus ex eo aedificio exire potuit.

**2** desperatus, -a, -um *verzweifelt*
**3** monstrum, -i n. *Ungeheuer*
**4** periculosus, -a, -um *gefährlich*
**5** columna, -ae f. *Säule*

**1**
**a** Was erfährst du aus GUT ZU WISSEN (S. 76), der *Textüberschrift* und dem *Einleitungstext* über Minos und den Minotaurus?
**b** Wie könnte die Geschichte weitergehen?

**2**
**a** In Text 1 findest du außer der *Erzählung* verschiedene Formen von *direkter Rede*. An welchen äußeren Merkmalen erkennst du sie?
**b** Stelle fest, wo jemand ein *Selbstgespräch* führt und wo ein Gespräch zwischen zwei Personen (*Dialog*) stattfindet.
**c** Beobachte, in welchen *Personen* das *Verbum* der direkten Rede steht.
**d** Von welchen Wörtern werden die Sätze der direkten Rede *eingeleitet*?

**3**
Daedalus und Ikarus wollen Kreta verlassen. Sie erkundigen sich nach geeigneten Wegen. Welche Wörter sind *Fragewörter*, die sie benutzen können?
ubi/1 • ibi/4 • neque/3 • ne/2 • tum/8 • num/3 • nam/7 • ecce/10 • dure/0 • cur/4 • cui/5 • certe/2 • cuius/6 • quod/8 • quid/7 • quis/2.
Wenn du die Zahlen der gefundenen Fragewörter zusammenzählst und auf die Zahl 30 kommst, hast du die Aufgabe bestens gelöst.

**Abb. 1** *Wissenschaftler nehmen an, Labyrinth bedeutet Haus der Doppelaxt. Doppeläxte wurden auf Kreta im 2. Jahrtausend v. Chr. als heilige Zeichen verwendet. Die Malerei zeigt ein Opfer vor Doppeläxten (bemalter Sarkophag, um 1400 v. Chr.)*

**Abb. 2** *Fresken aus dem Palast von Knossos zeigen die typische Form und die Farbe von Säulen im alten Kreta (um 1475 v. Chr.)*

**Abb. 3** *Darstellung des Labyrinths auf der Rückseite einer Münze aus Knossos (480–450 v. Chr.)*

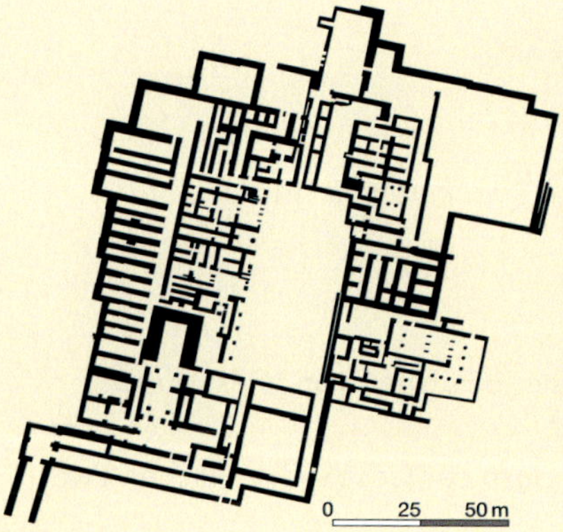


**Abb. 4** *In den Jahren 1900 bis 1902 legte der englische Archäologe Arthur Evans bei Knossos (südlich v. Iraklion/Kreta) auf der Fläche von rund 20 000 m² einen Palast frei. Der Palast entstand etwa 2000 v. Chr. und wurde um 1380 v. Chr. endgültig zerstört. Nach dem sagenhaften König Minos wird diese Kultur minoisch genannt. Der Plan zeigt einen vereinfachten Grundriss des Palastes.*

**Abb. 5** *Darstellung des Minotauros auf der Vorderseite einer Münze aus Knossos (480–450 v. Chr.)*

**4** **a** Suche Abbildungen und Fotos von Labyrinthen.
**b** Zeichne oder male selbst ein Bild von Minotaurus im Labyrinth.

**5** **a** Erkläre, was das Besondere an einem Labyrinth ist.
**b** Vergleiche den Plan des Palastes von Knossos mit Darstellungen des Labyrinthes.

**6** Versuche herauszufinden, wie die Geschichte von Minotaurus weitergeht.

# TEXT 2 *Dädalus und Ikarus*

Nach dem Bau des Labyrinths wollte Daedalus mit seinem Sohn Ikarus in die Heimatstadt Athen zurückkehren. Doch König Minos verbot ihnen die Heimreise. Was sollte Daedalus tun? Eigentlich war es unmöglich, unerkannt von der Insel zu entkommen. Da hatte er plötzlich eine Idee:

„Minos rex multa possidet, at caelum non possidet. Nonne per caelum in patriam redire poterimus?“ Diu de corpore avis cogitabat. Postremo alas[6] et sibi et Icaro filio paravit. Magna cum diligentia multas pennas cera alligavit[7]. Opus erat magnificum. *Daedalus* alas filio dedit: „Porta alas tuas! Ego meas porto. Eo modo in patriam redire possumus. Sed moneo te, Icare: Move alas tuas magna cura! In itinere semper vola[8] prope me!“ Pater filium spectabat, nam vitae filii timebat. *Icarus* autem gaudebat: „Pater, quid times? Volare[8] pulchrum est.“ Dum per caelum diu volant[8], *nonnulli homines* eos viderunt et vocaverunt: „Num dei sunt?“ *Icarus* magno gaudio alas[6] movebat, iam procul a patre erat. Tum *pater*, quod filium non iam vidit, iterum atque iterum clamabat: „Icare! Icare! Ubi es?“ Sed filius non respondit. Postea Daedalus pennas in aqua vidit et scientiam suam devovit[9].

**6** ala, -ae f. *Flügel*
**7** pennas cera alligare *Federn mit Wachs verbinden*
**8** volare *fliegen*
**9** devovere, devoveo, devovi *verfluchen*

**7** Vervollständige die *Fragen* aus den Antworten heraus:

| | | |
|---|---|---|
| Quis | ... est pater Minotauri? | Taurus[1] est pater Minotauri. |
| ■■■■ | ... est Minos. | Minos est rex Cretae. |
| ■■■■ | ... est caput tauri[1]? | Minotauro est caput tauri[1]. |
| ■■■■ | ... Minos rex vocavit? | Minos rex Daedalum vocavit. |
| ■■■■ | Est ... Creta insula Graeca? | Ita est. |

## VON WORT ZU WORT

1 **8** Ordne die folgenden Wörter diesen Gefäßen zu. Beachte die Kennzeichnungen!
tempora • statua • tolera • voca • corpora • cogita • ite • corpore • tempus • campus • miser • iter • magister • noster • puer • pulcher • semper

Substantive — Adjektive — Verben — Adverbien

# 15 DAS SAGENUMWOBENE GRIECHENLAND
# *Die Taten des Herkules*

*500 v. Chr.* *500* *1000* *1500* *2000*

## GUT ZU WISSEN

**Loquamur Latine**

*Bene factum!*

*Recte dicis.*

*Optime!*

*Falsum est.*

*Erras.*

*Errare humanum est.*

# TEXT 1 *Der nemeische Löwe*

Herkules mit seinen gewaltigen Kräften diente Eurystheus, dem König von Mykene.

*Rex Eurystheus* imperavit: „Hercule, adiuva me et cives meos! Leo haud procul a Nemea, oppido nostro, habitat. Frustra multi viri, quibus magnae vires sunt, leonem gladiis aut saxis necare studebant. Nunc timor civium magnus est. Nam in agris et in montibus laborare cogitant. Libera nos ab eo periculo!“ Hercules in silvam prope Nemeam sitam festinavit, bestiam autem videre non potuit. Tandem leonem vidit, cuius caput sanguineum[1] erat. Frustra leonem sagittis[2] necare studuit. Sed leo, qui caput movit et Herculem spectavit et oscitavit[3], mortuus non erat. Etiam gladio aut clava[4] Hercules leonem superare non potuit. Postremo a latere leoni caute appropinquavit et eum magna vi suffocavit[5]. Tandem leo mortuus fuit. Diu Hercules leonem et pellem[6] eius spectabat, quae pulchra et inviolata[7] erat.
Ea pellis[6], quam Hercules semper secum portabat, fuit signum virtutis eius.

**1** sanguineus, -a, -um *blutig*
**2** sagitta, -ae f. *Pfeil*
**3** oscitare *das Maul aufsperren*
**4** clava, -ae f. *Keule*
**5** suffocare *erwürgen*
**6** pellis, -is f. *Fell, Pelz*
**7** inviolatus, -a, -um *unverwundbar*

**1** Kennst du *Gestalten* aus modernen *Büchern* oder *Filmen,* die ähnlich wie Herkules wirken? Wo liegen deiner Meinung nach aber die Unterschiede zu Herkules?

**2**
**a** Welche *Handlungen* führt Herkules aus? Stelle eine Liste der *Verben* zusammen.
**b** Spielt Szenen, in denen Herkules besondere Leistungen vollbringt.

**3** Schreibe aus Text 1 fünf *Relativsätze* heraus und das dazugehörige *Beziehungswort* des *übergeordneten Satzes.* Untersuche, für welches *Satzteil* das Relativpronomen in den Sätzen steht.
Beispiel (Zeile 2): multi viri, quibus magnae vires sunt, ... quibus ist ein Prädikatsnomen

2 **4** Finde heraus, welche Wörter in ihrer jeweiligen Zusammensetzung nicht im *Kasus, Numerus* und *Genus* übereinsteimmen:
viri, qui • capitis vestris • eius bestiae • maria, quae • eius leoni • cives, quorum

**5** Ordne die *Relativsätze* passenden *Hauptsätzen* zu und übersetze sie:

| | |
|---|---|
| Eurystheum regem cives vocaverunt, | quam diu spectabat. |
| Eurystheus rex Herculem vocavit, | qui leonem timebant. |
| Pellis[6] leonis pulchra erat, | cui magna vis erat. |

**6** Wer kann am schnellsten *qui, quae, quod* deklinieren? Stoppt die Zeit und ermittelt den Rekord. Danach könnt ihr die Schwierigkeit noch dadurch steigern, dass ihr „von unten nach oben“ dekliniert. Ihr beginnt mit dem Ablativ Plural und endet beim Nominativ Singular.

7 War Herkules ein schlauer Mensch? Beurteile sein *Verhalten* bei den beiden Aufgaben (Text 1 und 2) unter diesem Gesichtspunkt. Es steht dazu eine *Wertungsskala* von 1 (geringste Wertung) bis 6 (höchste Wertung) zur Verfügung. Begründe deine Entscheidung.

8 Suche aus jedem Kasten die *Verbform* heraus. Übersetze die gefundenen Formen.

| | | | |
|---|---|---|---|
| clamoris | videtis | moves | apertus |
| civitatis | viris | montes | auctoritatibus |
| cogitatis | vis | mores | aequus |
| ceteris | virtutis | mulieres | abimus |

## VON WORT ZU WORT

9 Entwirf eine Tabelle nach dem Muster unten. Bestimme die *Wortart* der Wörter, die der Löwe trägt, und ordne sie in die Tabelle ein. Hast du es richtig gemacht, erhältst du 30 Punkte.

| Substantiv je 1 Punkt | Adjektiv je 1 Punkt | Verb je 3 Punkte | Adverb je 4 Punkte | Pronomen je 1 Punkt |
|---|---|---|---|---|

## *Die Aufgaben des Herkules*

Herkules (griechisch: Herakles) war der Sohn des Jupiter und der Königin Alkmene. Sein Name bedeutet *Ruhm der Hera.* Doch Jupiters Ehefrau Hera war eifersüchtig. Nach einem heftigen Streit einigten sich beide: Herakles erhält gewaltige Kräfte, muss aber für König Eurystheus von Mykene 12 Aufgaben erfüllen. Später wird er in den Götterhimmel aufgenommen.

Die zweite Aufgabe war es, die lernäische Hydra zu töten, ein Ungeheuer mit vielen Schlangenköpfen. Kurz darauf gelang es ihm, die wunderbare Hirschkuh mit einem goldenen Geweih und Hufen aus Bronze lebendig zu fangen. Auf dem Berg Erymanthos konnte er den gewaltigen Eber fangen, an einem einzigen Tag reinigte er den tief mit Mist bedeckten Kuhstall des Königs Augias.

Herkules verjagte aus den stymphalischen Sümpfen gefährliche Vögel, auf Kreta fing er einen rasenden Stier. Die wilden Pferde des Königs Diomedes brachte Herkules zu Eurystheus. Dann raubte er am Schwarzen Meer den goldenen Gürtel der Königin Hippolyte. Herkules gelang es auch, die wunderschönen Rinder des Königs Geryon zu rauben. Herkules schaffte es sogar, den Höllenhund Kerberos aus der Unterwelt zu holen.

# TEXT 2 *Die Äpfel der Hesperiden*

König Eurystheus hatte trotz der vielen Aufgaben, die Herkules schon für ihn ausgeführt hatte, immer noch weitere Wünsche. Nun wollte er auch noch die goldenen Äpfel der Hesperiden besitzen, der Töchter des Atlas – ein Wunsch, von dem er glaubte, dass selbst Herkules nicht in der Lage sein werde, ihn zu erfüllen. Herkules ahnte, dass dieses Mal eine ganz andere Leistung von ihm gefordert wurde: Er wusste nämlich nicht, wo er die Hesperiden suchen sollte.

Iterum atque iterum *Hercules* homines, qui ei obviam ibant, interrogabat: „Ubi Atlas habitat? Ubi est hortus Hesperidum, quae mala aurea[8] curant?“ Diu Hercules per terras ignotas migrabat[9]. Postquam mare apertum nave parva transiit, tandem Atlantem vidit, qui caelum sustinebat. *Hercules:* „Salve, Atlas!“ Tum consilium Atlanti dedit: „Video te defessum esse. Te adiuvabo. Da mihi caelum et te relaxa[10]!“ Atlas, quem ea verba delectaverunt, risit et ei caelum libenter dedit. *Hercules:* „Ego hic laborabo, sed tu festina ad filias et porta mihi nonnulla mala aurea[8], quae Eurystheus rex desiderat.“ Sed postea *Atlas*, dum Herculi mala aurea[8] monstrat, postulavit: „Ego autem ea regi dabo.“ *Hercules:* „Gratiam tibi habeo. Festina! Sed antea tu paulisper[11] sustine caelum! Interea apportabo tegimentum[12], quo umeros velare[13] potero.“ Hercules autem, postquam caelum Atlanti dedit, cum malis aureis[8] ad navem festinavit. At Atlas usque adhuc ibi stat et caelum sustinet.

**8** malum aureum n. *goldener Apfel*
**9** migrare *wandern*
**10** se relaxare *sich erholen*
**11** paulisper (Adv.) *ein wenig*
**12** tegimentum, -i n. *Schutz, Decke*
**13** umeros velare *die Schultern bedecken*

## UND IM ENGLISCHEN UND DEUTSCHEN?

| Latein | Englisch | Deutsch |
|---|---|---|
| campus | camp | Campus |
| clarus | clear | klar |
| familia | family | Familie |
| studere | (to) study | studieren |
| verbum | verb | Verb |

**10** In dieser Tabelle stehen *sprachverwandte Wörter,* die sich aus lateinischen Wörtern entwickelt haben. Stelle fest, welche *Bedeutung* die modernen Wörter haben. Du kannst auch Lexika zu Hilfe nehmen.

**11** Vergleiche die *Bedeutungen* in den drei Sprachen, beschreibe *Unterschiede* und *Veränderungen.*

# Textvorerschließung

Wenn das doch möglich wäre:
Den Inhalt eines Textes kennen, bevor ich ihn übersetze ...
Dann fiele mir das Übersetzen viele leichter!

### *Herkules und die Äpfel der Hesperiden*

Rex Eurystheus mala aurea[1] Hesperidum possidere desiderabat. Itaque Herculem haec mala aurea[1] sibi parare iussit[2]. Hercules postquam diu per terras ignotas erravit, virum Atlantem vidit, qui caelum sustinebat. Nunc autem alius alii officium praestitit[3]: Dum Hercules caelum sustinet, Atlas mala aurea[1] apportavit. Eurystheus autem stupuit[4]; nam Hercules mala aurea[1] parare potuit.

1 malum aureum n. *goldener Apfel*
2 iubere, iubeo, iussi *befehlen*
3 praestare, praesto, praestiti *ausführen, leisten*
4 stupere *staunen*

## *WEGE ZUR VORERSCHLIESSUNG*

▶ **Die Eigenschaften von Texten.** Das Wort *Text* hat eine lateinische Wurzel und bedeutet *Gewebe, Geflecht* (von Worten). Ähnlich wie Maschen zu einem Strickpullover werden einzelne Wörter zu einem Text verknüpft. Ähnlich, wie es für Pullover Strickanleitungen gibt, gibt es Baupläne für Texte. Wenn du wichtige Bestandteile solcher Baupläne kennst, kannst du erschließen, worum es in einem unbekannten Text geht.

✔ Sieh dir die „Umgebung“ und die äußere Gestaltung des Textes an!
Da ist zunächst die Überschrift, die einen bekannten Namen enthält: Herkules! Der Text enthält keine direkte Rede, er ist durchgängig in der 3. Person geschrieben – also ein Bericht oder eine Erzählung. Vermutung: Ein Bericht über eine Aufgabe des Herkules.

▶ **„Äußere Merkmale“ des Textes.** Lateinische Texte, die man dir vorlegt, sind in einen Zusammenhang eingebunden. Deshalb gibt die äußere Umgebung eines Textes dir wertvolle Hinweise auf seinen Inhalt. Das können sein: Überschrift, deutscher Einleitungstext, Abbildungen. Außerdem hilft es dir weiter, Satzzeichen und die Art und Weise, wie der Text aufbereitet ist, zu beachten (z. B. ständiger Wechsel in direkter Rede: Personen reden miteinander; Text ohne Unterbrechungen in direkter Rede: Es wird etwas erzählt oder über etwas nachgedacht). Absätze können zeigen, dass etwas Neues passiert oder über etwas Neues nachgedacht wird.

✔ Stelle die Wörter zusammen, die mehr als einmal vorkommen!
*Eurystheus* (zweimal), *Hercules* (viermal), *Atlas* (zweimal), mala aurea (viermal), *caelum sustinebat – caelum sustinet, parare* (zweimal).

Die handelnden Personen sind Eurystheus, Herkules und ein gewisser Atlas. Goldene Äpfel spielen wohl eine wichtige Rolle, denn sie sind viermal erwähnt. Eine gewisse Person trägt den Himmel. Etwas wird beschafft.

▶ **Wortwiederholungen.** Texte haben immer ein Thema. Wenn Menschen sich mit einem Thema beschäftigen, wiederholen sie Worte, die zu dem Themenfeld gehören. Wenn du nun Wörter sammelst, die mehr als einmal vorkommen, erschließt sich dir das Thema des Textes! Zweckmäßig ist es, sich dabei auf Nomen (Eigennamen, Substantive, Adjektive) und Verben (aber nicht *esse!*) zu beschränken.

✔ Was weißt du über das Thema? Wo findest du zusätzliche Informationen? Wenn du Eurystheus und Herkules kennst, weißt du auch, wie die Aufgaben des Herkules aufgebaut sind: Eurystheus stellt Herkules eine eigentlich unlösbare Aufgabe, die Herkules aber dennoch bewältigen kann – das passt ganz gut zu den wiederholten Wörtern!

▶ **Zusätzliche Informationen.** Wenn du nun in diesen beiden Schritte das Thema des Textes erschlossen hast, kannst du dir zusätzliche Informationen dazu verschaffen. Je mehr du darüber weißt, desto leichter fällt das Übersetzen!

Wenn ich mir die Überschrift ansehe und die Wortwiederholungen bedenke, kann dieser Text eigentlich nur von einer Aufgabe des Herkules handeln: Eurystheus will goldene Äpfel haben, Herkules beschafft sie ihm; dabei spielt ein gewisser Atlas eine Rolle. Diese Vermutung kann ich beim Übersetzen überprüfen- und das Übersetzen fällt mir leicht, weil ich ja schon weiß, wovon der Text handelt!

## ALLES GEKLÄRT? ALLES KLAR?

Jetzt kannst du dein Wissen anwenden. Welches Thema hat folgender Text?

Rex Eurystheus Herculem stabula[5] regis Augiae purgare[6] iussit[2]. Id officium homini erat durum. Nam Augiae magnus numerus bovum[7] erat. Itaque magna copia stercoris[8] stabula[5] implebat[9].
Hercules, quod magnam copiam stercoris[8] demovere[10] non poterat, flumen[11] in stabula[5] derivavit[12] et eo modo purgavit[6].

**5** stabulum, -i n. *Stall*
**6** purgare *reinigen, sauber machen*
**7** bos, bovis m. und f. *Rind*
**8** stercus, stercoris n. *Mist*
**9** implere *füllen*
**10** demovere *wegschaffen, wegbewegen*
**11** flumen, fluminis n. *Fluss*
**12** derivare *ableiten, umleiten*

Die Lösung findest du auf S. 143. Textvorerschließung konntest du bereits in Lekt. 10 üben, eine weitere Übung findest du in Lekt. 16.

# 16 DAS SAGENUMWOBENE GRIECHENLAND

# *Die Abenteuer des Odysseus*

*500 v. Chr.* — *500* — *1000* — *1500* — *2000*

## GUT ZU WISSEN

**Abb. 2** *Odysseus begegnet dem Ungeheuer Skylla. 1999 hergestellte Rekonstruktion einer antiken Figurengruppe, deren Reste in Sperlonga (Mittelitalien) gefunden worden waren.*

**Abb. 1** *Trojaner ziehen das Pferd in die Stadt. Filmszene 2004.*

**Abb. 3** *Odysseus und Penelope. Pompejanisches Wandgemälde (um 70 n. Chr.)*

# TEXT 1 *Neuigkeiten für Penelope*

Auf Ithaka wartet Penelope, die Frau des Odysseus, seit zwanzig Jahren auf die Rückkehr ihres Mannes, der gegen Troja gezogen ist. Seit zehn Jahren versucht sie verzweifelt zu erfahren, wie es ihm nach der Eroberung Trojas ergangen ist, und befragt jeden Fremden, der vorbeikommt. Eines Tages taucht im Palast ein alter, zerlumpter Mann auf. Penelope lässt ihn bewirten und spricht ihn an:

*Penelope:* „Senex, hic cuncti non ignorant me multos annos Ulixem maritum[1], regem Ithacae, exspectavisse. Apparet te per cuncta maria navigavisse et multas terras vidisse. Fortasse Ulixi obvius[2] fuisti et de eo narrare potes."
*Senex:* „Ita est. Puto me nonnulla de Ulixe nuntiare posse. Nam nuper in insula fui, quae prope Ithacam sita est. Ibi viri feminaeque valde solliciti erant: Narraverunt virum alienum in arce regis adesse, hospitem esse pulchrum et splendidum, Nausicaam, filiam regis, eum adiuvisse."

Der Alte berichtet, dass er selbst im Palast des Königs gewesen sei. Dort habe ein großes Fest stattgefunden. Ein Sänger habe von Troja gesungen, was den Fremden sehr berührt habe. Dann habe der König den Fremden nach seinem Namen gefragt.

*Senex:* „Hospes respondit nomen Ulixem sibi esse. Tum Ulixes narravit se sociosque magna pericula subisse et per cuncta maria erravisse, se sociosque iram Neptuni dei movisse; nam se cunctos filium dei violavisse."

**1** maritus, -i m. *Ehemann* **2** obvium esse *begegnen*

**1** Odysseus begegnet auf seiner Fahrt in die Heimat nicht nur dem Kyklopen Polyphem, sondern auch weiteren Wesen. Informiert euch in einem *Sagenbuch* über Kalypso, Kirke, die Lotophagen, Skylla und Charybdis und die Sirenen. Spielt die damit verbundenen Abenteuer des Odysseus der Klasse vor.

4 **2** In Zeile 1 bis 10 wimmelt es von *AcIs*. Wie viele kannst du finden? Übertrage sie ins Heft, kennzeichne das *übergeordnete Verb, Subjektsakkusativ* und *Prädikatsinfinitiv*.

4 **3** Setze mit Hilfe des Wortspeichers die richtigen Worte ein. Überlege genau, *wer* etwas getan hat. Übersetze dann; z. B.:

Ulixes narrat ■■■ sociosque insulae ignotae appropinquavisse.
Ulixes narrat se sociosque insulae ignotae appropinquavisse.

Ulixes narrat ibi ■■■ speluncam vidisse; subito ■■■ apparuisse;
■■■ duos socios devoravisse[6]; ■■■ dolum[15] adhibuisse;
■■■ Polyphemo vinum praebuisse;
■■■ multum vini potavisse[14]; ■■■ ebrium[16] fuisse;
■■■ monstrum caecavisse[19].

eum • eum • eum • se • se • se • se • virum

4 Vergleiche Odysseus mit dem Helden Herakles, den du in der vorigen Lektion kennen gelernt hast. Wodurch unterscheiden sie sich? Diskutiert in der Klasse, wen von beiden ihr als Vorbild anerkennen würdet.

2 5 Vieles ist hier durcheinandergeraten. Stelle, wo es nötig ist, die richtigen Wortverbindungen wieder her und übersetze dann. Verwende nur die vorhandenen Wörter.
eo victoria • eis regis • id timorem • eas feminis • eam monstrum • eius voces • ea senatore • ei homini • eum magnitudinem • eos filios

3 6 Bevor du den Text übersetzt, kannst du schon einiges über seinen Inhalt herausbekommen, indem du auf Wortwiederholungen achtest. Sortiere sie in deinem Heft nach folgenden Gesichtspunkten:
Örtlichkeiten • Personen • Gegenstände • Handlungen
Stelle nun Vermutungen an, was in der Geschichte passieren könnte. Betrachte das Bild unten und nenne die entsprechende lateinische Textstelle.

## *Odysseus*

Ein anderer großer Held der griechischen Sagenwelt ist Odysseus, der König der Insel Ithaka. Die Römer nannten ihn Ulixes. Anders als Herakles / Hercules verließ er sich nicht so sehr auf Kraft und Stärke, sondern auf kluge und listige Einfälle. Die Abenteuer des Odysseus wurden oft erzählt und im 8. Jh. v. Chr. erstmals aufgeschrieben. Die Darstellung umfasst viele tausend Verse. Man nennt diese langen Verserzählungen Epen. Als Verfasser wird in der Überlieferung der Grieche Homer genannt. Er ist der erste Schriftsteller Europas, dessen Name überliefert ist. Im Epos *Ilias* berichtet Homer, wie die griechischen Helden und Könige versuchen, die Stadt Troja zu erobern. Nach der Überlieferung gelingt es ihnen allerdings erst im zehnten Jahr, durch eine List des Odysseus die Stadt einzunehmen.
In der *Odyssee* wird geschildert, wie Odysseus nach weiteren zehn Jahren, gefahrvollen Abenteuern und langen Irrfahrten durch fremde Länder und Meere nach Ithaka heimkehrt.

**Abb. 4** *Odysseus und seine Gefährten blenden Polyphem. 1999 hergestellte Rekonstruktion einer antiken Statuengruppe, deren Reste in Sperlonga (Mittelitalien) gefunden worden waren.*

# TEXT 2 *Horror in der Höhle*

Penelope will noch mehr erfahren. Der alte Mann lässt sich nicht lange bitten: Odysseus habe Folgendes erzählt:

„Olim insulae ignotae appropinquavimus. Ibi speluncam amplam vidimus, quae erat plena ovium[3] et caseorum. Quod fame laborabamus, speluncam intravimus et caseum gustavimus. Subito vir horridus[4] apparuit, cui media in fronte erat oculus unus. Is, postquam nos caseum gustavisse vidit, duos socios captavit[5] et devoravit[6]. Tum monstrum[7] risit et clamavit: „Ego Polyphemus Cyclops sum, filius Neptuni dei. Num putatis vos sanos ex ea spelunca exire posse? Minime exibitis. Vos cunctos devorabo[6].“ Postridie[8] Cyclops e spelunca exiit et saxum magnum ante ianuam[9] speluncae collocavit. Statim studebamus saxum demovere[10] – sed frustra. Captivi eramus. Cyclops, postquam vesperi[11] rediit, denuo[12] duos socios captavit[5] et devoravit[6]. Tum clamavi: „Necesse est te non solum bene cenare[13], sed etiam bene potare[14]. Gusta vinum bonum!“ Polyphemus vinum potavit[14], tum clamavit: „Vinum bonum est. Cui gratiam debeo? Quis es?“ Tum dolum[15] adhibui et nomen „Neminem“ mihi esse respondi. Iterum atque iterum Polyphemus potabat[14]. Tandem vino ebrius[16] fuit et somno se dedit. At ego sociique trunco[17] longo et acuto oculum monstri terebravimus[18]. Tum Polyphemus magna voce ad ceteros Cyclopes, qui in insula habitabant, clamavit „Neminem“ se caecavisse[19]. Cyclopes autem ridebant, quod eum insanum esse putabant. Itaque Polyphemo respondebant se neminem videre et in speluncas suas redierunt.“

**3** ovis, -is f. *Schaf*
**4** horridus, -a, -um *struppig, wild*
**5** captare *fassen, fangen*
**6** devorare *verschlingen*
**7** monstrum, -i n. *Ungeheuer*
**8** postridie (Adv.) *am nächsten Tag*
**9** ianua, -ae f. *Eingang*
**10** demovere *fortschaffen, wegbewegen*
**11** vesperi (Adv.) *abends*
**12** denuo (Adv.) *nochmals, wieder*
**13** cenare *speisen*
**14** potare *trinken*
**15** dolus, -i m. *List*
**16** ebrius, -a, -um *betrunken*
**17** truncus, -i m. *Pfahl*
**18** terebrare *durchbohren*
**19** caecare *blenden, blind machen*

## VON WORT ZU WORT

**7** Oft benutzt man nicht nur das einfache Verb (*Simplex*), sondern setzt es mit Vorsilben zusammen (*Kompositum*), so dass sich neue Bedeutungen ergeben. In der Regel sind die Vorsilben dir bekannte *Präpositionen*. So kannst du dir beim Vokabellernen häufig die neue Bedeutung selbst herleiten.

**a** Sammle aus Text 1 und 2 und den bisherigen Lektionen alle *Komposita* von ire und gib ihre Grundbedeutung, aber auch weiter gehende Bedeutungen an.

**b** Welche Bedeutung könnten folgende Komposita von movere haben: ad-movere, de-movere, per-movere, re-movere?

# 17 LIEBE UND EIFERSUCHT UNTER GÖTTERN
## *Europa*

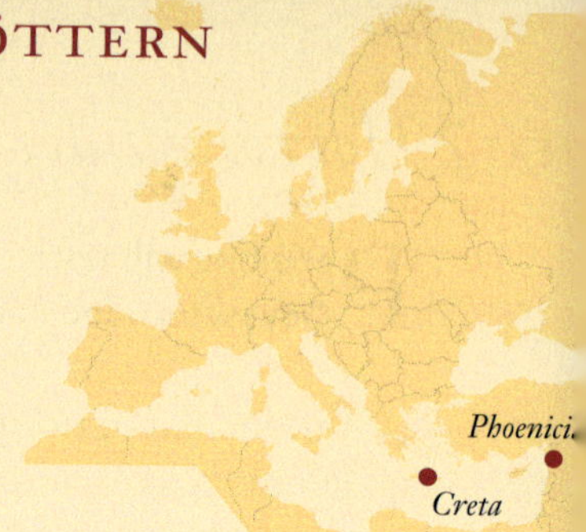

### GUT ZU WISSEN

accedere

**Abb. 1** *Tongefäß in Form eines Stierkopfes, hergestellt um 1500 v. Chr. Eines der eindrucksvollsten Kunstwerke der minoischen Kultur Kretas.*

litus

pes

# TEXT 1 *Ein Stier am Strand*

In Phönizien herrschte einst König Agenor. Er hatte drei Söhne und eine Tochter, die Europa hieß. Sie spielte oft mit ihren Freundinnen am Strand. So auch an jenem Tag, als sich vor den Augen der Mädchen plötzlich Folgendes ereignete:

Subito *puellae* clamaverunt: „Europa, videsne taurum[1]?“ Qui in litore iacebat. Diu *Europa* secum cogitabat: „Cur taurus[1] non in agro, sed in litore iacet?“ Diu animal spectabat et cogitabat: „Quam pulcher est is taurus[1]!“ Cuius corpus erat niveum[2] et clarum. Primo Europa tauro[1] appropinquare timuit. Tum vero caput eius palpavit[3] et flores ei praebuit. Quod taurum[1] valde delectabat.

Tum Europa vidit se taurum[1] adisse, amicas autem plenas timoris cessisse. Quas filia regis vocavit: „Accedite, puellae! Is taurus[1] ferus non est, sed in harena[4] iacet et caput ad corpus meum premit et velut vir oscula[5] dat.“ Dum Europa ea verba dicit, in tergo tauri[1] consedit. Qui subito pedes movit et mare petivit. Puella autem plena timoris erat et magna voce clamabat: „Me adiuvate, amicae! Valde trepido[6] ac tremo[7]. Nonne videtis taurum[1] mare adire? Iam litus relinquimus. Iam undae pedes tangunt. Iam vos oculis cernere non possum.“ Amicae Europae diu in litore stabant et stupebant[8]. Alia ab alia quaerebat: „Num tauros[1], qui natant[9], umquam vidisti? Quo taurus[1] mirus filiam regis portabit? Cur Europam pulchram e patria ducit?“

**1** taurus, -i m. *Stier*
**2** niveus, -a, -um *schneeweiß*
**3** palpare *streicheln*
**4** harena, -ae f. *Sand*
**5** osculum, -i n. *Kuss*
**6** trepidare *verwirrt sein*
**7** tremere *zittern*
**8** stupere *staunen*
**9** natare *schwimmen*

**1** Welcher Satz in Zeile 1–9 enthält bereits einen Hinweis darauf, dass es sich um einen außergewöhnlichen Stier handelt?

**2** Welches Pronomen passt nicht in die Reihe? Begründe deine Entscheidung.

qui • cui • quod • quae
eos • eum • eam • id
ii • eae • eis • ea
quem • eam • quam • quod

**3** Setze aus den Elementen der Baukästen korrekte lateinische Verbformen zusammen und übersetze diese anschließend. Beachte: Nicht immer ist ein *Bindevokal* erforderlich!

| Stamm | Bindevokal | Personalendung |
|---|---|---|
| dic | i | nt |
| duc | i | o |
| relinqu | u | re |
| pet | i | t |
| cognosc | e | mus |
| prem | | s |

1 4 Bilde jeweils die 1. *Person Singular* zu den *Infinitiven*. Aber Vorsicht: Stier ist nicht gleich Stier! Und in dieser Übung ist e nicht gleich e!
accedere • adhibere • apparere • cernere • docere • tangere

5 **a** Verbinde die beiden Sätze jeweils durch einen *relativischen Satzanschluss*, indem du das *Demonstrativpronomen* durch das entsprechende *Relativpronomen* ersetzt.
- Europa caput tauri[1] palpavit[3]. Is ferus non erat.
- Puellae diu in litore stabant et Europam exspectabant. Eam taurus[1] in insulam Cretam duxit.
- Iuppiter Europam e patria portavit. Pater eius filiam frustra quaerebat.

**b** Übersetze anschließend.

## Phönizien

Phönizien hatte in der Antike durch den Fernhandel mit Holz, Purpur und anderen Waren viel Reichtum erworben. Die Phönizier sprachen eine semitische Sprache, die mit dem Arabischen und Hebräischen verwandt ist. Schon um 1200 v. Chr. entwickelten sie für ihre Sprache ein Alphabet, das nur aus Konsonanten bestand. Die Griechen übernahmen im 9. Jh. v. Chr. dieses Alphabet und passten es an die griechische Sprache an. Aus dem griechischen Alphabet leiteten später die Römer die lateinischen Schriftzeichen ab. Somit schufen die semitischen Phöniker die Grundlage für die weltweit verbreitetsten Schriftsysteme.
Übrigens wurde auch die Stadt Karthago in Nordafrika von phönikischen Siedlern gegründet.

## Europa

Auf Kreta war Europa nach dem Mythos zunächst die Geliebte von Jupiter bzw. Zeus, wie der oberste Gott bei den Griechen genannt wurde. Sie gebar drei Söhne, von denen Minos später die Herrschaft über die Insel übernehmen sollte.
Schließlich heiratete aber der kretische König Asterios Europa und nannte neben ihrer gemeinsamen Tochter Krete auch die drei Zeussöhne seine eigenen.
Aus antiken Schriften wissen wir, dass der Mädchenname Europa ursprünglich unabhängig von der geographischen Bezeichnung bestand. Dennoch sahen die Menschen im Altertum die Europa des Mythos als Namensgeberin für Teile Griechenlands an. Dies ist der Grund dafür, weshalb wir heutzutage den Erdteil Europa auf jene phönizische Königstochter zurückführen.

**Abb. 2** *Europa und der Stier. Antikes griechisches Vasenbild*

## TEXT 2 *Ein Stier?*

Als die Königsfamilie von dem rätselhaften Raub ihrer Tochter erfuhr, war sie zutiefst bestürzt. König Agenor setzte nun alles daran, Europa wiederzufinden – leider ohne Erfolg.
Auch sonst herrschte unter den Menschen Ratlosigkeit, wohin der Stier die schöne Europa entführt haben könnte. Nur der Göttervater Jupiter wusste mehr …

Taurus[1] Europam per mare in insulam Cretam duxit. Ibi puella sollicita, dum de tauro[1] descendit, subito stupuit[8]. Nam taurus[1] formam mutabat: De tergo Iovis, summi dei, descendit! Qui animum Europae iis verbis confirmavit: „Nonne meam magnitudinem atque potestatem cognoscis? Ego sum Iuppiter! Ego sum pater deorum! E patria tua te deduxi, quod pulchra es, quod inter ceteras puellas excellis, quod te amo.“
Quibus verbis Iuppiter amorem Europae petebat. Quae tacet et oculos modo ad deum, modo ad mare convertit.

1 taurus, -i m. *Stier*   8 stupere, *staunen*

**6** Beschreibe, auf welche Weise Jupiter versucht, Europa für sich zu gewinnen.

**7** Erkläre die Reaktion von Europa (oculos modo ad deum, modo ad mare convertit) in Text 2, Zeile 7–8.

**8** **a** Alle Vokale haben sich aus dem Staub gemacht! Füge sie wieder ein, so dass korrekte Verbformen entstehen.
ptvt • dscndrnt • ddcms • cdbm • qrbts • prssst • cgnscnt
**b** Übersetze die Formen.

### VON WORT ZU WORT

**9** In dieser riesigen Buchstabenschlange sind einige lateinische Wörter versteckt, die hintereinander gelesen einen Satz ergeben. Suche sie heraus und übersetze den Satz.

iptaurusotlitusvinxaelrreliquitudetmaepuellambopulchramineinsulamurscretamp evhdeduxitrt

# 18 LIEBE UND EIFERSUCHT UNTER GÖTTERN

# *Verliebter Gott – verliebte Nymphe*

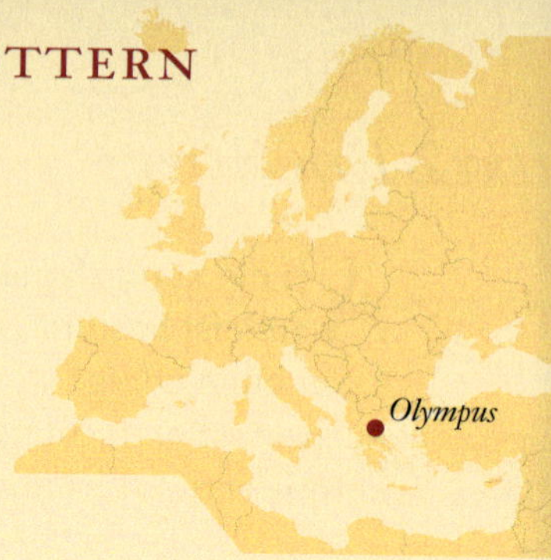


500 v. Chr. — 500 — 1000 — 1500 — 2000

## GUT ZU WISSEN

***Loquamur Latine***

*Quae sunt oblectamenta tua?*
*Quos libros libenter legis?*
*Quos ludos amas?*
*Amasne mathematicam aut musicam / historiam / biologiam / physica / chimiam / artem computatoriam / linguam Latinam / Theodiscam / Anglicam / Graecam / Francogallicam / Hispanicam / Italicam / corporis exercitationem / geographiam?*
*Placetne tibi legere aut natare aut pingere aut coquere aut ludere?*
*Mihi placet …*

## TEXT 1 *Die Leiden der schönen Io*

Jupiter erblickte eines Tages das Mädchen Io und verliebte sich unsterblich in sie. Was sollte er jetzt tun? Vor seinen Augen stand dieses wunderschöne Mädchen, weit entfernt in den himmlischen Höhen aber wohnte seine Ehefrau Juno. Er überlegte:

„Haec est Io, puella pulchra. Beatus sum, quod hanc puellam specto. Illa est Iuno dea, coniunx mea. Illi deae sunt multa officia: Una cum illa salutem hominum curo. Magnum officium illius est puellas, virgines, mulieres in periculis adiuvare. Itaque feminae illam colunt. Sed pulchritudo[1] huius puellae me delectat. Igitur huic appropinquabo.“
Tum his verbis Ionem salutavit: „Salve, puella pulchra! Quo festinas? Te amo! Cur hic non manes?“ Io autem, quod timor huius viri magnus erat, se avertit et fuga salutem petere studebat. Iuppiter, quamquam se Ionem terruisse videbat, terram nebulis[2] occultavit et eo modo puellam a fuga prohibuit.

Aber Juno befahl dem Nebel zu weichen. Plötzlich stand vor ihr Jupiter, bei ihm eine schöne Kuh. Jupiter hatte Io in diese Kuh verwandelt. „Also ein Liebesabenteuer“, dachte Juno. Sie bat Jupiter, ihr die Kuh zu schenken. Er war verunsichert: Die Geliebte zu verschenken wäre grausam, das Geschenk abzulehnen verdächtig: Also verschenkte er die Kuh. Juno übergab sie dem Argus, der sie mit hundert Augen beobachtete.

***Abb. 1*** *Der Liebesgott Eros mit einer Falle. Griechisches Vasenbild.*

Io de hoc custode et de hac forma vaccae[3] dolebat. Secum cogitavit: ‚Quomodo auxilium deorum implorare[4] possum? Nam vox humana non iam mihi est. Cum Iovem deum, amicum meum, imploro[4], mugitus[5] ex ore meo exit. Numquam patrem consulam, numquam sorores mecum ludent[6], numquam cibum humanum edam[7].‘
Io misera erat. Itaque Iuppiter Mercurium iussit Argum custodem necare. Tamen Io libera non fuit. Nam Iuno eam per orbem terrarum usque ad ripam Nili fluminis agitavit. Ibi Io finem horum malorum multis cum lacrimis desideravit. Quae lacrimae denique animum Iunonis commoverunt et dea Ioni formam pulchrae puellae reddidit.

**1** pulchritudo, -inis f. *Schönheit*
**2** nebula, -ae f. *Dunst, Nebel*
**3** vacca, -ae f. *Kuh*
**4** implorare *erbitten, anflehen*
**5** mugitus m. *Gebrüll*
**6** ludere *spielen*
**7** edere *essen*

**1** Jupiter hat Europa und nun die schöne Io verführt. Sind die Begegnungen zwischen Jupiter und den Frauen unterschiedlich oder eher ähnlich? Wie sieht deine Meinung dazu aus? Gib passende *Textstellen* an, die deine Meinung bestärken.

2 **2** Wenn du den *Pronomen* entsprechende *Substantive* richtig zuordnest, verraten dir die Buchstaben in den Klammern einen geheimen Gedanken des Gottes Jupiter.

1. huius (t) amore (a)
2. harum (i) locus (o)
3. haec (n) virginis (e)
4. hoc (m) puellarum (o)
5. hic (m) templa (e)

2 **3** Ordne die Substantive außerhalb der Wolke den Formen von ille, illa, illud zu:

deus

timorem

coniugis

puellae

officiorum

templum

mulieres

officia

2 **4** Hebe in dem Text die unterstrichenen *Nomen* hervor, indem du eine Form des *Demonstrativpronomens* hic, haec, hoc hinzufügst, und übersetze die Textstücke.

Europa: „Quam niveus est color tauri! Puellae, ad taurum ibo. Puellae, videte, taurus non est ferus.“ Puellae: „Tauri sunt bestiae.“

Europa autem tauro appropinquavit. Postremo flores ei praebuit.

**5** Hier findest du *Subjunktionen*, die Nebensätze einleiten. Suche diejenigen heraus, die einen *Grund (kausal)*, eine *Zeit (temporal)* oder einen *Gegengrund (konzessiv)* angeben. Nenne drei Wörter, die nicht in diese Schachtel gehören.

postquam quando
quamquam numquam
cum iam dum
ubi quod

**6** In den folgenden Formenreihen sind *Futurformen* versteckt. Finde sie heraus. Wenn du die Zahlen in Klammern zusammenzählst und 147 erhältst, hast du alle Formen entdeckt.

portam (1) • petam (2) • eis (3) • eris (4) • clamoris (5) • clamabis (6) • curam (7) • curabam (8) • petes (10) • nuntiabitis (11) • nuntiis (12) • periculo (13) • pereo (14) • placebit (15) • potero (16) • prohibebimus (17) • proximus (18) • spoliabitis (20) • superabo (21) • sustineo (22) • temporis (23) • timetis (24) • dicemus (25)

**7** Verbinde die Sätze durch die *Subjunktionen* quod • quamquam • dum • postquam und übersetze.

Beispiel: Iuppiter amorem Ionis petere studet. Iuppiter Ionem in silva spectavit.
Iuppiter, postquam Ionem in silva spectavit, amorem Ionis petere studet.

Iuppiter vocat: „Salve, puella pulchra!“
Io autem hominem non spectat.
Iuppiter ad Ionem adit.

Iuppiter Ionem amat.
Verba hominis eam delectant.
Animum eius his verbis firmat[8]:
„Ego Iuppiter sum. Te amo.“

8 firmare *stärken*

# TEXT 2 *Echo und Narcissus – eine unglückliche Liebe*

Die Nymphe Echo ist von den Göttern hart bestraft worden: Sie sollte nicht selbstständig reden, sondern nur jeweils die letzten Worte, die jemand gesagt hatte, wiederholen dürfen. Eines Tages sah Echo von Weitem den jungen Mann Narcissus. Sofort verliebte sie sich in ihn.

Dum hunc iuvenem diu spectat, secum cogitavit: ‚Amo Narcissum, sed quomodo dicere possum me eum amare?‘ *Narcissus* autem puellam non vidit, sed circumspectavit[9] et vocavit:
„Ecquis[10] adest?“
*Echo* respondit: „Adest.“
*Narcissus* stupuit[11]: „Non te video.“
*Echo:* „Te video.“
*Narcissus:* „Cur non festinas ad me?“
*Echo:* „Ad me!“
His verbis Narcisso appropinquavit et magno cum gaudio eum tetigit. Narcissus autem, quod eam non amabat, puellam magna vi a se depulit. At Echo de amore huius iuvenis valde dolebat. Itaque hic amor paulatim corpus eius delevit. Usque adhuc Echo non corpus, sed sonus est.

**9** circumspectare *umherschauen, sich umsehen*
**10** ecquis? etwa *jemand?*
**11** stupere *staunen*

***Abb. 2*** *Narziss. Gemälde des italienischen Künstlers Carvaggio (1573–1610).*

## WAS IST WAS? – EIN SPIEL FÜR KLUGE KÖPFE

*8* Dieses Spiel könnt ihr zu zweit oder in der Klasse – auf Lateinisch oder Englisch – spielen.
Ein Mitspieler zeigt auf einen Gegenstand in der Nähe oder hält ihn in der Hand und beginnt mit der Frage „Quid hoc est?“ oder „What's this?“ – Ein anderer Schüler weiß die richtige Antwort: „Hic liber est.“ oder „This is a book.“
Er darf die nächste Frage stellen. Er zeigt nun z.B. auf einen entfernten Gegenstand und fragt: „Quid illud est?“ oder „What's that?“ – Ein Mitschüler erklärt: „Illa porta est.“ oder „That´s a door.“

Für dieses Spiel könnt ihr zum Beispiel noch folgende Vokabeln verwenden: fenestra/window • magister/teacher • puella/girl • puer/boy • caelum/sky • aqua/water • pecunia/money • mensa/table.
Achtet beim lateinischen Spiel auf die KNG-Kongruenz zwischen Pronomen und Substantiv!

CLARO

# 2 *Vestalin in Not!*

Rumms! Claudia verspürt einen stechenden Schmerz in der Magengegend. Als sie genauer hinsieht, wer sie da gerade vor dem Tempel der Göttin Vesta fast umgerannt hat, erkennt sie Julia. Das 10jährige Mädchen lebt seit einigen Wochen gemeinsam mit Claudia und vier anderen Priesterinnen der Vesta in einem Haus auf dem Forum Romanum. Claudia ist schon fast 30 Jahre lang Vestalin und steht damit kurz vor dem Ende ihrer Dienstzeit als Priesterin. Julia wurde erst vor einigen Wochen vom Pontifex Maximus zur Vestalin berufen. Jetzt ist Julia so aufgeregt, dass sie kaum sprechen kann:

***Abb. 1*** *Der mythische König Numa Pompilius. Römisches Münzbild*

**A** *Claudia:* „Quid est, Iulia? Quo festinas? In templo Vestae manere debes! Ibi flammas sacras semper ardere necesse est, quae signa salutis populi Romani sunt. Nonne flammas servas? Hoc Vestalis officium esse tibi notum est!“

*Iulia:* „Me custodem flammarum semper fuisse confirmo[1]. Non solum saepe templum frequentabam, sed etiam magna cum diligentia ibi laborabam. Sed nunc auxilium tuum imploro[2]!
Bonus amicus patris cum familia in oppido prope mare sito habitat. Cui filius est, quem saepe visitabam[3]. Libenter enim cum patre sororibusque iter in illum locum faciebam atque in villa amici cum Lucio filio ludebam[4]. Puer mihi valde placebat, sed hoc ei numquam dixi.
Nuper Lucius subito ante templum Vestae apparuit, quod sacra facere in animo habebat. Nemo tam[5] pulcher est quam ille! Cum Sacerdos Maximus me Vestalem fecit, me umquam virum amare vetuit[6]. Adhuc parui, sed nunc illi parere non iam possum. Me Lucium amare constat!“

**1** confirmare *bekräftigen*
**2** implorare *erbitten, anflehen*
**3** visitare *besuchen*
**4** ludere *spielen*
**5** tam (Adv.) *so*
**6** vetare, veto, vetui beim Akk. *jmdm. etw. verbieten*

**1** Übersetze den lateinischen Text ins Deutsche.

**2** Wie könnte Claudia reagieren? Schreibe eine mögliche Antwort.

***B*** Und hier Claudias tatsächliche Antwort:

*Claudia:* „Doleo, quod te adiuvare non possum. Eo tempore, quo ad Lucium accedes, Vestam deam violabis. Itaque poena dura erit! Officium Vestalis est, ut dixisti, triginta[7] annos caelebem[8] esse. Tum autem virum amare tibi licebit!“

**7** triginta *dreißig*  **8** caelebs, caelebis *allein lebend, ehelos*

3 Wie viele Substantive im Ablativ findest du im Text (Zeile 1–15)?

4 Passe die folgenden Pronomen dem Genus der zugehörigen Substantive an und dekliniere die Wortverbindungen im Singular und Plural: victoria (hic); signum (hic); hospes (ille)

5 Schreibe aus Zeile 12–15 die konjugierten Verbformen heraus. Setze dann alle Perfekt-Formen in die 1. Pers. Sg. Präs.

4 Bilde von den Infinitiven die angegebene Form im Futur. Die hervorgehobenen Buchstaben ergeben ein Lösungswort, das dir einen Ort verrät, der für eine Vestalin sehr wichtig war.

| | | | | | |
|---|---|---|---|---|---|
| petere | 1. Sg. | ■ ■ ■ O ■ | movere | 2. Sg. | ■ ■ ■ ■ ■ O ■ |
| sustinere | 3. Sg. | ■ ■ ■ ■ ■ ■ ■ ■ ■ O | putare | 3. Pl. | ■ ■ ■ ■ ■ O ■ ■ |
| esse | 2. Pl. | ■ O ■ ■ ■ ■ | relinquere | 1. Pl. | ■ ■ ■ ■ ■ ■ ■ ■ O ■ ■ |

4 7 Suche im Text einen AcI und benenne Subjektsakkusativ und Prädikatsinfinitiv. Welches Zeitverhältnis liegt vor?

8 Schreibe aus dem Text einen Relativsatz heraus und das dazugehörige Beziehungswort des übergeordneten Satzes.

9 Gib das Adjektiv aus der folgenden Reihe an, das deiner Meinung nach Julias Stimmung am besten wiedergibt. Begründe deine Meinung anhand des lateinischen Textes.
fröhlich-müde-wütend-traurig-aufgeregt-niedergeschlagen-glücklich-gespannt-ängstlich

10 Stelle anhand des lateinischen Textes die Pflichten einer Vestalin zusammen.

11 Kennst du heutige Menschen, die ähnlich leben wie die Vestalinnen zur römischen Zeit? Nenne Beispiele und vergleiche. Kannst du dir vorstellen so zu leben? Begründe.

# 19 BEGEGNUNGEN IM NORDEN

# *Friedliches Gallien?*

500 v. Chr. | 1. Jh. n. Chr. | 500 | 1000 | 1500 | 2000

## GUT ZU WISSEN

***Abb. 1*** *Das Forum der Römerstadt Augusta Treverorum. Die Rekonstruktionszeichnung zeigt gepflasterte Straßen, wie sie im 4. Jh. n. Chr. angelegt wurden. Vorher hatten diese Straßen einen Kiesbelag.*

# TEXT 1 *Gatus trifft Lucius*

Auf dem Forum von Augusta Treverorum wartet Gatus, ein Junge aus dem einheimischen Stamm der Treverer, auf seinen Onkel. Zu der Säule, in deren Schatten Gatus wartet, geht auch Lucius, ein römischer Junge. Er hat sich dort mit seinem Vater verabredet. Als Gatus den anderen Jungen sieht, will er schnell weggehen.

*Lucius* clamat: „Heus tu! Cur me fugis? Num me times?“
*Gatus:* „Trevir sum. Itaque te, puerum Romanum, fugio et semper fugiam. Romani enim hostes Celtarum sunt ac victores, qui nos despiciunt. Saepe nobis magnas iniurias faciebant. Nam victoris est eos, qui superati sunt, opprimere.“
At *Lucius:* „Magnae virtutis erat vos vincere, magnae autem sapientiae est vobis consulere. Certe ignoras Gallos et Romanos nunc cum bona pace vivere. Galli etiam in legionibus nostris stipendia faciunt, quamquam non sunt Romani. Galli multis in proeliis nobiscum arma ceperunt et magna pericula sustinuerunt.“

Tum *Gatus* iratus: „Tace tu,“ clamat, „latrones estis! A populo Romano fines nostri occupati sunt, nobis terrae ereptae, vectigalia imposita sunt. Haec est pax Romana. Quid facitis in patria nostra?“
*Lucius:* „Asinus es! Nonnulli Galli etiam in civitatem Romanam accepti sunt. Nostrum est Germanos a finibus arcere. Nunc mercatores sine periculo negotia agere possunt.“
Diu pueri inter se certant. Subito autem duo viri apparent: avunculus[1] Gati, mercator, et pater Lucii, qui extra moenia villam rusticam possidet. Amici sunt, quod iam diu inter se negotia agunt.
Tum *pater Lucii* pueros conspicit et admonet: „Cur certatis? Non solum inter Gallos et Romanos amicitia firma est, sed etiam inter me et avunculum[1] Gati.“ Tum pueri obstupescunt[2].

1 avunculus, -i m. *Onkel* 2 obstupescere *verstummen*

**1** Im Gespräch zwischen Gatus und Lucius fliegen *Argumente* hin und her. Stelle die *Aussagen* einander gegenüber. Welche überzeugen dich eher? Begründe deine Entscheidung.

**2** Überprüfe anhand der Karte über das römische Weltreich vorne in deinem Buch,
- **a** zu welchen heutigen *Ländern* das Gebiet Galliens gehört,
- **b** ob sich deren *Sprache* aus der lateinischen entwickelt hat.

**3** Suche aus der Wortreihe die Wörter heraus, die zu den Verben der ĭ-Konjugation gehören.
facies • hostis • fugistis • accipiebat • imposui • cepisse • eripiunt • capiam • pacem • agetis • ducem • ducam • dicam

## *Im Land der Treverer*

Im 2. Jh. v. Chr. besetzten die Römer Norditalien und einen Teil des heutigen Südfrankreich. Das übrige Gallien eroberte Caesar 58–51 v. Chr. Die Römer tolerierten Bräuche, Kulte und Verwaltung der unterworfenen Gallier (die sich selbst Kelten nannten), soweit diese nicht Roms Interessen entgegenstanden. Durch das friedliche Nebeneinander von Römern und Einheimischen entwickelte sich die Wirtschaft gut. Augusta Treverorum (heute Trier) war ebenso wie die *Colonia Claudia Ara Agrippinensium (*heute *Köln)* und die *Colonia Ulpia Traiana* (heute *Xanten*) römische Kolonie und damit das Zentrum der keltisch-germanischen Treverer. Eindrucksvolle Bauten zeigen noch heute die Bedeutung dieser Römerstadt.

***Abb. 2*** *Darstellung der keltischen Pferdegöttin Epona*

## *Die keltischen Druiden*

Wir kennen zwar viele römische Priesterschaften, aus Gallien sind uns aber nur die Druiden näher bekannt. Ihre Lehre war ursprünglich von Britannien nach Gallien gelangt. Kelten siedelten nämlich in beiden Ländern. Dank ihrer Geheimlehre genossen die Druiden großes Ansehen. Da nur Adlige eingeweiht waren und die Lehre nur mündlich weitergegeben wurde, rankten sich im Volk viele geheimnisvolle Geschichten um sie. Weil die Römer meinten, Druiden gefährdeten römische Interessen, ließ Kaiser Claudius (41–54 n. Chr.) ihren Kult verbieten.

***Abb. 3*** *Luftbild der heutigen Stadt Trier. Der Bereich des römischen Forums ist durch rötliche Linien auf dem freien Platz markiert.*

# TEXT 2 *Wer sind die Druiden?*

Zu Hause kommt Lucius noch einmal auf Römer und Kelten zu sprechen. Zum Beispiel solle ihm der Vater doch einmal etwas über die Druiden erzählen, über die man so viel Merkwürdiges höre. Der Vater überlegt und erzählt:

„De druidibus[3], sacerdotibus Gallorum, mirae fabulae traditae sunt. Multi homines eos metuunt et fugiunt, quod officia et facta eorum ignorant. Fama est ante proelia ab eis venena facta et viris data esse. Druides[3], ut Galli credunt, viros illis venenis ad summam virtutem incitant. Certe eae fabulae falsae sunt. Druides autem apud Gallos magno in honore esse constat. Princeps eorum is est, qui summam inter eos auctoritatem habet. Druidum[3] est sacris praeesse, consilia capere, poenas constituere. Magi[4] non sunt, sed sacerdotes, quibus populus paret."

**3** druides, -um m. *Druiden* **4** magus, -i m. *Magier, Zauberer*

**4** Lies Text 2 und den Einleitungstext dazu aufmerksam durch:
- **a** Was ist *Thema* dieses Textes? Woran kannst du das *Thema* erkennen?
- **b** Welche Wörter zeigen, dass der Vater *unterschiedliche Meinungen* wiedergibt?
- **c** Mit welchem *Verb bekräftigt* der Vater die *Richtigkeit* seiner eigenen Sicht?
- **d** *Gliedere* den Text und finde für jeden Abschnitt eine *Überschrift*.

**5** Aus den Geschichten um Asterix und Obelix kennst du sicher auch den Druiden Miraculix. Wie stellen die Autoren ihn dar und welche Aufgaben hat er dort?

2 **6** Suche aus Text 1 und 2 alle *Prädikate* mit einem *PPP* heraus; überlege, wonach sich die *Endung* des *PPP* richtet.

**7** Forme die folgenden Sätze in das *Passiv* um.
Beispiel: Romani Galliam occupaverunt. Gallia a Romanis occupata est.
- Imperatores multas legiones in alienas terras duxerunt.
- Romani pacem cum populis alienis fecerunt.
- Druides[3] poenas constituerunt.

2 **8** Vervollständige die Sätze jeweils mit der richtigen *Form* des Prädikats im *Perfekt Passiv*. Achte dabei darauf, von wem jeweils die Rede ist.
- (serva) Tu a domina (laudare).
- (Imperator) Ego a populo (celebrare[5]).
- (Mulieres) Vos a militibus (liberare).
- (Galli) Nos a Romanis (despicere).

**5** celebrare *rühmen*

**9** Finde jeweils die sinnvollste Möglichkeit, den *Genitiv* bei *esse* wiederzugeben:
- Villa rustica consulis est.
- Consulis est civibus consulere.
- Magnae misericordiae est miseros homines adiuvare.

# 20 BEGEGNUNGEN IM NORDEN

# *Weit draußen am Limes*

*500 v. Chr.* — ***2. Jh. n. Chr.*** — *500* — *1000* — *1500* — *2000*

## GUT ZU WISSEN

# TEXT 1 *Sorge um den Sohn*

Titus Vitalius Adventus ist mit seiner Truppe an den Limes geschickt worden, den römischen Grenzwall östlich des Rheins. Er ist Befehlshaber einer turma, einer kleinen Abteilung der berittenen Einheit Ala II Flavia. Deren Standort befand sich nahe der heutigen Stadt Aalen in Baden-Württemberg. Lange hat seine Familie nichts von ihm gehört. Da wird Titus Vitalius ein Brief seines Vaters Aulus ins Lager gebracht.

Aulus Vitalius filio suo salutem

Iam diu litteras tuas exspectavi. Cura enim filii mei sollicitatus sum. Quo modo vitam agis in terra barbarorum? Valesne bene an morbo laboras? Iterum atque iterum timore mortis tuae terreor. Nam non ignoro copias nostras, quae terra marique pro patria pugnare debent, saepe magna in pericula mitti.
Praeterea de vita militum, qui in Germania stipendia faciunt, haec narrantur: Illis locis caelum numquam serenum[1] est; milites inopia frumenti pereunt; cottidie bellum cum Germanis geritur, qui limite vix prohiberi possunt; vita militum ne in castris quidem tuta est.
Pro salute tua deos imploramus[2]. Cito, quaeso, responde.
Vale!

1 serenus, -a, -um *heiter, klar*  2 implorare *anflehen, anrufen*

**1**
- **a** Kläre anhand des Einleitungstextes, um welche *Textsorte* es sich bei Text 1 handelt.
- **b** Wer ist der *Absender*, wer der *Empfänger* dieses Textes?
- **c** Ordne die *Verbformen* nach *Personen*. Von wem ist die Rede?
- **d** Fertige eine Übersetzung an.

**2** Den Briefschreiber Titus Vitalius Adventus hat es wirklich gegeben. Auf einem Votivstein (Weihestein) für *I(ovi) O(ptimo) M(aximo)* sagt er, dass er sein Gelübde *pro salute sua et suorum* froh und freudig nach Gebühr eingelöst hat.
- **a** Erläutere die Formel *pro salute sua et suorum*.
- **b** Überlege, wann ein römischer Befehlshaber wohl solch ein Gelübde ablegte?

**3** Nenne die *heutigen Bundesländer*, durch die der Limes führt.

**4** Unter den folgenden Verbformen stehen einige im *Passiv*. Suche sie heraus und bestimme sie. Ob du die richtigen gefunden hast, erfährst du durch deren Anfangsbuchstaben. Sie ergeben nacheinander die deutsche Fassung des Namens eines römischen Kaisers, der große Strecken des Limes erbauen ließ.
timebis • deducuntur • agis • occupamur • faciam • monemini • interrogatur • recipiunt • gerimus • tegemini • imperabitur • relinquo • agi • monebis • nuntiaris

**5** Übersetze und beachte, welche Rolle das deutsche Wort *werden* dabei spielt:
- ▸ Romani Galliam occupabunt.
- ▸ Gallia a Romanis occupatur.
- ▸ Etiam Britannia occupabitur.

## Der römische Limes

Als die Römer ihre Provinzen über den Rhein und die Donau hinaus ausdehnten, bildeten keine Flüsse mehr die natürlichen Grenzen des Reiches. Deshalb ließen die Kaiser – vor allem Domitian (81–96 n. Chr.) – eine künstliche Grenzbefestigung ausbauen, den Limes. Er bestand aus einem Wall mit Holz-Palisaden und Graben oder aus Steinmauern. Der Limes zog sich vom Rhein über den Taunus bis zur Donau über 550 km hin. Etwa 900 Wachtürme waren in Sichtweite an ihm entlang errichtet. Nachrichten konnten durch Signale schnell weitergegeben werden. Im Hinterland waren Militäreinheiten stationiert. Händler durften an Kontroll- und Zollstationen die Grenze überschreiten; es wurden aber auch Waren geschmuggelt.

Der Verlauf des Limes ist noch heute an vielen Stellen im Gelände zu erkennen. Allerdings wird dieses Bodendenkmal durch Land- und Forstwirtschaft, Straßen- und Siedlungsbau und andere Eingriffe zum Teil stark zerstört. 2005 hat die UNESCO den obergermanisch-rätischen Limes in die Liste des Weltkulturerbes aufgenommen. Ähnliche römische Grenzanlagen gibt es z. B. in Ägypten, Großbritannien, Jordanien, Libyen, Marokko, Syrien und der Türkei.

***Abb. 1*** *Eine Restauratorin bereitet einen bronzenen römischen Paradehelm (2. Jh. n. Chr.) für eine Ausstellung vor.*

6 Finde in Text 1 und 2 die Stellen heraus, an denen der *Ablativ* einen *Grund* angibt oder den *Ort des Geschehens* bezeichnet.

## VON WORT ZU WORT

7 Für das lateinische Wort *imperium* bietet dir das Lexikon verschiedene Begriffe an: *Befehl, Macht, Gewalt, Herrschaft, Herrschaftsgebiet, Reich, Oberbefehl.* Übersetze die folgenden Sätze und suche dabei die passende Bedeutung für *imperium* heraus.

- Legiones fines imperii Romani defendunt[3].
- Milites imperio principis parere debebant.
- Cum imperio Caesar copias in Galliam duxit.
- Imperio Augusti diu pax erat.

3 defendere *verteidigen*

## TEXT 2 *Zur Zeit ist es ruhig …*

Tatsächlich antwortet der Sohn recht bald.

Titus Vitalius patri suo salutem

Litteras tuas recepi, gaudeo tuis verbis. Tu quidem curis terreris, at ego valeo. Sententia autem, quam tu de provinciis prope Germanos sitis accepisti, non iam probari potest. Hic enim nunc pacem agimus, bellum non iam gerimus: Pax virtute imperatoris et armis nostris servatur. Itaque patria per longum tempus tegetur. Vita nostra non est aspera, quod magna pericula his temporibus absunt. Sed militum est cottidie a mercatoribus rationem repetere, qui vectigalia non pendunt. Saepe ea deprehendimus[4], quae ab eis contra legem importantur[5]. Interdum nos milites ab illis pecunia corrumpimur. Is miles, qui iniuriam facit et deprehenditur[4], in vincula mittitur. At filius vester illam iniuriam numquam faciet. Nunc autem me satis scripsisse puto. His litteris certe et tu et mater delectabimini et curis liberabimini.
Vale!

**4** deprehendere *finden, sicherstellen, beschlagnahmen*
**5** importare *einführen*

**8** Das *Passiv* muss nicht immer wörtlich *übersetzt* werden; suche die passendste Wiedergabe
Beispiel: pugnatur – es wird gekämpft, man kämpft
terrentur – sie erschrecken / lassen sich erschrecken
oppida relicta sunt • ridetur • multa bella geruntur • abitur • tempora mutantur[6]

**9** Verwandle folgende Sätze ins *Passiv* und übersetze sie.
Beispiel: Milites hostes prohibent. Hostes a militibus prohibentur.
- Dux iubet legiones limitem exstruere[7].
- Itaque dux legiones trans[8] Alpes mittit.
- Postea autem Alamanni partem[9] provinciae occupant.

### UND IM ENGLISCHEN?

(to) accept • (to) collect • (to) demonstrate • (to) expect • (to) pronounce • (to) remain

**10** Aus den Vorsilben *(Präfixen)* kannst du den Sinn dieser englischen Verben ableiten. Lege dazu in deinem Heft eine Tabelle nach folgendem Muster an:

| engl. Verb | lat. Verb | Vorsilbe | Bedeutung | Übers. d. Verbs |
|---|---|---|---|---|
| (to) collect | colligere | col ▸ com ▸ cum | zusammen mit | sammeln, zusammensuchen |

**6** mutare *ändern*
**7** exstruere *erbauen*
**8** trans (Präp. beim Akk.) *über*
**9** pars, partis f. *Teil*
**10** demonstrare *zeigen, beweisen*
**11** pronuntiare *öffentlich bekannt machen*

# AcI

Vestales caelebes erant; nam pontifex maximus eas viros amare vetuit.

Einen AcI zu übersetzen ist ja nicht schwer, aber: Wie erkenne ich einen AcI? Auch wäre es schön, eine systematische Anleitung für die Übersetzung zu haben ...

... und diese Zeiten! Welches Tempus muss ich denn im Deutschen bei der Übersetzung eines AcI einsetzen?

Me, te, se, -herjee ... ! Ich habe schon eine Vorstellung, was die Pronomen bedeuten, aber: Wie übersetzt man die, wenn sie der Subjektsakkusativ sind?

## ÜBERSETZUNGSTIPPS ZUM ACI

▶ **Erkennen eines AcI.** Es gibt einige deutliche Indizien, an denen du mit Sicherheit erkennen kannst, dass eine AcI-Konstruktion vorliegt.

✔ **Indiz Nr. 1** Das Prädikat gehört zu den Verben, die eine Wahrnehmung, ein Wissen, eine Behauptung, einen Befehl ausdrücken. Leicht zu merken: Das Prädikat gehört zu den „Kopfverben"!

**Indiz Nr. 2** Das Prädikat gehört zu den unpersönlichen Verben, die einen Sachverhalt ausdrücken, wie z. B. *constat, necesse est, fama est*. Übrigens: Es liegt entweder Indiz 1 oder Indiz 2 vor!

**Indiz Nr. 3** Du erkennst einen Infinitiv!

**Indiz Nr. 4** Du erkennst einen Akkusativ!

In dieser Reihenfolge solltest du dich auf die Suche nach den Indizien machen. Dabei gibt dir das Prädikat den entscheidenden Hinweis: Bei Kopfverben wie *er sieht, sie weiß, sie sagen* oder unpersönliche Verben wie *es ist bekannt* fügt sich im Deutschen automatisch ein *dass* an. Wenn du dann noch im Lateinischen einen Infinitiv und einen Akkusativ entdecken kannst, liegt mit ziemlicher Wahrscheinlichkeit ein AcI vor!

▶ **Übersetzungsschritte.** Planmäßig kannst du bei der Übersetzung eines AcI in folgenden Schritten vorgehen:

1. Identifizieren und Markieren des AcI: Unterstreiche den Akkusativ und den Infinitiv!
2. Übersetzen des Satzes bis auf den AcI!
3. Einführen von *dass*
4. Verwandeln des Akkusativs in den Nominativ (Subjekt des dass-Satzes)!
5. Übersetzen der „Füllung" bis zum Infinitiv!
6. Verwandeln des Infinitivs in das Prädikat des dass-Satzes! – Fertig!

▶ **Tempora im AcI.** Der Prädikatsinfinitiv im AcI drückt kein Tempus wie Präsens, Imperfekt, Perfekt oder Futur aus, sondern bezeichnet ein Zeitverhältnis. Wenn du nun bei der Übersetzung den Prädikatsinfinitiv in das Prädikat des deutschen dass-Satzes umwandelst, musst du dich für ein Tempus entscheiden. Folgende Tabelle gibt dir dafür eine Übersicht:

| Tempus des Prädikats | Prädikatsinfinitiv – Zeitverhältnis | Tempus im deutschen „dass“-Satz |
|---|---|---|
| Präsens | Präsens – Gleichzeitigkeit | Präsens |
| | Perfekt – Vorzeitigkeit | Perfekt |
| Imperfekt oder Perfekt | Präsens – Gleichzeitigkeit | Präteritum |
| (Vergangenheitstempus) | Perfekt – Vorzeitigkeit | Plusquamperfekt |

▶ **Personalpronomen im AcI.** Bei der Umwandlung in das Subjekt des dass-Satzes musst du im Deutschen den Nominativ des Pronomens wissen! Das Pronomen *se* bezieht sich auf das Subjekt, und je nach Subjekt hat es den entsprechenden Genus und Numerus; Wiedergabe: *er* oder *sie*.

| Person | Numerus | Lat. Pron. | dass-Satz |
|---|---|---|---|
| 1. Person | Singular | me | ich |
| | Plural | nos | wir |
| 2. Person | Singular | te | du |
| | Plural | vos | ihr |
| 3. Person (reflexiv) | Singular | se | er/sie |
| | Plural | se | sie |
| 3. Person (nicht reflexiv) | Singular | eum/eam | er/sie |
| | Plural | eos/eas | sie |

Vestales caelebes erant; nam pontifex maximus eas viros amare vetuit.

Die Vestalinnen waren unverheiratet; denn der Pontifex Maximus verbot, dass sie Männer liebten.

## ALLES GEKLÄRT? ALLES KLAR?

Welche Behauptung ist falsch? Die Lösungen findest du S. 143.

Sacerdotes Vestae se ignem sacrum semper servavisse dicebant.

**a** *dicebant* ist ein „Kopfverb“; es gibt also ein gewichtiges Indiz für einen AcI!
**b** *se ignem sacrum semper servavisse* ist die AcI-Konstruktion.
**c** *servavisse* ist Infinitiv der Vorzeitigkeit; bei der Übersetzung muss das Prädikat des dass-Satzes im Perfekt stehen.
**d** *dicebat* ist Imperfekt; beim Infinitiv der Vorzeitigkeit (*servavisse*) muss das Prädikat des deutschen dass-Satzes im Präteritum stehen.
**e** das reflexive Personalpronomen *se* muss hier mit *sie* (Plural) übersetzt werden, da es sich auf *sacerdotes* bezieht.
**f** das reflexive Personalpronomen *se* muss hier mit *sie* (Singular ) übersetzt werden, da es sich auf *Vestae* bezieht – die Gottheit gibt es nur einmal!

# 21 BEGEGNUNGEN IM NORDEN
# *Nach Britannien!*

500 v. Chr. — 55 v. Chr. — 500 — 1000 — 1500 — 2000

## GUT ZU WISSEN

Gallia occupata est.

Multi milites Romani Galliam occupatam relinquunt et in Britanniam eunt.

Milites armati Britannos non timent.

trahere

proelium committere

# TEXT 1 *Die Überfahrt war grauenhaft*

C. Bruttius traute seinen Augen kaum. Er blinzelte in das Sonnenlicht und starrte auf den Mann, der vor der Taverne stand. War er es wirklich? Titus, den er mehr als fünf Jahre nicht mehr gesehen hatte? Nun blickte der Mann in seine Richtung. Ihre Blicke trafen sich. Dann glitt ein Lächeln über sein Gesicht. Zögernd hob er die Hand und winkte. Gaius lächelte zurück. Wahrhaftig – Es war Titus, mit dem er vor langer Zeit in Gallien im Heer Caesars gekämpft hatte. Gaius wurde danach an der Rheingrenze stationiert. Titus dagegen marschierte mit den römischen Truppen zur Atlantikküste, um nach Britannien überzusetzen. Von da an hatten sie sich aus den Augen verloren. Schnell ging Gaius über die Straße. Freudig umarmten sie sich und beschlossen, ihr Wiedersehen in der Taverne zu feiern. Sie diskutierten und sprachen über gemeinsame alte Zeiten ...

*Gaius:* „Tene saepe ad memoriam belli Gallici revocas?"
*Titus:* „Saepe bellum Gallicum est mihi in memoria, imprimis proelia in Britannia commissa."
*Gaius:* „Narra mihi de bello in Britannia gesto!"
*Titus:* „Iam e Gallia in Britanniam traicere horrebamus[1]. Nam foetor[2] magnus erat, quod etiam equi, nonnulli asini gallinaeque[3] in nostro navigio erant. Mox aqua nobis defuit. Tandem oram Britanniae nondum expugnatae vidimus ...".
*Gaius:* „Potuistisne copias e navigiis educere?"
*Titus:* „Locum litoris occultum[4] petivimus, ubi navigia appellere[5] potuimus. Nam multi Britanni armati oram occupatam tenebant."
*Gaius:* „Fueruntne proelia periculosa[6], quae contra barbaros commisistis?"
*Titus:* „Bellum Britannicum valde periculosum[6] erat, quia nationem Britannorum ignorabamus; praeterea Britanni viri animosi[7] et strenui erant et loca non ignorabant. Itaque militibus Romanis insidias parare poterant. Non semper Britanni a nobis victi sunt. Sed non solum fortitudo[8] Britannorum, sed etiam varia pericula nobis imminuerunt; aliquando tempestas multa navigia frumento impleta[9] in litore delevit.
Postremo cum obsidibus a Britannis datis insulam reliquimis."

1 horrere beim Akk. *zurückschaudern vor etw.*
2 foetor, -oris m. *Gestank*
3 gallina, -ae f. *Huhn*
4 occultus, -a, -um *verborgen*
5 appellere *landen*
6 periculosus, -a, -um *gefährlich*
7 animosus, -a, -um *mutig*
8 fortitudo, -inis f. *Tapferkeit*
9 implere, impleo, implevi, impletum *(an)füllen*

1 Finde heraus, wie *Londinium* und *Dubris,* antike Orte Britanniens, heute heißen.

2 Schreibe aus Text 1 alle *PCs* mit ihren *Beziehungswörtern* heraus.

3 Verbinde die Formen der Nomen sinnvoll mit einem *PPP* der Verben:
filium • plaustra • militis • puellis
laudare • amare • armare • trahere

## VON WORT ZU WORT

4 Wohin segelt die römische Flotte? Ordne in deinem Heft die lateinischen Vokabeln den deutschen Wörtern zu. Wenn du alles richtig gemacht hast, geben die Anfangsbuchstaben der lateinischen Wörter, von oben nach unten gelesen, das Ziel der römischen Flotte an.

| | |
|---|---|
| besonders | bis jetzt |
| erzählen | Schiff |
| Britannien | Nation |
| lachen | manchmal |
| betreten | er ist da |
| ziehen | bald |

### *Britannien und die Römer*

Zur Zeit der Landung Caesars (55 v. Chr.) war Britannien überwiegend von Kelten besiedelt. Nach Caesar versuchten auch die römischen Kaiser Augustus und Gaius, Britannien zu besetzen. Erst Kaiser Claudius aber gelang es im Jahre 43 n. Chr., einen Teil Britanniens zu erobern. Nach und nach organisierte er Britannien als römische Provinz.

Kaiser Hadrian ließ schließlich den berühmten Hadrianswall (*Vallum Hadriani,* Länge: 120 km) als nördliche Grenze des römischen Reiches in Britannien erbauen. Er verlief von Maia (heute: Bowness-on-Solway) bis nach Segedunum (heute: Wallsend). Noch heute sind große Teile des Hadrianswalls erhalten. Sie sind eine beliebte Touristen-Attraktion Nordenglands.

Auch im 3. Jahrhundert n. Chr. blieb Britannien römische Provinz. Danach wurde die Insel von den keltischen Ureinwohnern Irlands, den Picten und Scoten („Schotten"), aber auch von Sachsen und Franken überfallen. Anfang des 5. Jhs. n. Chr. zogen die Römer ihre Truppen aus Britannien ab: Die Soldaten wurden an der Rheingrenze dringend benötigt.

***Abb. 1** Die Roman Baths, eine römische Bäder- und Tempelanlage in der südenglischen Stadt Bath. Im Hintergrund Bath Abbey (15. Jh.).*

## TEXT 2 *Wie war es bei den Briten?*

Bevor Titus wieder in seine Heimatstadt zurückkehrt, trifft er sich noch einmal mit Gaius in der kleinen Taverne. Sie setzen sich und rufen einen Jungen, der bedient: „Bring' uns geschmortes Rindfleisch mit Zwiebeln!"

*Titus* ridet: „Bonam bubulam assatam in Britannia edi[10]. Britannis multi greges bovum[11] sunt. Igitur plerique Britanni frumenta non serunt[12], sed lacte et carne[13] vivunt. Sed bovibus[11] etiam plaustra[14] variis mercibus onerata[15] trahere necesse est." *Gaius:* "Estne verum Britannos apros edere[16]?" *Titus* a Gaio interrogatus: „Nonnulli narrant Britannos etiam apros assatos edere[16] et tepidam cervisiam bibere[17]." Tum puer apportat vinum, quod amici statim gustant[18]. Vino bono delectati amici sermonem pergunt. *Titus:* „Cibi Britannorum vix similitudinem[19] cum cibis Romanis habent. Etiam formam Britannorum non ignoro. Nonnullis Britannis colorata ora et crines plerumque torti[20] sunt. Itaque multi putant eos e Hispania a nobis expugnata ad Britanniam isse. Multi Britanni autem originem a Germanis habent; nam eis sunt rutili crines[21] et corpora magna." *Gaius* autem fame vexatus: „Tandem puer cibos nostros apportat … Bene comede[22]!"

**10** bubulam assatam edere *geschmortes Rindfleisch essen*
**11** bos, bovis *m. und f. Rind*
**12** serere *säen*
**13** caro, carnis f. *Fleisch*
**14** plaustrum, -i n. *Wagen, Fuhrwerk*
**15** onerare *beladen*
**16** apros assatos edere *geschmortes Wildschwein essen*
**17** tepidam cervisiam bibere *lauwarmes Bier trinken*
**18** gustare *kosten*
**19** similitudo, -inis f. *Ähnlichkeit*
**20** colorata ora et crines torti *braungebrannte Gesichter und gekräuseltes Haar*
**21** rutili crines m. *rotgoldenes Haar*
**22** bene comede! *guten Appetit!*

**5** Schreibe aus Text 2 alle *PCs* mit ihren *Beziehungswörtern* heraus. Lege in deinem Heft eine Tabelle nach folgendem Muster an und ordne richtig ein: Beispiel:

| Participium coniunctum (PC) | | Bezugswort |
|---|---|---|
| attributiv | prädikativ | |
| assatam | | bonam bubulam |

**6** Nenne alle Eigenschaften der Briten, die in Text 2 genannt werden.

**7** Übersetze das *PC* auf verschiedene Weise:
- Romani in Britanniam nondum expugnatam navigaverunt.
- Gaius cum Claudia liberisque amatis vitam iucundam agere cogitat.
- Liberi Gaium iam diu exspectatum magno cum gaudio salutant.

**8** Die Karteikarten mit den folgenden Wörtern sind durcheinandergeraten:
expugnata navigaverunt e Britanniam milites Gallia in

**a** Ordne die Karten so, dass ein *sinnvoller lateinischer Satz* entsteht.
**b** Unterstreiche das *PC* und sein *Beziehungswort*. Übersetze den Satz dann auf zwei verschiedene Weisen ins Deutsche.

# 22 SCHATTENSEITEN DER MACHT

# *Varus geschlagen! Und Augustus?*

## GUT ZU WISSEN

augere

clades

propinqui

frater avunculus soror

# TEXT 1 *Die schreckliche Nachricht*

Seit einigen Wochen hatte sich in Rom eine merkwürdige Stimmung verbreitet. Der Feldzug des Varus in Germanien scheint gescheitert zu sein. Täglich erreichen Berichte über das Schicksal der etwa 15 000 römischen Soldaten die Hauptstadt. Schließlich wird aus den Gerüchten Gewissheit: Der abgeschlagene Kopf des Varus wird Augustus geschickt. Ist nun auch seine Herrschaft gefährdet? Der Schriftsteller Sueton berichtet, Augustus habe, als die schlimme Nachricht ihn erreichte, gerufen *„Quinctili Vare, legiones redde!"* Außerdem habe er Soldaten in Rom aufmarschieren lassen. Da könnte es zu einem Streitgespräch zwischen Augustus und seiner Frau Livia gekommen sein.

*Livia:* „Constat Varum mortuum et legiones victas esse. Nostri milites bene armati tamen a Germanis victi sunt. Haec clades te summum in periculum vocat. Tuum enim consilium fuit numerum provinciarum augere."
*Augustus:* „Non meum consilium, sed temeritas Vari est causa cladis acceptae!"
*Livia:* „At Varus dux idoneus non fuit, quod Germaniam et mores Germanorum ignorabat."
*Augustus:* „Varus temeritatis plenus fuit: Nam Segestes, princeps Cheruscorum, Varo nuntiavit Romanis insidias parari. A Segeste monitus ille tamen periculum non cognovit. Varus imperio Romano multum nocuit. Itaque Varus sepultura[1] dignus non est."
*Livia:* „Fama est Varum ab Arminio, alio principe Cheruscorum, ad summam socordiam inductum esse. Arminius enim Varum perfide[2] fefellit: Primum ille miles Romanus fuit; postea autem in Germaniam patriam rediit et simulavit se amicum populi Romani esse."
*Augustus:* „Milites nostri multis bellis ab aliis populis raro victi nunc tamen socordia ducis et perfidia[3] hostis tantam cladem acceperunt."
Postremo Augustus tamen Varum sepultura[1] honoravit[4] et magnos ludos Iovi vovit. Hoc modo populum a tumultibus prohibuit.

1 sepultura, -ae f. *Bestattung, Begräbnis*
2 perfidus, -a, -um *sehr treulos, verräterisch*
3 perfidia, -ae f. *Verrat*
4 honorare *ehren*

1
a Kläre, nachdem du Text 1 gelesen hast, um welche *Textsorte* es sich handelt.
b Es kommen viele *Namen* vor. Nenne die Personen. Wie stehen sie zueinander?
c Wörter der Militärsprache kommen in diesem Text häufig vor. Suche sie aus dem Text heraus. Stelle Vermutungen über den *Inhalt* des Textes an und übersetze.

2 Inwiefern ist nach Livias Meinung Augustus für die Niederlage des Varus verantwortlich? Begründe deine Darstellung mit *Aussagen* im *lateinischen Text.*

3 Nenne zu den folgenden *Infinitiven* die deutsche Bedeutung und bilde zu ihnen das PPP: augere • superare • delere • expugnare

4 Dekliniere: arx deleta

## *Die Schlacht im Teutoburger Wald*

Die römischen Legionen hatten bereits zahlreiche Feldzüge in rechtsrheinisches Gebiet unternommen. Daher glaubten die Römer, den germanischen Widerstand gebrochen zu haben, so dass man nun zur Romanisierung der neuen Provinz *Germania Magna* übergehen könne. Bald sollte sich zeigen, dass diese Einschätzung der Lage falsch war. Die Römer beherrschten nämlich nur einzelne Punkte im Land, aber kein zusammenhängendes Gebiet. Die Aufgabe, aus dem besetzten Land eine römische Provinz zu machen, übernahm der neue Statthalter Quinctilius Varus, eher ein weit gereister Verwaltungsfachmann als ein guter Feldherr. Während er im Sommer durch das Gebiet zog, demonstrierte er römische Macht. Er versuchte, durch die Einführung der römischen Rechtsprechung Streitigkeiten zwischen den Germanen zu schlichten. Die weiteren Ereignisse sind nicht ganz klar. Es kann sich aber folgendermaßen abgespielt haben: Das Verhalten des Varus hat den Widerstand des Arminius und anderer germanischer Fürsten hervorgerufen. Deshalb lockten sie Varus im Jahre 9 n. Chr. unter dem Vorwand, dass ein Aufstand niedergeschlagen werden müsse, von seiner vorgesehenen Marschrichtung ab. Als er in der Senke von Kalkriese, nördlich von Osnabrück, ankam, wurden seine drei Legionen zusammen mit den Hilfstruppen – ca. 25 000 Mann – in einem dreitägigen Gemetzel im *saltus Teutoburgiensis* vernichtet. Das Ausmaß der Katastrophe kann man daran erkennen, dass diese drei Legionen die Hälfte der römischen Rheinarmee darstellten. Die Niederlage ging als *clades Variana* in die Geschichte ein.

**Abb. 1** *Grabstein des Marcus Caelius, der in der Varus-Schlacht 9 n. Chr. gefallen ist.*

**Abb. 2** *Wertvolles römisches Prunkgeschirr aus Silber wurde 1868 bei Hildesheim gefunden. Herstellungszeitraum: Ende des 1. Jhs. v. Chr. Da auf der abgebildeten Prachtschale der Name des Varus eingeritzt ist, wird der Hildesheimer Schatzfund als Beute aus der Varusschlacht gedeutet.*

## TEXT 2 *Arminius: Held oder Verräter?*

Arminius erat filius Segimeri, principis gentis Cheruscorum. Qui Romanis obsides dare debuit et Arminium filium Romam misit. Postea Arminius etiam miles Romanus fuit. Civitate Romana donatus tamen patriam suam amabat.
In Germania autem hostis periculosus[5] Romanorum fuit. Post cladem Romanorum gloria et auctoritas Arminii auctae sunt. Sed nonnulli principes Germanorum Arminium regnum appetere putabant. Itaque eum necare in animo habebant. Denique Arminius bello non victus dolo[6] propinquorum necatus est. A Germanis liberator[7] Germaniae appellabatur, a Romanis proditor[8].

**5** periculosus, -a, -um *gefährlich*
**6** dolus, -i m. *List*
**7** liberator, -oris m. *Befreier*
**8** proditor, -oris m. *Verräter*

**5** Wo ist der Irrläufer? Welche Form ist kein *PPP*? Nenne zu den *Partizipien* den *Infinitiv* und dessen deutsche Bedeutung.

- delectatum • deletum • durum • ductum
- motae • miserae • monitae • narratae
- postulata • postea • pressa • oppugnata

5 **6** Ein Veteran erzählt, dass er an Gefechten mit Germanen beteiligt war.

**a** Schreibe die nachfolgenden Sätze in dein Heft und unterstreiche die *Partizipien* und das zu ihnen gehörende *Nomen*.

**b** Übersetze dann die Sätze. Entscheide dich für die passendste Übersetzungsmöglichkeit: *attributiver Relativsatz, adverbialer Nebensatz* (*temporal:* als, nachdem; *kausal:* weil; *konzessiv:* obwohl), *beigeordneter Hauptsatz* oder *präpositionaler Ausdruck*.

Ex oppido a Germanis expugnato incolae[9] in castra nostra fugerunt. Nam in castris a militibus nostris aedificatis tuti erant. Nos milites fato miserorum hominum permoti[10] maesti fuimus. Oratione[11] imperatoris moniti castra reliquimus. Postquam diu pugnatum est, hostes vicimus. Post cladem acceptam Germani in silvas redierunt. E periculis servati deis gratiam habuimus.

**7** Arminius versucht durch eine flammende Rede seine Stammesangehörigen von seiner Politik zu überzeugen. Füge den unterstrichenen *Nomen* einen in Form und Inhalt passenden *Partizipialausdruck* hinzu. Übersetze die Sätze, soweit möglich und sinnvoll, auf verschiedene Weise:

„Germania non iam libera erit. Populi pecunias dare debebunt. Sed Romanos tamen a patria nostra prohibere possumus. Itaque ego Romanis insidias parare in animo habeo. Vos libertatem defendite[12]!"

- bene armatos
- a Romanis expugnata
- a legionibus Romanis victi
- studio libertatis permotus

**9** incola, -ae m. *Bewohner*
**10** permotus, -a, -um *sehr bewegt, sehr beeindruckt*
**11** oratio, -onis f. *Rede*
**12** defendere *verteidigen*

# 23 SCHATTENSEITEN DER MACHT

# *Auf die Familie kommt es an*

*500 v. Chr.* — *14–54 n. Chr.* — *500* — *1000* — *1500* — *2000*

## GUT ZU WISSEN

C. Iulius Caesar

Adoption

Octavianus – Augustus (Kaiser 27 v. Chr. – 14 n. Chr.)

Claudius Nero — Livia — Octavianus – Augustus

Tiberius (Kaiser 14 n. Chr. – 37 n. Chr.)

Drusus — Antonia Minor

Germanicus (15 v. Chr. – 19 n. Chr.)

Claudius (Kaiser 41 n. Chr. – 54 n. Chr.)

Agrippina Maior — Germanicus

**Abb. 1** *Dieses römische Schmuckstück (1. Jh. n. Chr.) zeigt links Claudius und Agrippina die Jüngere, rechts Germanicus und seine Frau Agrippina die Ältere.*

Caligula (Kaiser 37 n. Chr. – 41 n. Chr.)

Agrippina Minor — Domitius Ahenobarbus

Nero (Kaiser 54 n. Chr. – 68 n. Chr.)

# TEXT 1 *Claudius – ein Hofnarr?*

Zwei ältere Männer unterhalten sich auf dem Weg über das Forum Romanum. Obwohl Tiberius erst seit kurzem Kaiser ist, scheint es um den möglichen Nachfolger zu gehen. Die Männer könnten Senatoren sein – so gut informiert wirken die beiden. Allerdings spricht jeder den anderen nur mit Vornamen an. Als ob sie unerwünschten Zuhörern nicht zu viel über sich verraten wollen.

*Aulus:* „Augustus fines imperii Romani firmavit et nobis pacem dedit. Urbem autem aedificiis novis ornavit. Templa vetera et insulas pauperum renovavit[1], thermas ingentes aedificavit. Nunc ille quidem mortuus est, Tiberius autem princeps est, vir magna fortitudine[2] et summo ingenio. Tiberio postea Germanicus succedet, adulescens summa virtute."
*Servius:* „Germanicus singulari virtute officia communia et militaria et civilia curat, sicut nobilium civium est salutem communem servare. Sed Germanico frater Claudius est. Is quidem est homo omni doctrina eruditus[3], sed imperare non potest."
*Aulus:* „Claudius numquam vir illustris erit. O di immortales[4]! – qualem nepotem[5] dei illi genti nobili dederunt! Saepe post cibum addormiscit[6] et alii convivae[7] eum olearum aut palmularum ossibus incessunt[8]."
*Servius:* „Claudius homo terribilis est. Praeterea semper extra modum cibo et vino vetere gaudet. Linguae titubantia[9] caputque tremulum[10] eum dehonestant[11]."
*Aulus:* „Ita est. Fratres non similes sunt. Germanicus Claudium multo superat. Multis annis post Germanicus princeps erit, sed Claudius contumelia oneratus[12] numquam imperabit."

**1** renovare *erneuern*
**2** fortitudo, -inis f. *Tapferkeit*
**3** eruditus, -a, -um *ausgebildet*
**4** o di immortales! *ihr unsterblichen Götter!*
**5** nepos, -otis m. *Enkel, Nachkomme*
**6** addormiscere *einschlafen*
**7** conviva, -ae m. *Gast*
**8** olearum aut palmularum ossibus incessere *mit Oliven- oder Dattelkernen bewerfen*
**9** linguae titubantia f. *Stottern*
**10** tremulus, -a, -um *zitternd*
**11** dehonestare *entehren*
**12** onerare *beladen*

**1** Lies den Text aufmerksam durch.
Woran erkennst du, dass im Text sehr viele *Personen* genannt sind?

**2** An den *Satzzeichen* und der Stellung der Eigennamen erkennst du, um welche *Textsorte* es sich handelt.
**a** *Wer* spricht?
**b** Welche *möglichen Thronfolger* sehen die Gesprächspartner?
**c** Welche besonderen *Eigenschaften* werden den Thronfolge-Kandidaten zugesprochen? Lege im Heft eine Tabelle an und ordne die *Eigenschaften* den beiden Personen zu:
Germanicus Claudius
**d** Welche Eigenschaften sollte demnach ein römischer Kaiser haben?

## *Die Kaiser Caligula und Claudius*

Caligula herrschte willkürlich und grausam. Der geringste Widerspruch hatte ein Todesurteil zur Folge. Erpressung, Enteignungen und Prozesse wegen Majestätsbeleidigung waren an der Tagesordnung. Da die Staatsausgaben ins Unermessliche stiegen, musste Caligula oft Steuererhöhungen erzwingen. Nach zwei Verschwörungen des Senats fiel er 41 n. Chr. einem Attentat zum Opfer. Nun wurde Claudius als letzter Angehöriger der julisch-claudischen Dynastie von den Prätorianern, der kaiserlichen Leibwache, auf den Thron gebracht. Weil er hinkte und stotterte, galt er als geistig minderbemittelt. In Wirklichkeit aber war Claudius ein hoch gebildeter Mann. Kaiser wollte er offenbar nicht werden, dann als das Gerücht von der Ermordung Caligulas zu ihm drang, versteckte er sich hinter einem Vorhang. Ein zufällig durch das Zimmer laufender Soldat bemerkte aber seine Füße, zog ihn mit Gewalt aus seinem Versteck und begrüßte ihn als *imperator*.

Die 13 Jahre dauernde Herrschaft des Claudius war innen- und außenpolitisch erfolgreich. Er förderte die Romanisierung der Provinzen und ordnete die kaiserliche Verwaltung und das Finanzwesen. Schließlich wurde Claudius am 13. 10. 54 n. Chr. von seiner vierten Frau Agrippina Minor, der Mutter Neros, vergiftet; so war der Thron frei für ihren Sohn.

2 3 Was passt hier zu wem? Ordne die *Adjektive* auf der Schriftrolle den passenden *Substantiven* zu. Bilde dann den Nominativ Singular der Wortverbindungen und übersetze ihn.

Beispiel: viro forti Nom. Sg. vir fortis: der tapfere Mann

viro vina deos hostibus civium senatorem

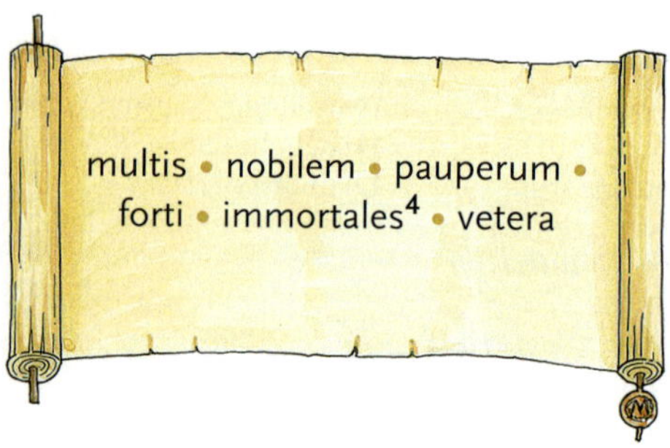


## VON WORT ZU WORT

4 Ordne den folgenden *Substantiven* Adjektive zu, die du in dieser Lektion neu kennen gelernt hast. Nenne deren deutsche Bedeutung und leite daraus die *deutsche Bedeutung der Substantive* ab.

Beispiel: paupertas pauper arm paupertas Armut

communio, fortitudo, militia, nobilitas, paupertas, similitudo

Kannst du dir erklären, warum man in diesem Zusammenhang von *Wortfamilien* spricht?

# TEXT 2 *Das Attentat auf Caligula*

Doch es kam anders, als die beiden klugen Herren dachten. Denn der beim Volk sehr beliebte Feldherr Germanicus starb im Alter von nur 34 Jahren. Sein Sohn Gaius, genannt Caligula („Stiefelchen“), wurde Nachfolger des Tiberius.

Caligula tyrannus incredibili crudelitate fuit. Saepe cives fortes et senatores nobiles ingenti saevitia[13] vexavit: senatores in amphitheatro necare iussit, tribunos cohortis praetoriae[14] et uxores nobilium civium contumeliis offendit. Itaque duo tribuni cohortis praetoriae[14], viri singulari fortitudine, consilium ceperunt Palatinis ludis[15] tyrannum interficere in amphitheatro, in quo crypta[16] obscura erat. Nam omnes, qui ex amphitheatro exire cogitant, hanc cryptam[16] transeunt. Ibi milites odio inflammati tyranno insidias paraverunt. IX Kal. Febr.[17] hora fere nona Caligulam temptaverunt et triginta plagis[18] necaverunt.
Post mortem tyranni Claudius, patruus[19] Caligulae, tredecim annos imperavit.

***Abb. 2*** *Porträtbüste des Caligula*

**13** saevitia, -ae f. *Brutalität*
**14** cohors praetoria f. *Prätorianerkohorte (in Rom stationierte kaiserliche Leibwache)*
**15** Palatini ludi m. *die Palatinischen Spiele (dreitägige Bühnenspiele, die zu Ehren der Livia eingeführt worden waren)*
**16** crypta, -ae f. *unterirdisches Gewölbe*
**17** ante diem nonum Kalendas Februarias *am 24. Januar*
**18** plaga, -ae f. *Hieb, Stoß*
**19** patruus, -i m. *Onkel väterlicherseits*

2 **5** Ergänze die richtige Form des *Adjektivs* und übersetze. Lege dann in deinem Heft eine Tabelle an, in der du die in den Sätzen vorkommenden *Adjektive* nach *einendigen, zweiendigen* und *dreiendigen* ordnest.

Templa urbis Romae (vetus) erant. Augustus in foro multa aedificia renovavit[1]. (Fortis) legiones Romanas per (omnis) orbem terrarum misit. Alii imperatores Romanorum (fortis), alii (crudelis[20]) erant. Nonnulli virtute (singularis) bella gesserunt, sed Caligula et Nero multos cives (nobilis) crudelitate (incredibilis[21]) vexabant.

| einendig | zweiendig | dreiendig |
| --- | --- | --- |
| ________________ | ________________ | ________________ |

**20** crudelis, -e *grausam*
**21** incredibilis, -e *unglaublich*

# 24 SCHATTENSEITEN DER MACHT
# *Nero und die Frauen*

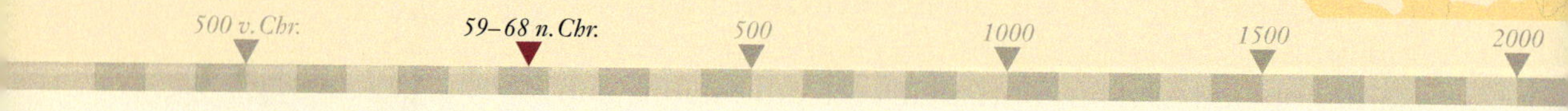


## GUT ZU WISSEN

Caligula,
quod odium Romanorum timebat,
turbam hominum fugiebat.

Caligula
odium Romanorum timens
turbam hominum fugiebat.

quamquam odium Romanorum timebat,
tamen multos cives vexabat.

odium Romanorum timens
tamen multos cives vexabat.

Caligula,
dum amphitheatrum relinquit,
necatus est.

Caligula
amphitheatrum relinquens
necatus est.

## TEXT 1 *Ein verhängnisvoller Streit*

Nero erträgt die Herrschsucht seiner Mutter Agrippina, die sich ständig in die Politik und sein privates Leben einmischt, immer weniger. Oft kommt es daher zu heftigen Streitigkeiten. Die Auseinandersetzung erreicht 59 n. Chr. ihren Höhepunkt: Nero, der mit Octavia verheiratet war, hat sich in die schöne Poppaea verliebt, Agrippina versucht diese Beziehung zu unterbinden.

**Abb. 1** *Nero; Kopf einer Porträtstatue (Glyptothek München)*

*Agrippina* ad filium: „Haec omnia tibi providens feci: Ego Claudio, patruo[1] meo, veteri illi viro, non libenter nupsi. A me autem commotus Claudius te sibi filium adoptavit[2]. Post Claudii mortem ego potestatem tenebam, sed mea neglegens tibi imperium comparavi. Poppaea illa, quam amas, est mulier non nobili genere nata. Octaviam autem uxorem ab omni populo amatam Poppaeae causa neglegis. Matri te amanti parere debes; itaque te iubeo Poppaeam dimittere!"

*Nero* autem matrem aspiciens secum cogitavit: „Est mater mea, tamen eam iterum atque iterum mihi maledicentem[3] contemno. Non iam ei parebo. Quomodo autem matrem e medio tollere[4] possum?"

Poenam deorum timens Nero tamen matrem interficere decrevit. Itaque iussit Anicetum libertum navem fragilem[5] construere[6].

Nero putabat Agrippinam hac nave navigantem perisse, Agrippina autem natans[7] se servare potuit. Salva villam suam petivit. Ibi a liberto Neronis iam exspectata magna crudelitate occisa est.

At Nero post matris mortem vitam timoris plenam agebat.

**Abb. 2** *Agrippina die Jüngere; Kopf einer Porträtstatue*

1 patruus, -i m. Onkel *väterlicherseits*
2 adoptare *annehmen*
3 maledicere (beim Dat.) *lästern über jmdn.*
4 e medio tollere *aus dem Weg räumen*
5 fragilis, -e *zerbrechlich*
6 construere *bauen, herstellen*
7 natare *schwimmen*

**1** **a** Stelle aus Text 1 die *Aussagen* (Verben, Adjektive, Pronomen) zusammen, die Agrippina *charakterisieren*.
**b** Fertige eine *Personenbeschreibung* Agrippinas an.

**2** **a** Gliedere Text 1 in *Sinnabschnitte*.
**b** Beschreibe mögliche *Gedankengänge* Neros und Agrippinas.

5 **3** Dein Wissen über Fachbegriffe ist gefragt: Ordne die *Konjunktionen* und *Präpositionen* in das Fach mit der passenden *Sinnrichtung*. Unterscheide bei der Wiedergabe *Adverbialsatz* und *Präpositionalausdruck*.

als • da • wegen • trotz • nachdem • durch •
obwohl • indem • während • verneint: ohne dass • bei •
aus • verneint: ohne • wenn • weil • obgleich

| 1. Fach: temporal | 2. Fach: kausal | 3. Fach: modal | 4. Fach: konzessiv |
| --- | --- | --- | --- |
| ------------ | ------------ | ------------ | ------------ |

5 **4** Übersetze die folgenden Sätze und ordne die *Partizipien* nach ihren *Sinnrichtungen*. Achtung: Mehrfachnennungen sind möglich!

- Agrippina Neroni Poppaeam amanti iterum atque iterum maledixit[3].
- In amphitheatro bestiae Christianos captos necabant.

## Kaiser Nero

Nero wurde 37 n. Chr. geboren. Seine Mutter Agrippina, eine Schwester Caligulas, setzte alles daran, den Sohn zum Kaiser zu machen: Sie heiratete Kaiser Claudius, ihren Onkel, der auf ihren Druck hin Nero adoptierte. Schließlich vergiftete Agrippina Claudius, Nero bestieg 17-jährig den Thron. Er ertrug die Herrschsucht der Mutter immer weniger und ließ sie im 5. Regierungsjahr ermorden. Davor hatte er die schöne Poppaea kennengelernt, die er heiratete, nachdem er seine Frau Octavia hatte ermorden lassen. 64 n. Chr. wurde Rom durch einen Brand stark zerstört. Nero ließ einen prächtigen Palast bauen – Teile davon wurden 1999 ausgegraben. Da Nero Christen für den Brand verantwortlich machte, begann eine grausame Verfolgung.

*Abb. 3 Wandmalereien im Palast Neros (Domus Aurea)*

Nero zeigte sich immer maßloser und hörte nicht mehr auf seinen Berater, den Philosophen Seneca. Nero trat als Sänger auf; er reiste nach Griechenland, um an musischen Wettkämpfen teilzunehmen. Überall musste er zum Sieger erklärt werden. Als Nero 68 n. Chr. mit 1808 Siegeskränzen im Triumph in Rom einzog, war die Unzufriedenheit der Römer groß. Sie rebellierten wegen einer Hungersnot, in Gallien begann ein Aufstand. Der römische Senat erklärte Nero zum Staatsfeind. Nero floh aus Rom und ließ sich schließlich von einem seiner Freigelassenen erdolchen.

# TEXT 2 *Es wird immer schlimmer*

Mit dem Muttermord enden die fünf ersten Regierungsjahre Neros, die als erfolgreich gelten. Nero ist beim Volk sehr beliebt. Von nun an aber schwindet der günstige Einfluss seines Erziehers, des Philosophen Seneca: Nero verunsichert und erschreckt vor allem die Senatoren durch sein Verhalten immer mehr ...

Post mortem Agrippinae matris Nero se omnino liberum esse censuit. Ergo Octavia uxor ab imperatore repudiata[8] in exsilium dimissa est. Tum autem milites a Nerone missi eam occiderunt. Nonnullis annis post Nero etiam Poppaeam, uxorem novam, quae tum gravida[9] erat, necavit calce percutiens[10]. Postea Nero multa alia scelera commisit. Mox senatores Romani Neronem officia imperatoris neglegentem contemnere coeperunt. Tum auctoritas Neronis minuta est, multi Romani ei maledixerunt[3]. Postremo senatus[11] nuntiavit: „Nero hostis imperii Romani est! Galbam imperatorem esse decrevimus!“ Nero autem odium senatorum timens Roma fugit. Ab omnibus amicis desertus unum ex libertis suis ad se vocavit. Qui imperatorem mortem metuentem gladio necare debuit.

**3** maledicere (beim Dativ) *lästern über jemanden*
**8** repudiare *zurückweisen, verschmähen*
**9** gravidus, -a, -um *schwanger*
**10** calce percutere *mit dem Fuß treten*
**11** senatus m. *Senat*
**12** vituperare *tadeln*
**13** carmen, -inis n. *Lied*
**14** canere, cano, cecini *(be)singen*

5 **5** Einige Szenen aus Neros Leben. Wenn du die richtige Form des *Partizips* ergänzt, erfährst du mehr über den Kaiser.

Beispiel: Nero Poppaeam (videre) amore eius captus est.
Nero Poppaeam videns amore eius captus est

- Agrippina Neronem Poppaeam (amare) vituperabat[12], omnibus fere feminis a Nerone (amare) maledicebat[3].
- Graeci Neronem carmina[13] (praebere) laudare debuerunt. Nero autem Graecis se (laudare) dona dedit.
- Nero incendium urbem Romam (delere) cecinit[14]. Postea autem hominibus flammas (fugere) auxilium praebuit.

## UND IM ENGLISCHEN UND FRANZÖSISCHEN?

5 Iuppiter puellam pulchram *videns* amore capitur.
*Seeing* a beautiful girl, Jupiter falls in love.
*Voyant* une jolie fille, Jupiter en tombe amoureux.

**6** Beobachte, wie das *Partizip* im Englischen und Französischen gebildet wird.

**7** Wie kennzeichnen die modernen Fremdsprachen die *Satzwertigkeit* des Partizips?

**8** Wie werden die *Partizipialausdrücke* im Deutschen wiedergegeben?

# 25 SIE SPIELT DIE HAUPTROLLE
# *Kleopatra*

500 v. Chr. · *48–30 v. Chr.* · 500 · 1000 · 1500 · 2000

## GUT ZU WISSEN

**Abb. 1** *Kleopatra VII. (69–30 v. Chr.)*

**Abb. 2** *C. Iulius Caesar (100–44 v. Chr.)*

**Abb. 3** *Marcus Antonius (82–30 v. Chr.)*

# TEXT 1 *Wie erobert man einen Feldherrn?*

Kleopatra war 48 v. Chr. von ihrem Mitregenten, Bruder und Ehemann, dem 12jährigen Ptolemaios XIII., und seinen Beratern als Königin von Ägypten abgesetzt worden. Mit ihren Söldnern wartete sie außerhalb von Alexandria auf eine Chance zurückzukehren. Da landete Caesar mit seiner Flotte und erklärte, er sei gekommen, um die Thronstreitigkeiten zu beenden. Kleopatras Vater hatte nämlich die Herrschaft seiner Kinder unter den Schutz des römischen Volkes gestellt. Caesar forderte die Geschwister auf, ihre Truppen zu entlassen und sich seinem Urteil zu beugen. Wie sollte Kleopatra nun handeln?

**Abb. 4** *Kleopatra und Caesar. Gemälde von Jean-Léon Gérôme (1866)*

Cleopatra in tentorio[1] circumiens[2] secum cogitavit: „Regnum Aegypti repetam. Necesse est me cum Caesare de hac re agere. Sed res sunt difficiles: Fratri fidem non iam habeo. Nam is multis cum militibus me urget. Si luce Alexandriam urbem petam, frater me capiet. Nisi ego cum Caesare de regno agam, frater solus regnum tenebit.“ Cleopatra, postquam de his rebus cogitavit, cum Apollodoro amico vespere[3] naviculam ascendit[4]. Noctu prope domum regiam, quam Caesar imperator obtinebat, naviculam appulerunt[5]. Difficile erat ad domum regiam accedere, quod ubique custodes vigilabant[6]. Itaque Cleopatra dolum[7] adhibens stragulo[8] se velavit[9]. Apollodorus autem stragulum[8] vinculis coniunctum in domum regiam et in cubiculum[10] Caesaris portavit. Ibi vincula solvit. Statim Cleopatra e stragulo[8] se volvit[11] et sine metu Caesari res suas explicavit.
Caesar adventu mulieris inopinato[12] valde permotus audaciae et speciei eius resistere non potuit et amore incensus est. Postero die imperator fratrem eius placans Cleopatram in pristinam[13] diginitatem restituit.
Quod Plutarchus, rerum scriptor Graecus, nobis tradidit.

**1** tentorium, -i n. *Zelt*
**2** circumire *umhergehen*
**3** vespere (Adv.) *abends*
**4** naviculam ascendere *ein kleines Schiff besteigen*
**5** naviculam appellere *das kleine Schiff anlegen lassen*
**6** vigilare *Wache halten*
**7** dolus, -i m. *List*
**8** stragulum, -i n. *Decke, Teppich*
**9** velare *bedecken, einhüllen*
**10** cubiculum, -i n. *Zimmer, Schlafzimmer*
**11** volvere, volvo, volvi *rollen*
**12** inopinatus, -a, -um *unerwartet*
**13** pristinus, -a, -um *früher*

## PROJEKT TAGESZEITUNG

**1** Eine deutsche Tageszeitung hat das Motto *rerum cognoscere causas.*
**a** Finde heraus, um welche Zeitung es sich handelt.
**b** Überlege, was durch dieses Motto zum Ausdruck gebracht werden soll.

## *Kleopatra – griechische Königin Ägyptens*

Das Königshaus ging auf einen griechischen General Alexanders des Großen zurück. Den Ägyptern galt Kleopatra als Nachfolgerin der Pharaonen. Wir wissen nicht genau, was Caesar an Kleopatra faszinierte. Jedenfalls konnte sie mit seiner Hilfe ihre Macht festigen. Ihr Bruder starb bei dem Versuch Caesar anzugreifen. Ihr Söhnchen Kaisarion, das sie von Caesar hatte, machte Kleopatra zum Mitregenten und Alleinerben. Später kam sie auf Einladung Caesars nach Rom. Manche Römer prangerten den Luxus an, mit dem sie in Rom residierte. Andere waren von ihr begeistert.

**Abb. 5** *Kleopatra in der Comic-Serie Asterix und Obelix.*

44 v. Chr. kehrte Kleopatra nach Ägypten zurück, unter den Römern kam es zum Bürgerkrieg um die Nachfolge Caesars. Nach diesem Krieg gelang es Kleopatra, den mächtigsten Mann Roms, Marcus Antonius, für sich zu gewinnen. Doch Octavianus, der spätere Kaiser Augustus, setzte alles daran, das Machtgebiet des Marcus Antonius im östlichen Mittelmeerraum zu erobern. Deshalb behauptete er, Antonius, der seit 37 v. Chr. mit Kleopatra zusammenlebte, verrate Rom, und erklärte beiden den Krieg. 30 v. Chr. eroberte Octavianus Alexandria. Ägypten wurde römische Provinz.

**2** **a** Auf welchen Teil des Infotextes beziehen sich die *Originalzitate* aus Briefen Ciceros?
▶ Reginam odi. (...) Superbiam autem ipsius reginae, cum esset trans Tiberim in hortis, commemorare sine magno dolore non possum. (Cicero, ad Atticum 15, 17, 2)
Ich hasse die Königin. (...) Doch den Hochmut der Königin selbst, als sie sich jenseits des Tiber in den Gärten aufhielt, kann ich nicht ohne große Erbitterung erwähnen. ▶ Reginae fuga mihi non molesta est. (Cicero, ad Atticum 14, 8, 1)
Das Verschwinden der Königin ist mir nicht unangenehm.

**3** In den „Körbchen" ist nur eine „Schlange" giftig. Begründe deine Entscheidung.

- ▶ frumentum • fructum • factum • fratrum
- ▶ manu • exercitu • morsu • metu
- ▶ opus • rebus • scelus • corpus
- ▶ impone • admone • specie • persuade

### VON WORT ZU WORT

**4** Das kleine, aber wichtige Wörtchen res kommt in vielen Verbindungen mit Adjektiven vor, die du gut erschließen kannst,
z. B. res novae – neue Dinge ▶ Neuigkeiten.
Was bedeutet: res privatae • res publica(e) • res militaris • res secundae • res adversae • res navalis • res frumentaria • res gestae?

## TEXT 2 *Mit Antonius gegen Augustus*

Nach der Eroberung Alexandrias sah Marcus Antonius keinen Ausweg mehr und stürzte sich in sein Schwert. Die Kinder des Marcus Antonius und der Kleopatra wurden als Geiseln nach Rom gebracht. Octavian ließ Kaisarion, den jungen Sohn Caesars und rechtmäßigen König Ägyptens, ermorden. Kleopatra durfte Marcus Antonius bestatten, sollte dann aber als Gefangene die Reise nach Rom antreten. Es war vorgesehen, sie beim Triumphzug Octavians vorzuführen – und dann zu töten.

***Abb. 6*** *Römische Gedenkmünze, geprägt nach der Eroberung Ägyptens*

Cleopatra cum duabus servis ad sepulcrum M. Antonii adiit. Ibi lacrimas fundens haec verba dixit: „Marce, vir amate, nuper his manibus tibi sepulturam[14] paravi, nunc custodibus circumdata[15] tibi inferias[16] facio. Quoniam dei me deseruerunt, spem salutis et rerum secundarum deponere debeo. Nam magno exercitui Octaviani non resistam. Sine te neque ego vivere possum. Itaque me in sepulcro tuo accipies." Tum servas in sepulcro balneum[17] et cenam[18] sibi parare iussit. Paulo post servus iussu Cleopatrae corbem[19] portans ad eum locum adiit. Servus, quod custodes Romani ei fidem non habebant, corbem[19] eis monstravit, in qua magna fructuum copia inerat[20]. Iam custodes inopinantes[21] servum sepulcrum intrare iusserunt neque cognoverunt Cleopatram in animo habere sua manu se necare. Paulo post morsu[22] duarum aspidum[23], quae in corbe[19] inter fructus occultae erant, de vita decessit. Octavianus autem audacia reginae[24] permotus et Cleopatrae et M. Antonio honorem sepulcri communis tribuit.

**14** sepultura, -ae f. *Bestattung*
**15** circumdare *umzingeln*
**16** inferiae, -arum f. (Pluralwort) *Totenopfer*
**17** balneum, -i n. *Bad*
**18** cena, -ae f. *Essen*
**19** corbis, -is f. *Korb*
**20** inesse *enthalten sein*
**21** inopinans, -antis *ahnungslos*
**22** morsus, -us m. *Biss*
**23** aspis, aspidis m. und f. *Natter*
**24** regina, -ae f. *Königin*

**5**
a *Gliedere* Text 1 und 2 in *sinnvolle Abschnitte*. Achte auf die *Verwendung* der *Tempora*.
b Gib den Abschnitten jeweils eine passende *Zwischenüberschrift*.
c Vergleiche beide Texte vom *Aufbau* und vom *Inhalt* her miteinander.

2 **6** Sammle aus Text 1 und 2 alle Wörter der *e-* und *u-Deklination*, die ein *Adjektiv* oder *Pronomen* als *Beziehungswort* haben, und setze sie jeweils in den anderen *Numerus*.

**7** Welchem *grammatikalischen Begriff* sind die *Subjunktionen* jeweils zuzuweisen?
kausal • kondizional • konzessiv • temporal
cum • dum • nisi • quod • quamquam • postquam • si

**8** Kleopatra verwendet in Text 2 (Z. 2–6) *Stilmittel:* die *Antithese* (Gegenüberstellung) und den *Parallelismus* (ähnlichen Satzbau aufeinanderfolgender (Teil)sätze)
a Nenne die betreffenden Textstellen.
b Überlege dir, was durch diese Stilmittel beim Leser erreicht werden soll.

# PC

Cleopatra stragulo velata
in cubiculum Caesaris portata est.
Hic mulierem res suas
explicantem statim adamavit.

Ein Partizip erkenne ich schon, aber: Woran erkenne ich ein PC? Was alles gehört zum PC?

... schon wieder Probleme mit den Zeiten: Ist das ähnlich lösbar wie beim AcI?

... wie kann ich hier das PC sinnvoll übersetzen?

## TIPPS ZUM PC

▶ **Erkennen eines PC.** Wenn du dir klar machst, dass die Abkürzung PC *Participium Coniunctum* bedeutet, also verbundenes Partizip, weißt du das Entscheidende: Du musst nur das *Nomen* suchen, das mit dem *Partizip* in *KNG-Kongruenz verbunden* ist. Dazu ein Beispiel:

Cleopatra fratrem suum timens clam ad Caesarem iit.

Is forma et audacia eius permotus feminae adfuit.

| Satz | Partizip | Bestimmung | | Nomen in KNG-Kongruenz |
|---|---|---|---|---|
| 1 | timens | Nom. Sing. m./f./n. | ▶ | *Cleopatra* ist Nom. Sing. f.; nur dieses Nomen passt zu *timens*! |
| 2 | permotus | Nom. Sg. m. | | *Is* ist Nom. Sg. m.; nur dieses Pronomen passt zu *permotus*! |

Das, was zwischen dem Partizip und dem Beziehungswort steht, gehört als Objekt oder Adverbiale zum Partizip. Behandle bei der Übersetzung Partizip, Beziehungswort und die Wörter dazwischen als Wortblock.

▶ **Tempus bei der Übersetzung des PC.** Die Partizipien drücken ein *Zeitverhältnis* aus, kein Tempus. Du kannst ähnlich vorgehen wie beim AcI:

| Tempus d. Prädikats | Partizip – Zeitverhältnis | Tempus im dt. Nebensatz |
|---|---|---|
| Präsens | Part. d. Gleichzeitigkeit (PPA) | Präsens |
| | Part. d. Vorzeitigkeit (PPP) | Perfekt |
| Imperfekt/Perfekt | Part. d. Gleichzeitigkeit (PPA) | Präteritum |
| | Part. d. Vorzeitigkeit (PPP) | Plusquamperfekt |

▶ **Wahl der Übersetzungsmöglichkeiten.**

*Cleopatra* fratrem suum *timens* clam ad Caesarem iit.

1. **Schritt:** Wörtliche Übersetzung. Eine gute Ausgangsbasis.
2. **Schritt:** Prüfung des inhaltlichen Verhältnisses, das zwischen der Handlung, die das Partizip bezeichnet, und dem Prädikat besteht. Im obigen Beispiel beschreibt das Partizip, dass Kleopatra vor ihrem Bruder Angst hat (*Cleopatra* fratrem suum *timens*), das Prädikat erzählt, dass Cleopatra heimlich zu Caesar ging. Die Angst vor ihrem Bruder war der Grund, zu Caesar zu gehen. Es besteht also ein kausales Verhältnis!
3. **Schritt:** Wahl einer angemessenen Wiedergabe, z. B. durch Nebensätze:
   ▶ *Weil* sie ihren Bruder fürchtete, ging Kleopatra heimlich zu Caesar.
   Achtung: Das Beziehungswort des Partizips muss durch ein Pronomen als Subjekt im Nebensatz vertreten sein.

*Cleopatra* stragulo *velata* in cubiculum Caesaris portata est. Hic *mulierem* res suas *explicantem* statim adamavit.

Nachdem sie in einen Teppich eingehüllt worden war, wurde Cleopatra ins Zimmer Caesars getragen. Dieser verliebte sich sofort in die Frau, während sie ihre Angelegenheiten erklärte.

Ich muss die KNG-Kongruenz beachten, dann ist klar: *Cleopatra stragulo velata* bzw. *mulierem res suas explicantem* sind die PC-Konstruktionen inklusive Ergänzungen!

*velata:* Ist im Deutschen mit Plusquamperfekt zu übersetzen, *explicantem* mit dem Präteritum. Die Tabelle macht's möglich!

Im 1. Satz: Hier scheint mir ein temporales Verhältnis vorzuliegen- ich wähle einen Nebensatz, den ich mit *nachdem* einleite. Auch im 2. Satz kann ich ein temporales Verhältnis entdecken – ich übersetze also mit einem Temporalsatz, der mit *während* eingeleitet wird!

## ALLES GEKLÄRT? ALLES KLAR?

Welche Behauptung ist falsch? Lösungen S. 143.

Cleopatram regno spoliatam Caesar adiuvit.

- *a* Das PC besteht aus dem Partizip spoliatam und dem Beziehungswort Cleopatram.
- *b* Der PC-Wortblock umfasst den ganzen Satz mit Ausnahme von adiuvit.
- *c* Das inhaltliche Verhältnis zwischen Partizip und Prädikat ist kausal.
- *d* Das inhaltliche Verhältnis zwischen Partizip und Prädikat ist temporal.
- *e* Das Prädikat adiuvit ist Perfekt, spoliatam PPP. Es besteht Gleichzeitigkeit.
- *f* Im Nebensatz muss spoliatam mit einem Prädikat im Plpf. übersetzt werden.

# 26 SIE SPIELT DIE HAUPTROLLE
# *Nanna*

*500 v. Chr.* *500* *1000* *1500* ***17. Jh.*** *2000*

## GUT ZU WISSEN

Si haec puella me amat,
laetus sum.

Si haec puella me amaret,
laetus essem.

Utinam haec puella
me amaret!

***Abb. 1*** *Das Forum Romanum, damals Campo Vaccino genannt; Gemälde von Claude Lorrain (um 1640).*

# TEXT 1 *Zwei Konkurrenten*

Liebe, Eifersucht, Betrug – das sind Gefühle und Verhaltensweisen, die das Leben der Menschen schon zu allen Zeiten aufregend gemacht haben. Ein aufschlussreiches Beispiel dafür ist die Geschichte von der schönen Nanna, einer jungen Frau mit etwas zweifelhaftem Ruf, und einem reichen Kaufmann, der seine Gefühle nicht immer unter Kontrolle hat.

Mercator dives puellam, cui nomen Nanna erat, acriter amabat. Illa non solum pulchra erat, sed etiam callida et avara. Mercator huic puellae saepe pecuniam dabat; eo modo puellam sibi adiungere cogitabat. Sed hoc satis non erat Nannae: Erat enim adulescens formosus[1], qui saepe circum domum puellae ambulabat. Apertum erat etiam eum amore puellae pulchrae captum esse. Mercator forma adulescentis vehementer sollicitus erat. Nanna autem iterum atque iterum formam adulescentis laudabat. Denique *mercator* miser ira invidiaque inflammatus ei cultrum[2] monstravit et clamavit: „Utinam ne tam infidelis[3] esses! Vae[4] tibi! Si amori adulescentis amore respondebis, iram meam cognosces!“ Ubi *mulier* virum cultrum[2] in vestimento portare animadvertit, secum cogitavit: „Croesum regem divitiis superarem, si ille mercator semel cultrum[2] in me educeret.“ Itaque adulescenti dixit: „Festina ad me proxima nocte! Pulsa ianuam[5] sine metu!“

**1** formosus, -a, -um *schön*
**2** culter, cultri m. *Dolch*
**3** infidelis, -e *untreu*
**4** vae! *wehe!*
**5** pulsare ianuam *an die Tür klopfen*

**1** Suche im Text, welche *Verhaltensweisen* in der Erzählung von Nanna und dem Kaufmann *kritisiert* werden. Könntest du dem Kaufmann etwas raten, das einen glücklicheren Ausgang der Geschichte ermöglicht?

**2** Informiere dich über die Person des *Krösus*. Überlege dann, was Nanna meint mit ihrer Aussage *Croesum regem divitiis superarem, si ille mercator semel cultrum[2] in me educeret.*

**3** Bilde folgende Formen:

2. Pers. Sg. Konj. Imperf. zu *respondere*
2. Pers. Sg. Konj. Imperf. zu *posse*
1. Pers. Pl. Konj. Imperf. zu *dicere*
1. Pers. Sg. Konj. Imperf. zu *esse*
3. Pers. Pl. Konj. Imperf. zu *superare*
1. Pers. Sg. Konj. Imperf. zu *vocare*
2. Pers. Pl. Konj. Imperf. zu *redire*
3. Pers. Sg. Konj. Imperf. zu *facere*

4 Der Kaufmann beobachtet die Tätigkeiten der Diener und fragt sich, ob er sich diese vielen Diener in Zukunft noch wird leisten können. Setze das eingeklammerte *Adjektiv* in die richtige *Adverbform* und erläutere, wie du jeweils das Adverb gebildet hast. Übersetze dann die Sätze.
Servae libenter cibum parant. Saepe eas (iustus) laudat. Aliae (bonus) vivunt, aliae (miser). Nonnumquam servi (acer) inter se litigant[7]. Nonnulli servi propter negotia (longus latusque) per urbem ire debent.

5 Lege im Heft eine Tabelle an und trenne folgende Formen nach *Indikativ* und *Konjunktiv*.
apportabam • adibat • accederemus • premebas • accedebamus • aderas • adhibebatis • accipiebant • premit • adesses • adhiberetis • acciperent • accipiet • adero • adiret • apportarem • premeres • adit

## *Latein – Weltsprache der frühen Neuzeit*

Die Geschichte von Nanna stammt aus der neulateinischen Novelle *Eudemia*, die der italienische Jurist Ianus Nicius Erythraeus (Gianvittorio Rossi 1577–1647) in Rom verfasst hat. Sie schildert Abenteuer zweier Römer, die der Tyrannei des Kaisers Tiberius (14-37 n. Chr.) entkommen sind und auf eine Atlantikinsel verschlagen wurden. Der Titel *Eudemia* ist griechisch und bedeutet *Insel der Gutmenschen*. Gestrandete Römer haben dort ein neues Rom gegründet. Erythraeus entwirft eine satirische Darstellung des Lebens seiner Zeit. Rom war in der Epoche des Barock internationales Zentrum der lateinischen Literatur. Lateinische Werke wurden überall in der westlichen Welt gelesen und bewundert. 1622 gab es 89 Buchläden in Rom, also einen für ca. 1400 Einwohner. Das Interesse an Literatur war groß.

***Abb. 2** Sehr beliebt waren im 17 Jh. Aufführungen von Wanderbühnen (sog. Commedia Dell'Arte); die kostümierten und maskierten Schauspieler stellten oft bestimmte Menschentypen dar.*

## TEXT 2 *Eifersucht macht erpressbar*

Vesper[6] adest; mercator puellam adit et cum ea litigat[7] dicens eam adulescentem amare. Illa quidem negat, sed mercatori persuadere non potest; itaque ille ira inflammatus est. Subito adulescens ad ianuam[5] adest. Fortiter pulsat[5]; *mercator* ad fenestram festinat et interrogat: „Quis pulsat[5]?" *Adulescens:* „Ego," inquit, „adsum. Statim reclude ianuam[8]!" *Mercator* adulescentem cognoscit et magna voce clamat: „Nisi hinc abire festinas, te necabo! Si possem, te statim necarem." Tum destricto cultro[9] in Nannam incurrit[10]: „Ante meos oculos amatorculum[11] tuum mihi adducis?" et eam acriter planitie[12] gladii verberat[13]. At *illa* rubrica[14], quam dextra manu occultabat, celeriter os inficit[15] simul clamans: „Adiuvate me, vicini[16], adiuvate! Hic vir malus mihi faciem deformavit[17]!" Vicini statim undique accurrunt[18]. Denique mercator miser de sua vita metuens fugit.
Postero die Nannae magnam partem fortunarum suarum donavit et eo modo eam ab accusatione[19] prohibere potuit. *Mercator* secum cogitavit: ‚Nisi hanc mulierem amarem, fortunas meas non perderem.'

**6** vesper, vesperi m. *Abend*
**7** litigare *streiten*
**8** recludere ianuam *die Tür öffnen*
**9** destricto cultro *mit gezücktem Dolch*
**10** incurrere in *losgehen auf*
**11** amatorculus, -i m. *Liebhaber*
**12** planities, -ei f. *stumpfe Fläche*
**13** verberare *schlagen, prügeln*
**14** rubrica, -ae f. *rote Farbe*
**15** inficere *färben, bemalen*
**16** vicinus, -i m. *Nachbar*
**17** deformare *verunstalten, entstellen*
**18** accurrere *herbeilaufen*
**19** accusatio, -onis f. *Anklage*
**20** desistere *Abstand nehmen von*

**6** Der Kaufmann wendet sich mit einigen Bitten an Nanna. Doch weil er meint, dass die Erfüllung seiner Bitten unmöglich ist, müssen die Sätze besser im *Irrealis* formuliert werden. Bilde zu dem *Realis* den entsprechenden *Irrealis* und *übersetze* beide Sätze ins Deutsche.
- Si accusatione desistes[20], tibi magnam pecuniam quaeres.
- Quod si facies, tibi semper amore et gratia coniunctus ero.
- Si me amas, semper sine curis vivere possumus.

2 **7** Wenn das Wörtchen wenn nicht wäre ... Der Kaufmann hadert mit seinem Schicksal und ärgert sich über den Verlust des vielen Geldes. Doch das lässt sich nicht ändern. Ergänze die eingeklammerten *Formen* richtig und *übersetze* dann die Sätze.
Utinam Nanna me (amare)! Utinam ne tam infidelis[3] (esse)! Utinam ne amori adulescentis amore (respondere)!

**8** Schreibe auf Deutsch eine *Zusammenfassung* der Geschichte.

### VON WORT ZU WORT

**9** Sammle aus beiden Texten alle Vokabeln zum *Wortfeld Liebe* und *Leidenschaft*. Übertrage die Vokabeln in dein Heft und schreibe die deutschen Bedeutungen dazu.

# 27 SIE SPIELT DIE HAUPTROLLE
# *Zenobia*

500 v. Chr. — *270–275 n. Chr.* — 500 — 1000 — 1500 — 2000

## GUT ZU WISSEN

| | | |
|---|---|---|
| dicere | reden (Infinitiv) | das Reden (Nom.) |

die Kunst des Redens /
die Kunst zu reden

| | |
|---|---|
| dicendo (Dat.; selten ) | dem Reden |

| | |
|---|---|
| paratus ad dicendum (Akk.) | bereit zum Reden / bereit zu reden |
| dicendo (Abl.) | durch das Reden |
| in dicendo | beim Reden |
| dicendi causa | um des Redens willen / um zu reden |

## TEXT 1 *Zenobia weiß, was sie will*

Zenobia, die Königin von Palmyra, einer mächtigen Stadt in einer Oase der syrischen Wüste, hat sich 271 n. Chr. zur Kaiserin ausgerufen. Das konnte Rom nicht hinnehmen. Deshalb wird die Stadt von dem römischen Kaiser Aurelian belagert. Als er sie aber nicht erobern kann, versucht er mit Zenobia zu verhandeln und schickt ihr einen Brief:

„Aurelianus imperator Zenobiae et ceteris, qui ei copias auxilio mittunt.

Magno usui tibi erit id, quod te iubebo. Audi! Deditionem enim praecipio. Cur non potius tua sponte consensisti? Te in loco idoneo collocabo, ibi tibi licebit cum tuis vitam agere. At gemmas[1], aurum, argentum, sericum[2], equos, camelos[3] Romanis tradi necesse erit. Ius autem Palmyrenorum servabo".

Zenobia fortiter rescripsit[4]: „Zenobia regina[5] orientis[6] Aureliano Augusto.

Nemo adhuc praeter te deditionem a me postulavit. Causam postulandi iustam non habes. Nam etiam latrones Syri exercitum tuum vicerunt. Nobis autem auxilia Persarum subveniunt, pro nobis sunt Saraceni, pro nobis Armenii. Studium pugnandi omnibus sociis iniectum est. Mox illa auxilia venient, tum libenter bellum finies."

Aurelianus ira commotus statim Palmyram undique obsedit. Omnia, quae ei ad oppugnandum usui erant, comparare coepit. Fuit paratus ad pugnandum. Auxilia a Persis missa intercepit[7] et Saracenos Armeniosque corrupit. Denique mulierem potentem vicit. Nam Zenobia noctu fugiens ab equitibus Romanis capta et in potestatem Aureliani deducta est.

**1** gemma, -ae f. *Edelstein*
**2** sericum, -i n. *Seide*
**3** camelus, -i m. und f. *Kamel*
**4** rescribere *zurückschreiben, antworten*
**5** regina, -ae f. *Königin*
**6** oriens, -entis m. *Osten, Orient*
**7** intercipere, intercipio, intercepi *abfangen*

**1** Nenne die *Argumente*, mit denen Aurelian Zenobia zur Kapitulation zwingen will.

**2** Wie reagiert Zenobia auf die *Argumente* Aurelians? Welche *Argumente* führt sie zur Stärkung ihrer eigenen Position an?

**3** Stelle dir vor, du wärest in Zenobias Lage. Entwerfe selbst einen *Brief* an Aurelian.

**4** Bilde die entsprechenden Formen von *venire* zu
eo • eunt • ibas • iret • ibimus • istis • ierunt.

**5** Übersetze folgende Ausdrücke auf verschiedene Weise:
modus vivendi • tempus abeundi • exercitus pugnandi cupidus • pugnandi causa • finis oppugnandi

## *Zenobia von Palmyra*

**Abb. 1** *Das Hadrianstor in Palmyra*

Palmyra bedeutet *die Palmenreiche,* was jeder Besucher der Stadt bestätigen kann. Sie war ein wichtiger Handelsstützpunkt zwischen Orient und Okzident. Dies brachte den Einwohnern Reichtum, der sich in den noch heute sichtbaren Bauten zeigt. Zenobia wurde dort 241 n. Chr. geboren. Im Alter von 20 Jahren heiratete sie Odaenathus, der von den Römern für seine Verdienste um das Imperium den Königstitel erhalten hatte. Zenobia soll sehr schön gewesen sein: Sie hatte braune Haut und schwarze, ausdrucksvolle Augen. Außerdem war sie gebildet, sprach Syrisch, Ägyptisch und auch etwas Latein und Griechisch. 267 n. Chr. wurde Odaenathus ermordet, Rom setzte Zenobia als Regentin für ihren unmündigen Sohn ein. Als sie sich aber 271 n. Chr. zur *Augusta* (Kaiserin) ernannte und ihren Sohn zum *Augustus,* kam es zum Bruch mit Rom. Nach längeren Kämpfen belagerte Kaiser Aurelian (270–275 n. Chr.) Palmyra. Nachdem Zenobia bei dem Versuch, den Euphrat zu überqueren, in die Hände der Römer gefallen war, kapitulierte die Stadt. Zenobia soll auf dem Weg in die Gefangenschaft gestorben sein; nach anderer Darstellung wurde sie beim Triumphzug Aurelians mitgeführt. Später soll sie von ihm eine Villa erhalten haben, wo sie nach der Heirat mit einem Senator als vornehme Dame lebte.

**Abb. 2** *Das Gräberfeld von Palmyra*

6 Ordne die folgenden Verbformen in einer Tabelle den entsprechenden Konjugationen zu. Bestimme anschließend alle Formen.
arcebam • accipis • accedent • coniunxerunt • subveniunt • certo • commovisti • manerem • quaerunt • sciebas • fugit • consentiebamus

### VON WORT ZU WORT

7 Wie heißt jeweils das *Gegenteil* zu bellum • inimicus • dives • scire • mare • amor • puella • mulier • sine • ante • pauci • abire • malus • adulescens?

## TEXT 2 *Aurelian muss sich rechtfertigen*

Nach dem Sieg über Zenobia bringt Aurelian sie als Gefangene nach Rom und führt sie in seinem Triumphzug mit. Später schreibt er folgenden Brief an den Senat, um sich gegen Leute zu verteidigen, die es für unwürdig halten, dass er seinen Sieg über eine Frau in einem Triumphzug gefeiert hat.

„Audio, patres conscripti, mihi obici me virile[8] munus non implevisse[9] de Zenobia triumphantem[10]. Sed illi, qui me reprehendunt, certe me laudarent, si scirent illam mulierem tam fortem fuisse quam multos imperatores. Erat prudens et constans in consiliis, erga milites gravis, larga[11], cum necessitas postulabat. Possum dicere populos Aegyptiorum, Arabes, Saracenos, Armenios illam mulierem valde timuisse. Nec ego illi vitam conservarem, nisi scirem eam multum Romanae rei publicae profuisse, quod diu servabat orientales[12] fines imperii.“

**8** virilis, -e *männlich*
**9** implere, impleo, implevi *ausfüllen, vollbringen*
**10** triumphare de *triumphieren über*
**11** largus, -a, -um *freigebig, großzügig*
**12** orientalis, -e *östlich*
**13** perambulare *umhergehen, hindurchgehen*

**8** Nenne die *Eigenschaften* Zenobias, die Aurelian in seinem Brief an den Senat erwähnt.

**9** Betrachte Text 1 und 2 genauer: In welchen Abschnitten herrscht die *Satzreihe* vor, wo findest du mehr *Satzgefüge*?

### PROJEKT: EIN STREITGESPRÄCH

**10** Wandelt den *Briefwechsel* Aurelian – Zenobia in einen *Dialog* um. Spielt die Szene. Sucht eine *einvernehmliche Lösung* des Interessenkonflikts.

### UND IM ENGLISCHEN?

Mrs Hill besucht mit ihrer Klasse die Erlebniswelt *Roman Experience* in Chester, dessen Name an das ehemalige römische *castra* erinnert.

Mrs Hill: “Today you have the chance of experiencing a piece of Roman life.”
The children immediately start their tour: “Oh, it’s dark in here.” – “What a strange smell!” – “Look, here’s a real Roman street. The Romans had so many materials for building streets and houses.” – “And there are the baths. The Romans really had a great way of living.”
By touring the museum, the children learned a lot about the Romans.

**11** Finde für die folgenden Ausdrücken mit *Gerundium* die *Entsprechungen* im *englischen* Text: ars vivendi, facultas experiendi, ad aedificandum, perambulando[13]

**12** Welche Beobachtungen kannst du über das englische *gerund* machen?

CLARO

# 3 Königin Boudicca wehrt sich

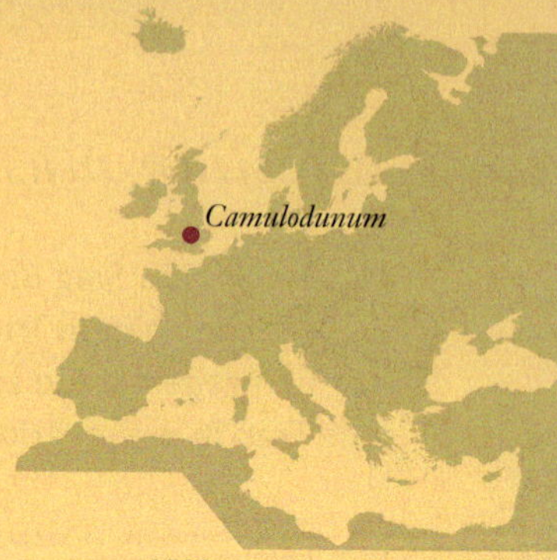


500 v. Chr. | 60 n. Chr. | 500 | 1000 | 1500 | 2000

Kaiser Claudius landete 43 n. Chr. mit Truppen und Elefanten in Britannien und begann, die Insel zu erobern. Manche britischen Stämme schlossen sich daraufhin den Römern an, so zum Beispiel die Ikener. Sie waren jetzt Verbündete, ohne ihre Eigenständigkeit zu verlieren. Aber ausgerechnet bei ihnen brach 17 Jahre später ein Aufstand gegen die römischen Besatzer aus.

**A** Nonnullos per annos Iceni et Romani cum pace vivebant. Sed postquam illorum rex mortem obiit[1], Iceni a Romanis non iam pro sociis, sed pro mancipiis[2] habebantur: Servi Romani domum regiam omnibus bonis spoliaverunt; praeterea Icenorum agri et aedificia a Romanis vastabantur. Quin etiam[3] Boudicca, uxor regis mortui, verberata[4] est. Imprimis Boudicca suas filias a Romanis violatas esse doluit.

Quibus rebus commota regina[5] secum cogitavit: ‚Quando Romani vastandi et oppida capiendi finem facient? Deos nostros neglegentes etiam templum imperatori Claudio sacrum in finibus nostris aedificant. Nunc opus est Romanos a nobis arceri.‘

Paulo post non solum Boudicca regina, sed etiam principes Icenorum aliarumque gentium odio Romanorum ardebant. Itaque occultis coniurationibus libertatem recuperare[6] cogitabant.

**Abb. 1** *Boudicca-Statue vor dem britischen Parlamentsgebäude in London*

1 mortem obire *sterben*
2 mancipium, -i n. *Besitz, Sklave*
3 quin etiam *ja sogar*
4 verberare *schlagen, prügeln*
5 regina, -ae f. *Königin*
6 recuperare *wiedergewinnen*

**B** Primum Britanni armati Camulodunum coloniam[7] petunt, deinde[8] milites Romanos in templo se occultantes[9] interficiunt, tum totam[10] coloniam occupant, incendunt[11], delent. Qua clade territus Catus Decianus, procurator[12] provinciae, in Galliam transiit. At C. Suetonius Paulinus, qui quartae decimae legioni praeerat, Britannos proelio vincere cogitans locum ad pugnandum idoneum quaesivit. Denique in loco prope silvam sito et Romanorum et Britannorum copiae ad pugnam paratae sunt. Tum Boudicca filias curru[13] prae se vehens[14] animos Britannorum ad pugnam incitavit:
„Si Romani pugna vincerent, non solum viri nostri, sed etiam mulieres nostrae ab hostibus violarentur. Si belli causas, si copiam armatorum consideratis, apertum est nos Britanniae viros mulieresque nunc summo studio pugnare debere. Aut vincemus aut interficiemur.“ Tamen Britanni hoc proelio victi et interfecti sunt. Boudicca autem veneno[15] vitae finem fecit.

**7** colonia, -ae f. *Siedlung, Kolonie*
**8** deinde *sodann, daraufhin*
**9** occultare *verstecken*
**10** totus, -a, -um *ganz*
**11** incendere *anzünden*
**12** procurator, -oris m. *kaiserlicher Verwalter, Prokurator*
**13** currus, -us m. *Wagen*
**14** prae se vehere *vor sich (her) fahren*
**15** venenum, -i n. *Gift*

**A**

**1** **a** Dank deiner Lateinkenntnisse kannst du manche Landschafts- und Ortsnamen in Großbritannien auf ihren lateinischen Ursprung zurückführen. Ordne richtig zu: Englisch: Newcastle, Bath, Hadrian's Wall; Latein: aquae, vallum, castellum
**b** Jetzt kannst du – dank Latein – die englischen Namen ins Deutsche übersetzen.

**2** In Zeile 14 findest du die Form arceri. Bestimme diese Form und bilde die entsprechenden Formen von vastare, petere, capere, aperire.

**3** Was veranlasste den Aufstand? Nenne familiäre und allgemeine Gründe.

**4** Übersetze den Textabschnitt Z. 1–18.

**B**

**5** **a** Suche zur Abbildung die entsprechende Textstelle.
**b** Erkläre mit Hilfe der Textstelle näher, was das Denkmal darstellt.

5 **6** **a** Suche alle Partizipien aus Z. 19–31 heraus.
**b** Nenne mögliche Sinnrichtungen für die Wiedergabe dieser PCs.
**c** Finde die jeweils angemessene Übersetzung.

**7** Die Prädikate in Z. 19, 20, 21 und 25 stehen im Präsens. Was drückt das Präsens aus?

6 **8** **a** Suche die Sätze, in denen die substantivische nd-Form (Gerundium) vorkommt, aus Z. 10–26 heraus.
**b** Bestimme die jeweilige Form des Gerundiums.
**c** Finde jeweils eine passende Wiedergabe im Deutschen für die nd-Konstruktion.

## ▶ Was steht eigentlich alles im Vokabelverzeichnis?

Im Vokabelverzeichnis stehen links lateinische Wörter, dabei viele Zusatzinformationen, in der Mitte deutsche Bedeutungen und rechts verwandte Wörter moderner Sprachen.

**hora, -ae** *f.* Stunde (*engl.* hour; *fr.* heure; *sp.* hora; *it.* ora)

Dem lateinischen Wort sind oft grammatische Informationen hinzugefügt (hier Genitivendung **-ae** und *f.*; das Wort **hora** gehört also zur a-Deklination und hat das Genus femininum).

Diese Informationen sind wichtig, um Formen der Wörter im Text richtig bestimmen zu können. Das ist für die Übersetzung entscheidend. Weiteres dazu in Übersetzungstraining 1.

In der Spalte rechts von den deutschen Bedeutungen findest du als Lernhilfe zusätzliche Informationen zum Fortleben des lateinischen Wortes in modernen Sprachen: Wenn du die Bedeutung des Wortes aus einer anderen Sprache schon kennst, nützt dir das beim Lernen.

## ▶ Wie sollte man Vokabeln lernen?

Mäßig, aber regelmäßig! Mäßig: Nicht mehr als ungefähr 7 Vokabeln in einem Lerndurchgang. Sonst besteht die Gefahr, dass du vieles in deinem Kopf durcheinander wirfst. Regelmäßig: Nach nur einem Tag hast du ungefähr die Hälfte des Gelernten wieder vergessen, wenn du es nicht wiederholst! Du solltest also regelmäßig, möglichst täglich, Vokabeln wiederholen.

## ▶ Welche Lerntechniken gibt es?

### Abdecken der Bedeutungen

Halte die mittlere Spalte mit den deutschen Bedeutungen zu und überlege, welche Bedeutung zu dem lateinischen Wort passt. Überprüfe das, indem du die mittlere Spalte aufdeckst. Wiederhole später, was du noch nicht wusstest. Das machst du solange, bis du alle Bedeutungen weißt.

### Lernen mit dem Ampelkasten

Lege für jedes lateinische Wort eine Karteikarte an.
Lege sie in das rote Fach *Lernen*.
Prüfe nun dein Wissen: Lege die Vokabelkarten, die du auf Anhieb konntest, in das gelbe Fach *Wiederholen*. Was du nicht oder nicht sicher konntest, bleibt im Fach *Lernen*.
Nimm dir die Karteikarten nach nicht allzu langer Zeit erneut vor: Lege die Karten des gelben Faches, wenn du sie konntest, in das grüne Fach *Wissen*, die Karten des roten Faches, wenn du sie konntest, in das gelbe Fach. Lege die Karten des gelben Faches, die du nicht konntest, zurück in das rote Fach. Auch die Karten des roten Faches müssen da bleiben, wenn du sie noch nicht konntest.
Übe solange, bis alle Karten im grünen Fach gelandet sind.

**Vokabelheft**
Manche Menschen können sich Dinge gut merken, wenn sie sie (öfter) aufschreiben. Im Vokabelheft kannst du auch zusätzliche Lernhilfen notieren, z. B. verwandte Wörter, Wörter, die das Gegenteil bedeuten oder Eselsbrücken.

**Vokabeln hören**
Manche Menschen können sich Dinge gut merken, die sie (oft) hören. Wenn du zu diesem Typ gehörst, kannst du die Vokabeln (lateinisches Wort-Zusatzinformationen- deutsche Bedeutungen) aufnehmen und sie dir auch mehrmals vorspielen.

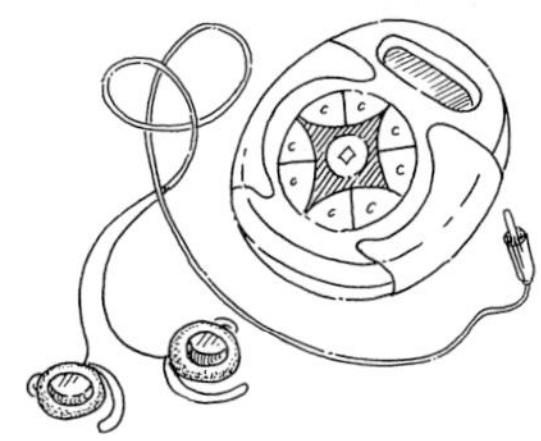

**Lernen mit anderen**
Manche Menschen können sich Dinge gut merken, wenn sie mit anderen zusammen lernen. Es macht Spaß und ist nützlich, wenn ihr euch gegenseitig Vokabeln abfragt – in beliebiger Reihenfolge.

**Computer-Lernprogramme**
Ein Computer hat immer Zeit, verliert nie die Geduld und ist unbestechlich. Er gibt dir eine sofortige Rückmeldung, ob du die Vokabeln beherrschst. Ein gutes Lernprogramm wie *disco* ermöglicht dir, die Vokabeln auf verschiedene Weisen zu üben.

▶ **Welche Lerntechnik ist die beste für dich?** Das musst du selbst ausprobieren. Die Menschen lernen verschieden, gehören unterschiedlichen Lerntypen an. Wenn du also merkst, dass du mit einer bestimmten Lerntechnik die Vokabeln besonders leicht lernst und lange behalten kannst, dann ist sie die richtige für dich!

## ALLES GEKLÄRT? ALLES KLAR? – LÖSUNGEN

***Übersetzungstraining 1 (S. 39):***
*1 a Wir sehen die Römischen Spiele an.*
*1 b Lehrer und Schüler gehen in die Schule.*
*2 a Der Wohnblock liegt nahe dem Forum.*
*2 b Die Insel Sizilien ist groß.*
*3 a Livia schreibt alle lateinischen Buchstaben.*
*3 b Der Herr gibt dem Sklaven einen/den Brief.*
*4 a Er schuldet dem neuen Freund Geld.*
*4 b Die Schüler müssen in der Nähe / nahe der Straße sitzen.*

***Übersetzungstraining 2 (S. 63)***
*1 Wortblock: ex incendio Troiae; zweite Stelle: Aeneas konnte ...*
*2 Wortblock: fatis deorum; zweite Stelle: Aeneas gehorchte ...*
*3 Wortblock 1: cum paucis Troianis; Wortblock 2: per altum; zweite Stelle: Aeneas irrte ...*
*4 Wortblock 1: in patria nova; Wortblock 2: novum oppidum; zweite Stelle: Aeneas und die Gefährten bauten / haben ... gebaut.*

***Übersetzungstraining 3 (S. 85)***
*Thema des Textes ist eine Arbeit des Herkules: das Reinigen des Augiasstalls.*

***Übersetzungstraining 4 (S. 109)***
*Falsch sind die Behauptungen von c, d und f.*

***Übersetzungstraining 5 (S. 131)***
*Falsch ist die Behauptung von b und e.*

# 1 LECTIO PRIMA

## TEXT 1

| | | |
|---|---|---|
| ecce! | schau! siehe da! | |
| **forum** *n.* | „Forum“, Marktplatz | |
| **amplus, -a, -um** | weit, groß, geräumig | |
| **est** | (er/sie/es) „ist“ | *engl.* is; *fr.* est; *sp.* es; *it.* è |
| **monumentum** *n.* | Denkmal | *dt.* Monument; *engl./fr.* monument |
| **et** | und; auch | *fr.* et; *sp.* e/y; *it.* e |
| **et … et** | sowohl … als auch; *(erstes „et“ bleibt unübersetzt)* … und … | |
| **altus, -a, -um** | hoch; tief | |
| **hīc** *(Adv.)* | hier | |
| **sedet** | (er/sie/es) sitzt | |
| attentus, -a, -um | aufmerksam | |
| **etiam** | auch; sogar | |
| **hūc** *(Adv.)* | hierhin | |
| **spectat** | (er/sie/es) schaut, sieht (an) | *dt.* Spektakel; *engl.* spectacular |
| **adest** | (er/sie/es) ist da; hilft | |
| **servus** *m.* | Sklave | |
| **serva** *f.* | Sklavin | |
| **nunc** *(Adv.)* | jetzt | *engl.* now |
| fessus, -a, -um | müde, erschöpft | |
| **nam** | denn | |
| **diū** *(Adv.)* | lange (Zeit) | |
| **exspectat** | (er/sie/es) erwartet, wartet | *engl.* expects |
| **ubī?** | wo? | *fr.* où? |

## TEXT 2

| | | |
|---|---|---|
| **stat** | (er/sie/es) steht | *engl.* stands *steht, stellt sich (hin);* stays *bleibt;* station *Bahnhof* |
| **dominus** *m.* | Herr, Hausherr | |
| **domina** *f.* | Herrin, Hausherrin | |
| **clāmat** | (er/sie/es) ruft laut, schreit | |
| **labōrat** | (er/sie/es) strengt sich an, arbeitet; leidet | *dt.* Labor *naturwissenschaftliche Arbeitsstätte; engl.* Labour Party |
| **sed** | aber; *(nach Verneinung)* sondern | |
| **amīcus** m. | Freund | *fr.* ami; *sp.* amigo; *it.* amico |
| **amīca** f. | Freundin | *fr.* amie; *sp.* amiga; *it.* amica |
| **subitō** *(Adv.)* | plötzlich | |
| **appropinquat** | (er/sie/es) kommt näher, nähert sich | |
| **quis?** | wer? | *fr.* qui? |
| **quam** *(Adv.)* | wie *(beim Ausruf)* | |
| **māgnus, -a, -um** | groß | |
| **gaudium** *n.* | Freude, Vergnügen | |
| **rīdet** | (er/sie/es) lacht | *fr.* rit |
| **gaudet** | (er/sie/es) freut sich | |
| **nōn** | nicht | *engl.* no; *fr.* non; *sp./it.* no *nein* |
| **semper** *(Adv.)* | immer | |
| tardus, -a, -um | (zu) spät, langsam | |

# 2 LECTIO SECUNDA

## TEXT 1

| | | |
|---|---|---|
| ubīque *(Adv.)* | überall | |
| **aedificium** *n.* | Gebäude | *fr.* édifice |
| **puer** *m.* | Junge | |

| | | |
|---|---|---|
| **puerī** *m.* | Jungen; Kinder | |
| **puella** *f.* | Mädchen | |
| ecce! | schau! siehe da! | |
| **taberna** *f.* | „Taverne“, Schenke; Laden | |
| **porta** *f.* | „Pforte“, Tor | *fr.* porte |
| **apertus, -a, -um** | offen | *fr.* ouvert, -e; *sp.* abierto, -a |
| intus *(Adv.)* | innen, drinnen | |
| **nōnnūllī, -ae, -a** | einige, manche | |
| **multus, -a, -um** | viel | |
| **vir** *m.* | Mann | |
| **alius, alia, aliud** | ein anderer | *dt.* alias |
| **aliī … aliī** | die einen … die anderen | |
| **barbarus** *m.* | „Barbar“, Ausländer, Fremder | |
| disputat | (er/sie/es) diskutiert (über) | |
| **fēmina** *f.* | Frau | *fr.* femme |
| **tandem** *(Adv.)* | endlich | |
| **tum** *(Adv.)* | da; dann; darauf; damals | |
| **pulcher, pulchra, pulchrum** | schön | |
| cibus *m.* | Speise | |
| **bonus, -a, -um** | gut | *fr.* bon, bonne; *sp.* bueno, -a; *it.* buono, -a |
| **vīnum** *n.* | „Wein“ | *engl.* wine; *fr.* vin; *sp./it:* vino |
| **contentus, -a, -um** | zufrieden | *fr.* content, -e; *sp.* contento, -a |
| **autem** *(nachgestellt)* | aber | |
| **pecūnia** *f.* | Geld | |
| sollicitus, -a, -um | unruhig, besorgt, ängstlich | |
| **timet** | (er/sie/es) fürchtet, hat Angst (vor) | |
| **dēest** | (er/sie/es) ist nicht da, fehlt | |

| | | |
|---|---|---|
| **iam** *(Adv.)* | schon | |
| **nōn iam** | nicht mehr | |

## TEXT 2

| | | |
|---|---|---|
| **incendium** *n.* | Brand, Feuer | *fr.* incendie |
| **perīculum** *n.* | Gefahr | |
| **cūnctī, -ae, -a** | alle | |
| turba *f.* | Menschenmenge, Masse | |
| forīs *(Adv.)* | draußen | |
| **ārdet** | (er/sie/es) brennt | |
| flamma *f.* | „Flamme", Feuer | |
| **pūblicus, -a, -um** | öffentlich, staatlich | *dt.* Publikum; *engl.* public; *fr.* public, publique |
| **aqua** *f.* | Wasser | *fr.* eau; *sp.* agua; *it.* acqua |
| **laetus, -a, -um** | fröhlich | |
| grātuītus, -a, -um | „gratis", kostenlos | |

# 3 LECTIO TERTIA

## TEXT 1

| | | |
|---|---|---|
| saccus *m.* | „Sack" | |
| **frūmentum** *n.* | Getreide | |
| **apportat** | (er/sie/es) bringt, schafft herbei | |
| complet | (er/sie/es) füllt (an) | |
| **līberī** *m. (Pluralwort)* | Kinder | |
| **videt** | (er/sie/es) sieht | *dt.* Video; *fr.* voit; *sp.* ve |
| **negōtium** *n.* | Tätigkeit, Aufgabe | |
| **exercet** | (er/sie/es) übt (aus) | *engl.* exercise *Übung*; *fr.* exerce |
| cibus *m.* | Speise | |
| **parat** | (er/sie/es) bereitet (zu) | |
| asinus *m.* | Esel | |

| | | |
|---|---|---|
| īnstrūmentum *n.* | Werkzeug, Gerät | |
| **portat** | (er/sie/es) trägt, bringt | *fr.* porte |
| **agitat** | (er/sie/es) treibt (an) | |
| ecce! | schau! siehe da! | |
| 10 **habet** | (er/sie/es) hat | *engl.* has; *fr.* a |

---

| | | |
|---|---|---|
| **inter** *(beim Akk.)* | zwischen; unter | *dt./engl.* Internet; *fr.* entre |
| **per** *(beim Akk.)* | durch | *engl.* mph (miles per hour); *fr.* par |
| **via** *f.* | Straße, Weg | *dt./engl.* via *bei Wegangaben;* *fr.* voie; *sp.* vía; *it.* via |
| **festīnat** | (er/sie/es) geht schnell, beeilt sich | |
| 15 **prope** *(beim Akk.)* | nahe bei | |
| urget | (er/sie/es) (be)drängt | |
| īnsula *f.* | „Insel", Wohnblock | |
| obscūrus, -a, -um | dunkel | |
| **intrat** | (er/sie/es) betritt | *engl.* enters; *fr.* entre; *sp.* entra |
| sollicitus, -a, -um | unruhig, besorgt, ängstlich | |
| **apud** *(beim Akk.)* | bei | |
| **monet** | (er/sie/es) (er)mahnt | |
| **nōn sōlum … sed etiam** | nicht nur … sondern auch | |
| lībertus *m.* | Freigelassener | |

## TEXT 2

| | | |
|---|---|---|
| salūtat | (er/sie/es) (be)grüßt | |
| explicat | (er/sie/es) erklärt | |
| 20 **īgnōtus, -a, -um** | unbekannt | |
| **novus, -a, -um** | „neu" | *engl.* new; *fr.* neuf, neuve; *sp.* nuevo, -a; *it.* nuovo, -a |
| **narrat** | (er/sie/es) erzählt | |

| | | |
|---|---|---|
| mōnstrat | (er/sie/es) zeigt | |
| hortus *m.* | Garten | |
| **statua** *f.* | „Statue“, Standbild | |
| **familia** *f.* | „Familie“ | *engl.* family; *fr.* famille; *sp.* familia; *it.* famiglia |
| **libenter** *(Adv.)* | gern | |
| **habitat** | (er/sie/es) (be)wohnt | *fr.* habite |
| **in** *(beim Akk.)* | „in“, nach; gegen *(gibt eine Richtung an)* | |
| ātrium *n.* | „Atrium“, Halle | |
| **ad** *(beim Akk.)* | zu, nach; bei | |
| **fortasse** *(Adv.)* | vielleicht | |

## *De rebus Romanis (Lekt. 1–3)*

*Römische Lagerhalle in der Hafenstadt Ostia bei Rom*

*Tour Magne („großer Turm“), römisches Bauwerk in Nîmes/Südfrankreich*

pecūnia

*Römische Münze, so genannter Denar, der Caesars Sieg über die Gallier darstellt*

*Standbild eines Römers in der Toga*

*Römische Imbissstube in Pompeji, in der warme Getränke ausgeschenkt wurden – so genanntes thermopolium*

*Teilstück der Via Appia, einer antiken Straße südlich von Rom*

# 4 LECTIO QUARTA

## TEXT 1

| | | |
|---|---|---|
| **magister** *m.* | Lehrer | *dt.* Meister, *engl.* master |
| **magistra** *f.* | Lehrerin | *dt.* Meisterin |
| **tū** | „du“ | *fr.* tu; *sp.* tú; *it.* tu |
| **parātus, -a, -um** | bereit | *dt.* parat |
| **lūdus** *m.* | Spiel; Schauspiel; Schule | |
| 5 **egō** | ich | *sp.* yo; *it.* io |
| **adhūc** *(Adv.)* | bis jetzt; noch immer | |
| **numquam** *(Adv.)* | nie(mals) | |
| **itaque** | deshalb, daher | |
| **dēbēre** | müssen; schulden; verdanken | *fr.* devoir |
| īrātus, -a, -um | zornig | |
| attentus, -a, -um | aufmerksam | |
| 10 **littera** *f.* | Buchstabe | |
| **litterae** *(Pluralwort)* | Brief; „Literatur; Wissenschaften | *engl.* letter *Buchstabe, Brief* |
| **docēre** | unterrichten; zeigen | |
| **posse** | können | *engl.* possible *möglich* |
| **toga** *f.* | „Toga“ *(Oberbekleidung des römischen Bürgers)* | |
| **laudāre** | loben | |
| 15 **iuvat** | es macht Spaß, es freut | |
| **cōgitāre** | (nach)denken, beabsichtigen | |
| **nōs** | *Nom.:* wir; *Akk.:* uns | *fr.* nous; *it.* noi |
| **dēlectāre** | Freude bereiten, Spaß machen | |
| **vōs** | *Nom.:* ihr; *Akk.:* euch | *fr.* vous; *it.* voi |
| discipulus *m.* | Schüler | |
| nomināre | (be)nennen | |
| 20 **cūr?** | warum? | |
| **tacēre** | schweigen | |

## TEXT 2

| | | |
|---|---|---|
| **enim** | denn, nämlich | |
| salūtāre | (be)grüßen | |
| turba *f.* | Menschenmenge, Masse | |
| discipula *f.* | Schülerin | |
| **dūrus, -a, -um** | hart; streng | *dt.* Dur *harte Tonart;* *fr.* dur, -e |
| **nōnnumquam** *(Adv.)* | manchmal | |
| **fābula** *f.* | Erzählung, Geschichte, Sage | *dt.* Fabel |
| **licet** | es ist erlaubt; es ist möglich | |
| **iūcundus, -a, -um** | angenehm, erfreulich | |
| ātrium *n.* | „Atrium" *(Hauptraum des römischen Hauses)* | |

# 5 LECTIO QUINTA

## TEXT 1

| | | |
|---|---|---|
| ātrium *n.* | „Atrium" | |
| properāre | eilen, sich beeilen | |
| **praebēre** | hinhalten, (dar)reichen | |
| mōnstrāre | zeigen | |
| **dare** | geben | *dt.* Dativ; *sp.* dar |
| tunica *f.* | „Tunika" *(ärmellose, kurze Unterbekleidung)* | |
| attentus, -a, -um | aufmerksam | |
| vestīmentum *n.* | Kleid(ungsstück) | |
| **ante** *(beim Akk.)* | vor | *engl.* a.m. = ante meridiem *bei Zeitangaben)* |
| **interrogāre** | fragen | *dt.* Interrogativpronomen |
| ōrnāmentum *n.* | Schmuck(stück) | |
| fībula *f.* | Spange, Schnalle | |
| **dubitāre** | zweifeln; unschlüssig sein; zögern | *engl.* (to) doubt; *fr.* douter |

| | | |
|---|---|---|
| **dum** *(beim Ind. Präs.)* | während | |
| **certē** *(Adv.)* | sicherlich | *engl.* certainly |
| **quod** | weil | |
| **pūrus, -a, -um** | rein, sauber | *dt.* pur; *fr.* pur, -e; *sp./it.* puro, -a |
| 10 **grātia** *f.* (↗ grātus) | Dank; Beliebtheit; Gefälligkeit | *sp.* gracias, *it.* grazie *danke* |
| **grātiam habēre** | Dank wissen, dankbar sein | |
| **valdē** *(Adv.)* | sehr | |
| **placēre** | gefallen | *fr.* s´il vous plaît *bitte; wörtlich: wenn es Ihnen gefällt* |

## TEXT 2

| | | |
|---|---|---|
| **sacer, sacra, sacrum** | heilig, geweiht | |
| explicāre | erklären, erörtern | |
| **templum** *n.* | „Tempel“, Heiligtum | |
| 15 **clārus, -a, -um** | „klar“, glänzend, berühmt | *engl.* clear; *fr.* clair, -e; *sp.* claro, -a |
| **velut** | wie (zum Beispiel) | |
| **aut** | oder | |
| **aut … aut** | entweder … oder | |
| **lātus, -a, -um** | breit, weit (ausgedehnt) | |
| **campus** *m.* | Feld | *engl.* camp; *dt.* Campingplatz; *sp./it.* campo |
| 20 **frequentāre** | besuchen | |
| **māgnificus, -a, -um** | großartig, prächtig | *fr.* magnifique; *sp.* magnífico, *-a* |
| turba *f.* | Menschenmenge, Masse | |
| **populus** *m.* | Volk, Menge | *dt.* Pop-Musik; *engl.* people; *fr.* peuple; *sp.* pueblo; *it.* popolo |
| **deus** *m.* | Gott | *fr.* dieu; *sp.* dios |
| **dea** *f.* | Göttin | |

| | | |
|---|---|---|
| immolāre | opfern | |
| **dōnum** *n.* | Geschenk | |
| **parvus, -a, -um** | klein | |
| **grātus, -a, -um** (↗ grātia) | dankbar; willkommen; nett | |
| **postulāre** | fordern, verlangen | |

# 6 LECTIO SEXTA

## TEXT 1

| | | |
|---|---|---|
| lībertus, -ī *m.* | Freigelassener | |
| **pūgnāre** | kämpfen | |
| **necesse est** | es ist nötig/notwendig | |
| **patria, -ae** *f.* | Heimat, Vaterland | *fr.* patrie; *it.* patria |
| **meus, -a, -um** | „mein“ | *engl.* my; *fr.* mon, ma; *sp.* mío, -a; *it.* mio, mia |
| dēsīderāre | sich sehnen nach, begehren, wünschen | |
| **tuus, -a, -um** | dein | *fr.* ton, ta; *sp.* tuyo, -a; *it.* tuo, tua |
| **ibī** *(Adv.)* | dort | |
| procul *(Adv.)* | in der Ferne, fern | |
| amphitheātrum, -ī *n.* | „Amphitheater“ | |
| **locus, -ī** *m.* | Ort, Stelle | *dt.* Lokal *Gaststätte; fr.* lieu |
| **vīta, -ae** *f.* | Leben | *fr.* vie; *sp.* vida; *it.* vita |
| **noster, nostra, nostrum** | unser | *fr.* notre; *sp.* nuestro, -a; *it.* nostro, -a |
| adversārius, -ī *m.* | Gegner, Feind | |
| **audācia, -ae** *f.* | Kühnheit | |
| **vester, vestra, vestrum** | euer | *fr.* votre; *sp.* vuestro, -a; *it.* vostro, -a |

| | | |
|---|---|---|
| **neque/nec** | und nicht, auch nicht | |
| **neque … neque / nec … nec** | weder… noch | |
| bēstia, -ae *f.* | (wildes) Tier | |
| **gladius, -ī** *m.* | Schwert | *dt.* Gladiator |
| **amāre** | lieben | *fr.* aimer; *sp.* amar; *it.* amare |
| **plēnus, -a, -um** *(beim Gen.)* | voll von/mit | *fr.* plein, -e |
| **Rōmam** *(Adv.)* | nach Rom | |
| **īre** | gehen; reisen | *sp.* ir |
| **glōria, -ae** *f.* | Ruhm | *engl.* glory; *sp./it.* gloria |
| **domum** *(Adv.)* | nach Hause | |
| **perīre** | zu Grunde gehen, umkommen | |
| **socius, -ī** *m.* | Gefährte, Begleiter; Verbündeter | |
| **necāre** | töten | |
| **redīre** | zurückgehen, zurückkehren, zurückkommen | |

## TEXT 2

| | | |
|---|---|---|
| **quid?** | was? | |
| **poena, -ae** *f.* | Strafe | |
| **iūstus, -a, -um** | gerecht; gebührend | *fr.* juste; *sp.* justo, -a; *it.* giusto, -a |
| subīre | auf sich nehmen | |
| **supplicium, -ī** *n.* | Hinrichtung, Todesstrafe | |
| **misericordia, -ae** *f.* | Mitleid, Barmherzigkeit | |
| **officium, -ī** *n.* | Pflicht, Aufgabe, Dienst | *engl.* office *Büro, Amt;* *fr.* office *Amt;* *sp.* oficio *Beruf, Amt* |

# 7 LECTIO SEPTIMA

## TEXT 1

| | | |
|---|---|---|
| **hōra, -ae** *f.* | Stunde | *engl.* hour; *fr.* heure; *sp.* hora; *it.* ora |
| amphitheātrum, -i *n.* | „Amphitheater“ | |
| **cūra, -ae** *f.* | Sorge; Sorgfalt | *dt.* Kur *Heilverfahren*; *it.* cura |

## *De rebus Romanis (Lekt. 4–6)*

*Statue des Kriegsgottes Mars in der Villa des Kaisers Hadrian bei Rom*

*Der am besten erhaltene römische Tempel, genannt Maison Carrée („Viereckiges Haus“) in Nîmes, Südfrankreich*

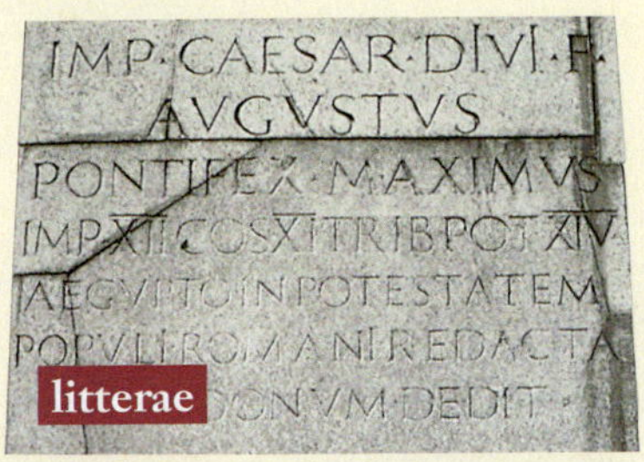


*Lateinische Inschrift des Kaisers Augustus: Die ersten beiden Zeilen lauten: IMP(ERATOR) CAESAR DIVI F(ILIVS) AVGVSTVS.*

*Kinder beim römischen Orca-Spiel im Archäologischen Park Xanten*

*Schulszene. Relief eines römischen Grabmals aus Neumagen*

| | | |
|---|---|---|
| **liber, libera, liberum** | frei | *fr./sp.* libre; *it.* libero, -a |
| captīvus, -i *m.* | Gefangener, Kriegsgefangener | |
| **imperium, -ī** *n.* | Befehl; Herrschaft; Reich | *engl./fr.* empire |
| 5 **delēre** | zerstören, vernichten | |
| dēsīderāre | sich sehnen nach, begehren, wünschen | |
| turba, -ae *f.* | Menschenmenge, Masse | |
| **armāre** | bewaffnen | |
| **terrēre** | erschrecken | *dt.* terrorisieren |
| mūnicipium, -ī *n.* | Landstadt *(mit eigenen Beamten, aber röm. Bürgerrecht)* | |
| **expūgnāre** *(↗ pūgna)* | erobern | |
| **spoliāre** *(beim Abl.)* | berauben, plündern | |
| 10 **proelium, -ī** *n.* | Kampf, Schlacht | |
| **superāre** | besiegen; übertreffen | |
| **arma, -ōrum** *n.* *(Pluralwort)* | Waffen | *dt.* Armee; *engl.* army *Heer* |
| **sē** *(Akk.)* | sich | |
| līberāre | befreien | |
| cibus, -ī *m.* | Speise, Nahrung | |
| hortus, -ī *m.* | Garten | |
| **dīligentia, -ae** *f.* | Sorgfalt; Aufmerksamkeit | |
| 15 **cūrāre** | sorgen für, versorgen; besorgen | *dt.* kurieren *heilen* |
| **miser, misera, miserum** | unglücklich, elend | |
| **aequus, -a, -um** | eben, (gleich)mäßig; gerecht; ruhig | *engl.* equal |
| **animus, -ī** *m.* | Geist; Gemüt; Charakter | |
| **aequō animō** | mit Gleichmut | |
| **tolerāre** | aushalten, ertragen | *dt.* tolerieren |
| 20 **annus, -ī** *m.* | Jahr | *fr.* année; *sp.* año; *it.* anno |
| **proximus, -a, -um** | nächster, nächstgelegen | *sp.* próximo, -a |

| | | |
|---|---|---|
| **mortuus, -a, -um** | tot | *fr.* mort, -e; *sp.* muerto, -a; *it.* morto, -a |
| **spērāre** | hoffen, erhoffen | *sp.* esperar |
| **imprīmīs** *(Adv.)* | besonders | |

## TEXT 2

| | | |
|---|---|---|
| **pūgna, -ae** *f.* | Kampf | |
| **tēlum, -ī** *n.* | Wurfgeschoss; Waffe | |
| **-que** | und | |
| subīre | auf sich nehmen | |
| vexāre | quälen | |
| **cōnsilium, -ī** *n.* | Absicht, Wille, Plan; Vorschlag | |
| **probāre** | untersuchen, prüfen; billigen, gutheißen | *dt.* probieren; *engl.* (to) prove; *fr.* éprouver |

# 8 LECTIO OCTAVA

## TEXT 1

| | | |
|---|---|---|
| **propter** *(beim Akk.)* | wegen | |
| **certāre** | kämpfen, streiten, Wettkämpfe austragen | |
| **oppidum, -ī** *n.* | befestigte Siedlung; (kleine) Stadt | |
| strēnuus, -a, -um | tatkräftig, tüchtig, entschlossen | |
| **postrēmō** *(Adv.)* | schließlich, endlich, zuletzt | |
| callidus, -a, -um | gewandt; erfahren, schlau | |
| **equus, -ī** *m.* | Pferd | |
| **aedificāre** *(↗ aedificium L 2)* | (er)bauen, errichten | |
| occultāre | verbergen, verstecken | |
| **ceterī, -ae, -a** | die Übrigen | *dt.* etc. (= et cetera) |
| ōrā, -ae *f.* | Küste | |
| īnsula, -ae *f.* | Insel; Häuserblock | |

| | | |
|---|---|---|
| **nāvigāre** | segeln | *dt.* Navigationssystem |
| **statim** *(Adv.)* | sofort | |
| ecce! | siehe da! | |
| 10 **tamen** | dennoch, trotzdem | |
| **noctū** *(Adv.)* | nachts | |
| **reliquus, -a, -um** | übrig | |
| **ita** *(Adv.)* | so | |
| **ferē** *(Adv.)* | ungefähr, fast | |

## TEXT 2

| | | |
|---|---|---|
| somnium, -ī *n.* | Traum, Traumbild | |
| 15 **nūntiāre** | verkünden, melden, sagen lassen | *dt.* Annonce *Anzeige; engl.* (to) announce |
| **servāre** | retten, bewahren | |
| prōdigium, -ī *n.* | Vorzeichen | |
| **fātum, -ī** *n.* | Göttersprùch, Schicksal | |
| **parēre** | gehorchen | |
| **paucī, -ae, -a** | wenige, nur wenige | |
| ubīque *(Adv.)* | überall | |
| 20 **īnsidiae, -ārum** *f.* *(Pluralwort)* | Anschlag, Hinterhalt, Attentat | |
| **errāre** | umher „irren“, sich „irren“ | |
| **iterum** *(Adv.)* | wiederum, zum zweiten Mal | |
| **atque/ac** | und | |
| **iterum atque iterum** | immer wieder | |
| **vocāre** | rufen; nennen | |
| umbra, -ae *f.* | Schatten | |
| 25 **fīlius, -ī** *m.* | Sohn | *fr.* fils; *sp.* hijo*; it.* figlio |
| **fīlia, -ae** *f.* | Tochter | *fr.* fille; *sp.* hija; *it.* figlia |
| **dēnique** *(Adv.)* | endlich, schließlich, überhaupt | |

## STAMMFORMEN

v-Perfekt

| | |
|---|---|
| **dēlēre, dēleō, dēlēvī** | zerstören, vernichten |

u-Perfekt

| | |
|---|---|
| **parēre, pareō, paruī** | gehorchen |

Komposita von esse

| | |
|---|---|
| **adesse, adsum, adfuī (affuī)** | da sein; helfen |
| **dēesse, dēsum, dēfuī** | nicht da sein; fehlen |

ire und Komposita

| | |
|---|---|
| **īre, eō, iī** | gehen, reisen |
| **perīre, pereō, periī** | zugrunde gehen, umkommen |
| **redīre, redeō, rediī** | zurückgehen, zurückkehren, zurückkommen |

# 9 LECTIO NONA

## TEXT 1

| | | | |
|---|---|---|---|
| | **ā/ab** *(beim Abl.)* | von | |
| | **prō** *(beim Abl.)* | vor; für, an Stelle von | *dt.* Pro und Kontra |
| | adversārius, -ī *m.* | Gegner, Feind | |
| | **arcēre, arceō, arcuī** | fern halten, abwehren | |
| | **posteā** *(Adv.)* | nachher, später | |
| 5 | **cum** *(beim Abl.)* | mit | |
| | **mēcum** | mit mir | |
| | **tēcum** | mit dir | |
| | **nōbīscum** | mit uns | |
| | **vōbīscum** | mit euch | |
| | **sēcum** | mit sich, bei sich | |
| | perīcula subīre | Gefahren bestehen | |
| | ventus, -ī *m.* | Wind | |
| | nāvigium, -ī *n.* | Schiff | |

| | | |
|---|---|---|
| **īgnāvus, -a, -um** | feige; träge, untätig; kraftlos | |
| **contrā** *(beim Akk.)* | gegen | *dt.* Pro und Kontra |
| strēnuus, -a, -um | tatkräftig, tüchtig | |
| **ē/ex** *(beim Abl.)* | aus | |
| exīre, exeō, exiī | herausgehen, ausgehen, enden | |

---

| | | |
|---|---|---|
| **postquam** *(beim Perf.)* | nachdem | |
| **prīmō** *(Adv.)* | zuerst | |
| **studēre, studeō, studuī** | sich bemühen | *dt.* studieren; *engl.* (to) study |
| **frūstrā** *(Adv.)* | grundlos; vergeblich, umsonst | |
| **vārius, -a, -um** | verschieden | *engl.* various |
| prōdigium, -ī *n.* | Vorzeichen | |
| **malus, -a, -um** | schlecht; schädlich | *sp.* malo, -a |
| **sine** *(beim Abl.)* | ohne | *fr.* sans; *sp.* sin; *it.* senza |
| nāvigāre | segeln | |
| **dē** *(beim Abl.)* | über, von | |
| **abīre, abeō, abiī** *(↗ īre L 6)* | weggehen | *dt.* Abitur |
| regīna, -ae *f.* | Königin | |
| **manēre, maneō** | bleiben | |
| ōrā, -ae *f.* | Küste | |
| **in** *(beim Abl.)* | „in", auf, bei *(gibt einen Ort an)* | |
| **aliēnus, -a, -um** | fremd; unpassend, widersprechend | |
| ecce! | siehe da | |
| mōnstrāre | zeigen | |
| **posterus, -a, -um** | nachfolgend; als Nachfolger | |

## TEXT 2

| | |
|---|---|
| mūrus, -ī *m.* | Mauer |

| | | |
|---|---|---|
| **trānsīre, trānseō, trānsiī** *(↗ īre L 6)* | hinübergehen, überschreiten; überspringen | *dt.* Transit *Durchgang, Durchfahrt* |
| īrātus, -a, -um | zornig | |
| **violāre** | verletzen, verwüsten | *engl.* (to) violate |
| **caelum, -ī** *n.* | Himmel; Wetter, Klima | *fr.* ciel; *sp.* cielo |
| **secundus, -a, -um** | günstig | |

## CLARO I

| | |
|---|---|
| tunica, -ae *f.* | „Tunika" *(ärmellose, kurze Unterbekleidung)* |
| procul *(Adv.)* | in der Ferne, fern |
| casa, -ae *f.* | Hütte |
| sēdulus, -a, -um | fleißig |
| cibus, -ī *m.* | Speise |
| somnium, -ī *n.* | Traum |
| angelus, -ī *m.* | „Engel" |
| mōnstrāre | zeigen |

## *De rebus Romanis (Lekt. 7–9)*

*Das römische Amphitheater in Nîmes/Südfrankreich:*

*Blick auf die Zuschauerränge und den ovalen Innenraum, der in der Antike Kampfplatz war. Dort sind Anlagen für ein modernes Konzert aufgebaut.*

*Gänge unter den Zuschauerrängen*

*Sonnenuhr an der Wand der Kirche von Müstair im Engadin/Schweiz*

*ein Amtsgebäude in Nîmes, Südfrankreich*

# 10 LECTIO DECIMA

## TEXT 1

| | | |
|---|---|---|
| asinus, -ī *m.* | Esel | |
| **possidere, possideō, possēdī** | besitzen | *dt.* Possessivpronomen |
| **saepe** *(Adv.)* | oft | |
| **vīlla, -ae** *f.* | Landhaus, Landgut | |
| **verbum, -ī** *n.* | Wort | *dt.* Verb; *engl.* verb |
| 5 **cottīdiē** *(Adv.)* | täglich | |
| **maestus, -a, -um** | traurig | |
| **putāre** | glauben, meinen; halten für | |
| **irrīdēre, irrīdeō, irrīsī** *(↗ rīdēre L 1)* | verspotten, auslachen | |
| **dolēre, doleō, doluī** | Schmerz empfinden | |
| 10 **existīmāre** | glauben, meinen; schätzen | |
| **īgnōrāre** | nicht wissen, nicht kennen | *dt.* ignorieren |
| **nōn īgnōrāre** | genau wissen | |
| **fidus, -a, -um** | treu | |
| **ut** *(beim Ind.)* | wie | |
| **invidia, -ae** *f.* | Neid | |
| 15 **aliquandō** *(Adv.)* | einst, irgendeinmal | |
| **eō** *(Adv.)* | dorthin | |
| **super** *(beim Akk.)* | über | *dt./engl.* super *fantastisch, toll* |
| levare | erheben; erleichtern | |
| **lingua, -ae** *f.* lengua; | Zunge; Sprache | *engl.* language; *fr.* langue; *sp.* lengua; *it.* lingua |
| īrātus, -a, -um | zornig | |
| īra, -ae *f.* | Zorn | |
| convocāre | zusammenrufen | |
| stultus, -a, -um | dumm | |

## *STAMMFORMEN*

### Dehnungsperfekt

| | | |
|---|---|---|
| **ārdēre, ārdeō, ārsī** | brennen | |
| **manēre, maneō, mānsī** | bleiben | |

# 11 LECTIO UNDECIMA

## *TEXT 1*

| | | |
|---|---|---|
| **ōlim** *(Adv.)* | einst, dereinst | |
| rīpa, -ae *f.* | Ufer | |
| vestīmenta, -ōrum *n.* *(Pluralwort)* | Kleidung | |
| **remanēre** *(↗ manēre L 9)* | zurückbleiben | *engl.* (to) remain |
| **alter, altera, alterum** | der eine, der andere (von beiden) | |
| **nōtus, -a, -um** | bekannt | |
| **cōpia, -ae** *f.* | Menge, Masse | |
| **cōpiae, -ārum** *f.* | Truppen | |
| **quidem** *(Adv.)* | wenigstens, freilich, zwar, gewiss | |
| paulātim *(Adv.)* | allmählich | |
| **appāret, appāruit** | es ist offenkundig | |
| **nūntius, -ī** *m.* | Bote; Botschaft, Meldung, Nachricht | |
| **inquit** | sagt(e) (er/sie/es) | |
| beātus, -a, -um | glücklich, reich | |
| **fāma, -ae** *f.* | Gerücht, Gerede; Sage | *dt.* famos *großartig, sagenhaft;* *engl.* famous *berühmt* |
| **fāma est** | es geht die Sage, es geht das Gerücht | |

## TEXT 2

| | | |
|---|---|---|
| capra, -ae *f.* | Ziege | |
| silva, -ae *f.* | Wald | |
| casa, -ae *f.* | Hütte, Häuschen | |
| exīre, exeō, exiī | herausgehen, ausgehen, enden | |
| cibus, -ī *m.* | Speise, Nahrung | |
| **opus est** | es ist notwendig | |
| diabolus, -ī *m.* | Teufel | |
| **inimīcus, -ī** *m.* | Feind | |
| **simulāre** | vorgeben; so tun, als ob | |
| intereā *(Adv.)* | inzwischen | |
| **dictum, -ī** *n.* | Wort, Äußerung | |
| 15 **memoria, -ae** *f.* | Gedächtnis; Erinnerung | *engl.* memory |
| **tenēre, teneō, tenuī** | (fest)halten | *fr.* tenir; *sp.* tener; *it.* tenere |
| **memoriā tenēre** | sich daran erinnern, dass;<br>sich dessen bewusst sein, dass | |
| callidus, -a, -um | gewandt; erfahren, schlau | |
| **clam** *(Adv.)* | heimlich | |
| **fenestra, -ae** *f.* | „Fenster" | *fr.* fenêtre |
| **respondēre,**<br>**respondeō, respondī** | antworten | |
| procul *(Adv.)* | in der Ferne, fern | |
| 20 **summus, -a, -um** | oberster, höchster | |
| īrātus, -a, -um | zornig | |

# 12 LECTIO DUODECIMA

## TEXT 1

| | | |
|---|---|---|
| **timor, -ōris** *m.*<br>*(↗ timēre L 2)* | Furcht, Angst | |
| **bellum, -ī** *n.* | Krieg | |
| **occupāre** | einnehmen, besetzen | |

| | | |
|---|---|---|
| **salūs, -ūtis** *f.* | Wohl, Rettung; Gruß | *fr.* salut |
| **cōnsul, cōnsulis** *m.* | „Konsul“ | |
| **plērīque, plēraeque, plēraque** | die meisten | |
| **senātor, -ōris** *m.* | „Senator“ | |
| dēspērāre dē salūte | die Hoffnung verlieren; verzweifeln | |
| **dictātor, -ōris** *m.* | „Diktator“ | |
| **creāre** | erschaffen, hervorbringen; wählen | |
| **dux, ducis** *m. und f.* | Führer(in); Feldherr | *engl.* duke *Herzog* |
| **honor, -ōris** *m.* | Ehre; Auszeichnung | |

---

| | | |
|---|---|---|
| **ager, agrī** *m.* | „Acker“, Gebiet, Feld | |
| **salvē!/salvētē!** | hallo! guten Tag! herzlich willkommen! | |
| **victor, -ōris** *m.* | Sieger | |
| **adiuvāre, adiuvō, adiūvī** *(beim Akk.)* | jmdn. unterstützen, jmdm. helfen | |
| **at** | aber, dagegen | |
| **imperātor, -ōris** *m.* | Feldherr; Kaiser | |
| **idōneus, -a, -um** | geeignet | |
| **persuādēre, persuādeō, persuāsī** | überreden, überzeugen | |
| **profectō** *(Adv.)* | in der Tat, sicherlich | |

## TEXT 2

| | | |
|---|---|---|
| **arx, arcis** *f.* | Burg | |
| **mulier, mulieris** *f.* | Frau | *sp.* mujer; *it.* moglie |
| **quandō?** | wann? | *fr.* quand?; *sp.* ¿cuándo? |
| **oppūgnāre** | bestürmen, angreifen | |
| **cōnstat, cōnstitit** | es steht fest, es ist bekannt | |
| **clamor, -ōris** *m.* | Geschrei, Lärm | |
| **somnus, -ī** *m.* | Schlaf | |
| **excitāre** | erregen, aufschrecken, alarmieren | *engl.* exciting *aufregend* |
| **sīc** *(Adv.)* | so | |

## TEXT 1

| | | |
|---|---|---|
| **is, ea, id** | dieser, diese, dieses | |
| **post** *(b. Akk.)* | hinter, nach | *engl.* pm (= post meridiem) |
| **victōria, -ae** *f.* *(↗ victor L 12)* | Sieg | |
| perpetuus, -a, -um | ununterbrochen, fortdauernd | |
| **homō, hominis** *m.* | Mensch; Mann | *fr.* homme; *sp.* hombre; *it.* uomo |
| **lībertās, -ātis** *f.* *(↗ līber L 7)* | Freiheit | *engl.* liberty; *fr.* liberté; *sp.* libertad |
| **cīvitās, -ātis** *f.* | Bürgergemeinschaft; Stadt; Staat; Bürgerrecht | *engl.* city *Stadt, Großstadt;* *sp.* ciudad Stadt |
| **perniciōsus, -a, -um** | verderblich, schädlich | |
| **modus, -ī** *m.* | Art, Weise; Maß | *dt.* Mode |
| **rēx, rēgis** *m.* | König, Herrscher | *fr.* roi |
| **administrāre** | leiten, verwalten | |
| **mīles, mīlitis** *m.* | Soldat | *dt.* Militär |
| **beneficium, -ī** *n.* | Wohltat | |
| erga *(beim Akk.)* | gegen, gegenüber *(im freundlichen Sinn)* | |
| nimius, -a, -um | zu groß, zu gewaltig, übermäßig | |
| **auctōritās, -ātis** *f.* | Ansehen; Einfluss; „Autorität“ | |
| cōnsīderāre | betrachten, bedenken, überlegen | |
| superbus, -a, -um | hochmütig, stolz | |
| **praetereā** *(Adv.)* | außerdem | |
| **legiō, -ōnis** *f.* | „Legion“ | |
| **suus, -a, -um** | sein, ihr | |
| **cupidus, -a, -um** *(beim Gen.)* | gierig, begierig nach | |

| | | |
|---|---|---|
| **vitium, -ī** *n.* | Fehler; Mangel | |
| **mōs, mōris** *m.* | Sitte, Brauch | |
| 20 **maiōrēs, -um** *m.* *(Pluralwort)* | Vorfahren | |
| **sustinēre, sustineō, sustinuī** *(↗ tenēre L 11)* | aushalten, (er)tragen | |
| līberāre | befreien | |
| **prīnceps, prīncipis** *m.* | führender Mann, „Prinz“, Häuptling; Kaiser | *engl.* prince |
| **coniūrātiō, -ōnis** *f.* | Verschwörung | |

## TEXT 2

| | | |
|---|---|---|
| **factum, -ī** *n.* | Tat; Handlung | *dt.* Fakt |
| 25 **māgnitūdō, -inis** *f.* | Größe | |
| celebrāre | besuchen; feiern, preisen | |
| **pāx, pācis** *f.* | Friede | *engl.* peace; *fr.* paix; *sp.* paz; *it.* pace |
| **odium, -ī** *n.* | Hass | |

# 14 LECTIO QUARTA DECIMA

## TEXT 1

| | | |
|---|---|---|
| īnsula, -ae *f.* | Insel | |
| **-ne?** | *(Fragepartikel; an ein Wort angehängt, wird nicht übersetzt)* | |
| **cuius?/cui?/quem?** | wessen? wem? wen? | |
| **caput, capitis** *n.* | Kopf, „Haupt“; Hauptstadt | *engl.* capital *Hauptstadt* |
| **nōnne?** | nicht? *(legt eine zustimmende Antwort nahe)* | |
| bēstia, -ae *f.* | (wildes) Tier | |
| 5 **num?** | etwa wirklich? *(legt eine ablehnende Antwort nahe)* | |
| **tempus, -oris** *n.* | Zeit | *dt.* Tempus; *fr.* temps; *sp.* tiempo |
| **corpus, -oris** *n.* | Körper | *fr.* corps |

| | | |
|---|---|---|
| **fōrma, -ae** *f.* | „Form“, Gestalt, Erscheinung; Schönheit | *engl.* form *Form*; *Klasse* |
| **scientia, -ae** *f.* | Wissen, Kenntnis | *engl./fr.* science |
| **imperāre** (*↗ imperātor L 2)* | befehlen | |
| labyrinthus, -ī *m.* | Labyrinth | |
| mīrus, -a, -um | seltsam, verwunderlich | |
| ōrnāre | schmücken | |
| **exīre, exeō, exiī** (*↗ īre L 6, ex L 9)* | herausgehen | *engl.* exit *Ausgang* |

## TEXT 2

| | | |
|---|---|---|
| avis, -is *f.* | Vogel | |
| **sibi** *(Dat.)* | sich | |
| **opus, operis** *n.* | Werk | |
| **movēre, moveō, mōvī** | bewegen | *engl.* (to) move; *fr.* mouvoir; *sp.* mover; *it.* muovere |
| **iter, itineris** *n.* | Weg, Reise | |
| **pater, patris** *m.* | „Vater“ | *engl.* father; *fr.* père; *sp./it.* padre |
| procul *(Adv.)* | fern, in der Ferne | |

# 15 LECTIO QUINTA DECIMA

## TEXT 1

| | | |
|---|---|---|
| **cīvis, -is** *m.* (*↗ cīvitās L 13)* | Bürger | *dt.* zivil |
| **leō, leōnis** *m.* | Löwe | |
| **haud** | nicht | |
| procul *(Adv.)* | weit, fern, in der Ferne | |
| **quī, quae, quod** | der, die, das | |
| **vīs,** *Akk.:* **vim,** *Abl.:* **vī** *f.* | Kraft, Gewalt, Stärke | |
| **saxum, -ī** *n.* | Stein, Fels | |

| | | |
|---|---|---|
| **mōns, montis** *m.* | Berg, Gebirge | *engl.* mountain; *fr.* mont; *sp./it.* monte |
| bēstia, -ae *f.* | (wildes) Tier | |
| silva, -ae *f.* | Wald | |
| situs, -a, -um | gelegen | |
| **latus, -eris** *n.* | Seite | |
| cautus, -a, -um | vorsichtig | |
| **sīgnum, -ī** *n.* | Zeichen | *dt.* Signal; *engl.* sign |
| 10 **virtūs, -ūtis** *f.* *(↗ vir L 2)* | Tatkraft, Mut; Wert; Tugend | |

## TEXT 2

| | | |
|---|---|---|
| **obviam** *(Adv.)* *(↗ via L 3)* | entgegen | |
| hortus, -ī *m.* | Garten | |
| **terra, -ae** *f.* | Land, Erde | *fr.* terre; *sp.* tierra; *it.* terra |
| **mare, maris** *n.* | Meer | *fr./sp.* mer; *it.* mare |
| **nāvis, -is** *f.* | Schiff | |
| dēfessus, -a, -um | müde, erschöpft | |
| dēsīderāre | wünschen, begehren | |
| mōnstrāre | zeigen | |
| 15 **anteā** *(Adv.)* *(↗ ante L 5, is L 13)* | vorher, früher | |
| intereā *(Adv.)* | inzwischen | |
| **ūsque ad** *(beim Akk.)* | bis zu | |
| **ūsque adhūc** | immer noch, bis jetzt noch | |

# 16 LECTIO SEXTA DECIMA

## TEXT 1

| | | |
|---|---|---|
| **senex, senis** *m.* | alter Mann, Greis | *dt.* Senior |
| nūper *(Adv.)* | neulich, unlängst | |
| īnsula, -ae *f.* | „Insel“; Wohnblock | |

| | | |
|---|---|---|
| situs, -a, -um | gelegen | |
| sollicitus, -a, -um | unruhig, besorgt, ängstlich | |
| **hospes, hospitis** *m.* | Gast; Fremder | |
| splendidus, -a, -um | stattlich; bedeutend; glänzend | |
| **nōmen, nōminis** *n.* | Name | *dt.* Nomen; *engl.* noun;<br>*fr.* nom; *sp.* nombre;<br>*it.* nome |
| subīre, subeō, subiī | auf sich nehmen | |
| īra, -ae *f.* | Zorn | |

## TEXT 2

| | | |
|---|---|---|
| spelunca, -ae *f.* | Höhle, Grotte | |
| caseus, -ī *m.* | „Käse“ | |
| gustāre | kosten, probieren | |
| **famēs, famis** *f.* | Hunger | *fr.* faim; *sp.* hambre; *it.* fame |
| **medius, -a, -um** | der Mittlere,<br>in der Mitte gelegen; mitten | |
| **frōns, frontis** *f.* | Stirn; Vorderseite | *engl.* in front of *vor* |
| **oculus, -ī** *m.* | Auge | *engl.* eye; *fr.* œil |
| sānus, -a, -um | gesund, wohlbehalten | |
| **minimē** *(Adv.)* | keineswegs; überhaupt nicht | |
| collocāre | (auf)stellen, errichten,<br>ansiedeln | |
| captīvus, -ī *m.* | Gefangener | |
| **bene** *(Adv.)*<br>*(↗ bonus L 2)* | gut | *fr.* bien; *it.* bene |
| **adhibēre, adhibeō,<br>adhibuī** | hinzuziehen, anwenden | |
| **nēmō,**<br>*Akk.:* **nēminem** | niemand | |
| somnus, -ī *m.* | Schlaf | |
| **longus, -a, -um** | „lang“, weit | *engl.* long; *fr.* long, longue;<br>*it.* lungo, -a |

| | | |
|---|---|---|
| acūtus, -a, -um | scharf, spitz | |
| **vōx, vōcis** *f.* (*↗ vocāre L 8*) | Stimme; Laut; Äußerung | *dt.* Vokal Selbstlaut; *engl.* voice; *fr.* voix; *sp.* voz; *it.* voce |
| īnsānus, -a, -um | wahnsinnig, verrückt | |

# 17 LECTIO SEPTIMA DECIMA

## TEXT 1

| | | |
|---|---|---|
| **litus, -oris** *n.* | Küste, Strand | *it.* lido *Strand* |
| iacēre, iaceō, iacuī | liegen | |
| **animal, animalis** *n.* | Lebewesen, Tier | *engl./fr./sp.* animal; *it.* animale |
| **vērō** (*Adv.*) | in der Tat; aber | |
| **flōs, flōris** *m.* | Blume, Blüte | |
| 5 **sōlus, -a, -um** | allein; einsam, verlassen | *fr.* seul, -e; *sp./it.* solo, -a |
| **adīre, adeō, adiī** (*↗ ad L 3, īre L 6*) | herangehen, hingehen | |
| **cēdere, cēdō, cessī** | gehen, weichen | |
| **accēdere, accēdō, accessī** | herantreten | *engl.* access; *fr.* accès *Zugang* |
| **ferus, -a, -um** | wild | |
| 10 **premere, premō, pressī** | drücken, bedrängen | *dt.* pressen; *engl.* (to) press |
| **dīcere, dīcō, dīxī** | sagen, sprechen | *dt.* Diktat; *fr./it.* dire |
| **tergum, -ī** *n.* | Rücken | |
| **cōnsīdere, cōnsīdō, cōnsēdī** (*↗ sedēre L 1*) | sich setzen, sich niederlassen | |
| **pēs, pedis** *m.* | Fuß | *fr.* pied; *sp.* pie; *it.* piede |
| 15 **petere, petō, petīvi** | zu erreichen suchen, erstreben; angreifen | *dt.* Appetit |
| **relinquere, relinquō, relīquī** | verlassen, zurücklassen | |

| | | |
|---|---|---|
| unda, -ae *f.* | Welle | |
| **tangere, tangō, tetigī** | berühren | *dt.* Tangente |
| **cernere, cernō, crēvī** | sehen, wahrnehmen | |
| **quaerere, quaerō, quaesīvī** | suchen, fragen | *engl.* question *Frage*; *it.* chiedere |
| **umquam** *(Adv.)* | jemals | |
| mīrus, -a, -um | sonderbar, wunderbar | |
| **quō?** *(Adv.)* | wohin? | |
| **dūcere, dūcō, dūxī** *(↗ dūx L 12)* | ziehen, führen; glauben | |

## TEXT 2

| | | |
|---|---|---|
| īnsula, -ae *f.* | „Insel“; Wohnblock | |
| sollicitus, -a, -um | unruhig, besorgt, ängstlich | |
| **dēscendere, dēscendō, dēscendī** | hinabsteigen | *fr.* descendre |
| **mūtāre** | ändern, wechseln; austauschen, entfernen | |
| cōnfirmāre | stärken, ermutigen; bestätigen | |
| **potestās, -ātis** *f.* *(↗ posse L 4)* | (Amts-)Gewalt, Macht; Möglichkeit | |
| **cognōscere, cognōscō, cognōvī** | erkennen, kennen lernen; untersuchen | |
| **dēdūcere, dēdūcō, dēdūxī** *(↗ dē L 9)* | herabführen, wegführen | |
| excellere, excellō | hervorragen, sich auszeichnen | |
| **amor, -ōris** *m.* *(↗ amāre L 6)* | Liebe | *fr.* amour; *sp.* amor; *it.* amore |
| **modo** *(Adv.)* | eben erst; nur | |
| **modo … modo** | bald … bald | |
| **convertere, convertō, convertī** | umdrehen, wenden; sich umdrehen | |

# 18 LECTIO DUODEVICESIMA

## TEXT 1

| | | |
|---|---|---|
| **ille, illa, illud** | jener, jene, jenes | *fr.* le, la *der, die* |
| coniu(n)x, coniugis *f.* | Ehefrau, Gattin | |
| **hic, haec, hoc** | dieser, diese, dieses | |
| beatus, -a, -um | glücklich | |
| **ūnā cum** *(beim Abl.)* | zusammen mit, gemeinsam mit | |
| **virgō, virginis** *f.* | Mädchen, junge Frau | |
| **colere, colō, coluī** | pflegen, bebauen, ehren | |
| **igitur** *(Adv.)* | also | |
| salūtāre | grüßen | |
| **āvertere, āvertō, āvertī** | abwenden | |
| **fuga, -ae** *f.* | Flucht | |
| **fugā salūtem petere** | seine Rettung in der Flucht suchen | |
| **quamquam** | obgleich, obwohl | |
| **prohibēre, prohibeō, prohibuī** | abhalten, (ver)hindern | |
| **custōs, custōdis** *m.* | Wächter | |
| **quōmodo?** *(Adv.)* | wie? | *fr.* comme; *it.* come |
| **auxilium, -ī** *n.* | Hilfe | |
| **auxilia, -ōrum** *n.* | Hilfstruppen | |
| **hūmānus, -a, -um** *(↗ homō L 13)* | menschlich | *dt.* human |
| **cum** *(beim Ind.)* | jedes Mal, wenn; dann, wenn | |
| **ōs, ōris** *n.* | Mund, Gesicht | |
| **cōnsulere, cōnsulō, cōnsuluī** | um Rat fragen | |
| soror, -ōris *f.* | Schwester | |
| cibus, -ī *m.* | Speise | |
| **iubēre, iubeō, iussī** | befehlen | |

| | | |
|---|---|---|
| **orbis, -is** *m.* | Kreis | |
| **orbis terrārum** | Erdkreis | |
| 20 **flūmen, flūminis** *n.* | Fluss | *it.* fiume |
| **fīnis, -is** *m.* | Ende, Grenze | *fr./sp.* fin; *it.* fine |
| **fīnēs, -ium** *m.* | Gebiet | |
| **malum, -ī** *n.* (↗ *malus L 9)* | Übel, Leid | *fr.* mal |
| lacrima, -ae *f.* | Träne | |
| dēsīderāre | wünschen, sich sehnen nach | |
| **commovēre, commoveō, commōvī** | bewegen, erregen | |
| **reddere, reddō, reddidī** *(↗ dare L 5)* | zurückgeben, etwas zu etwas machen | |

## TEXT 2

| | | |
|---|---|---|
| 25 **iuvenis, -is** *m.* | junger Mann | *dt.* Juventus Turin |
| **dēpellere, dēpellō, dēpulī** | wegstoßen, vertreiben | |
| paulātim *(Adv.)* | allmählich | |
| **sonus, -ī** *m.* | Ton, Klang, Stimme | *engl.* sound |

### CLARO 2

| | |
|---|---|
| flamma, -ae *f.* | „Flamme“, Feuer |
| Vestālis, -is *f.* | Vestalin, Vestapriesterin |
| situs, -a, -um | gelegen |
| soror, -ōris *f.* | Schwester |
| nūper *(Adv.)* | neulich, unlängst |
| pontifex maximus *m.* | Oberpriester |

## De rebus Romanis (Lekt. 10–18)

Darstellung eines Löwen an einer Prachtstraße von Babylon in Mesopotamien (heute Irak). Unter Kaiser Trajan gehörte auch diese Stadt 115–117 n. Chr. zum römischen Reich. (Pergamonmuseum Berlin)

Römischer Legionär, bewaffnet mit Lanze, Schwert und Schild. Römisches Relief (2. Jh. n. Chr.; Antikensammlung Berlin)

„Mund“ eines Wasserspeiers an einem Brunnen in der ausgegrabenen antiken Stadt Pompeji (Süditalien).

Der Fuß einer riesigen römischen Statue des Kaisers Konstantin.

Porträtstatue des Kaisers Trajan (Glyptothek München)

# 19 LECTIO UNDEVICESIMA

## TEXT 1

| | | | |
|---|---|---|---|
| | **fugere, fugiō, fūgī** | fliehen, flüchten | |
| | **hostis, -is** *m.* | Feind, Landesfeind | |
| | **iniūria, -ae** *f.* | Unrecht, Ungerechtigkeit; Kränkung | |
| | **facere, faciō, fēcī, factum** | tun, machen | *fr.* faire; *it.* fare |
| 5 | **opprimere, opprimō, oppressī, oppressum** | bedrücken, unterdrücken; plötzlich überfallen | |
| | **vincere, vincō, vīcī, victum** | (be)siegen | |
| | **vīvere, vīvō, vīxī** (↗ *vīta L 6*) | leben | *fr.* vivre; *sp.* vivir; *it.* vivere |
| | **capere, capiō, cēpī, captum** | fassen, ergreifen, fangen | *dt.* kapieren |
| | **ēripere, ēripiō, ēripuī, ēreptum** | rauben, entreißen | |
| 10 | **vectīgal, -ālis** *n.* | Steuer, Abgabe | |
| | **impōnere, impōnō, imposuī, impositum** | auf etwas setzen, auferlegen | |
| | **accipere, accipiō, accēpī, acceptum** | annehmen, empfangen; aufnehmen | *engl.* (to) accept |
| | **agere, agō, ēgī, āctum** | treiben; tun; führen; (ver)handeln | |
| | **appārēre, appāreō, appāruī** (↗ *appāret L 11*) | erscheinen, sich zeigen | *engl.* (to) appear |
| 15 | **extrā** *(beim Akk.)* | außerhalb | *dt.* extra |
| | **moenia, -ium** *n.* *(Pluralwort)* | Mauern, Stadtmauern | |

| | | |
|---|---|---|
| **admonēre, admoneō, admonuī, admonitum** *(↗ ad L 3, monēre L 3)* | ermahnen, erinnern | |
| **amīcitia, -ae** *f.* *(↗ amīcus, amīca L 1)* | Freundschaft | *fr.* amitié; *sp.* amistad; *it.* amicizia |

## TEXT 2

| | | |
|---|---|---|
| **trādere, trādō, trādidī, trāditum** | übergeben, überliefern | *dt.* Tradition |
| 20 **metuere, metuō, metuī** | sich fürchten; fürchten | |
| venēnum, -ī, *n.* | Gift | |
| **crēdere, crēdō, crēdidī, crēditum** | glauben | |
| **falsus, -a, -um** | „falsch“, unwahr | *engl.* false; *fr.* faux, fausse; *sp./it.* falso, -a |
| **praeesse, praesum, praefuī** | kommandieren, leiten | |
| **cōnstituere, cōnstituō, cōnstituī, cōnstitūtum** | festsetzen, beschließen | |

## STAMMFORMEN

### a-Konjugation

#### Dehnungsperfekt

| | |
|---|---|
| **adiuvāre, adiuvō, adiūvī, adiūtum** | jmdn. unterstützen, jmdm. helfen |

#### Reduplikationsperfekt

| | |
|---|---|
| **dare, dō, dedī, datum** | geben |
| **stāre, stō, stetī, statum** | stehen |

### e-Konjugation

#### Dehnungsperfekt

| | |
|---|---|
| **commovēre, commoveō, commōvī, commōtum** | bewegen, erregen |
| **movēre, moveō, mōvī, mōtum** | bewegen |
| **possidēre, possideō, possēdī, possessum** | besitzen |
| **vidēre, videō, vīdī, vīsum** | sehen |

Reduplikationsperfekt

| | |
|---|---|
| **respondēre, respondeō, respondī, respōnsum** | antworten |

s-Perfekt

| | |
|---|---|
| **irrīdēre, irrīdeō, irrīsī, irrīsum** | verspotten, auslachen |
| **iubēre, iubeō, iussī, iussum** | befehlen |
| **persuādēre, persuādeō, persuāsī, persuāsum** | überreden, überzeugen |
| **rīdēre, rīdeō, rīsī, rīsum** | lachen |

u-Perfekt

| | |
|---|---|
| **adhibēre, adhibeō, adhibuī, adhibitum** | hinzuziehen, anwenden |
| **dēbēre, dēbeō, dēbuī, dēbitum** | müssen; schulden; verdanken |
| **docēre, doceō, docuī, doctum** | unterrichten; zeigen |
| **monēre, moneō, monuī, monitum** | (er)mahnen |
| **praebēre, praebeō, praebuī, praebitum** | hinhalten, (dar)reichen |
| **prohibēre, prohibeō, prohibuī, prohibitum** | abhalten, (ver)hindern |

**sustinēre, sustineō, sustinuī, sustentum** aushalten, (er)tragen

**terrēre, terreō, terruī, territum** erschrecken

v-Perfekt

**dēlēre, dēleō, dēlēvī, dēlētum** zerstören, vernichten

## Konsonantische Konjugation

### Dehnungsperfekt

**cōnsīdere, cōnsīdō, cōnsēdī, cōnsessum** sich setzen, sich niederlassen

**relinquere, relinquō, relīquī, relictum** verlassen, zurücklassen

### Reduplikationsperfekt

**dēpellere, dēpellō, dēpulī, dēpulsum** wegstoßen, vertreiben

**reddere, reddō, reddidī, redditum** zurückgeben

**tangere, tangō, tetigī, tāctum** berühren

### s-Perfekt

**accēdere, accēdō, accessī, accessum** herantreten

**cēdere, cēdō, cessī, cessum** gehen, weichen

**dīcere, dīcō, dīxī, dictum** sagen, sprechen

**dēdūcere, dēdūcō, dēdūxī, dēductum** herabführen, wegführen

**dūcere, dūcō, dūxī, ductum** ziehen, führen; glauben

**premere, premō, pressī, pressum** drücken, bedrängen

### u-Perfekt

**colere, colō, coluī, cultum** pflegen, bebauen, ehren

| | | |
|---|---|---|
| **cōnsulere, cōnsulō, cōnsuluī, cōnsultum** | um Rat fragen | |

v-Perfekt

| | | |
|---|---|---|
| **cernere, cernō, crēvī, crētum** | sehen, wahrnehmen | |
| **cognōscere, cognōscō, cognōvī, cognitum** | erkennen, kennen lernen; untersuchen | |
| **petere, petō, petīvī, petītum** | zu erreichen suchen, erstreben; angreifen | |
| **quaerere, quaerō, quaesivī, quaesītum** | suchen, fragen | |

Perfekt ohne erkennbare Stammveränderung

| | | |
|---|---|---|
| **āvertere, āvertō, āvertī, āversum** | abwenden | |
| **convertere, convertō, convertī, conversum** | umdrehen, wenden; sich umdrehen | |
| **dēscendere, dēscendō, dēscendī, dēscēnsum** | hinabsteigen | |

# 20 LECTIO VICESIMA

## TEXT 1

| | | |
|---|---|---|
| sollicitus, -a, -um | unruhig, besorgt, ängstlich | |
| **valēre, valeō, valuī** | stark/ kräftig/ gesund sein; gelten; Einfluss haben | |
| **valē! valēte!** | sei/ seid gesund! Auf Wiedersehen! | |
| **(utrum) … an** | (ob) … oder? | |
| **morbus, -ī** *m.* | Krankheit | |
| **mors, mortis** *f.* | Tod | *dt.* Mord; *fr.* mort; *sp.* muerte; *it.* morte |
| 5 **terrā marīque** | zu Lande und zu Wasser | |

| | | |
|---|---|---|
| **mittere, mittō, mīsī, missum** | schicken, senden; entlassen; werfen | |
| stipendia facere | Kriegsdienst leisten | |
| **inopia, -ae** *f.* | Mangel, Not | |
| **gerere, gerō, gessī, gestum** | tragen, ausführen | |
| **līmes, limitis** *m.* | Grenze, Grenzwall, Grenzbefestigung | *dt.* Limes |
| 10 **vix** *(Adv.)* | kaum, mit Mühe | |
| **nē … quidem** | nicht einmal | |
| **castra, -ōrum** *n.* *(Pluralwort)* | Lager | *engl.* castle |
| **tūtus, -a, -um** | sicher, geschützt | |
| citō *(Adv.)* | schnell | |
| quaesō | bitte | |

## TEXT 2

| | | |
|---|---|---|
| **recipere, recipiō, recēpī, receptum** | zurücknehmen, zurückhalten; zurückziehen; aufnehmen | *engl.* (to) receive *erhalten, empfangen* |
| 15 **sententia, -ae** *f.* | Meinung; Ausspruch; Satz | *engl.* sentence |
| **prōvincia, -ae** *f.* | Amtsbereich, „Provinz“ | |
| situs, -a, -um | gelegen | |
| **tegere, tegō, tēxī, tēctum** | „bedecken“, schützen | |
| **asper, aspera, asperum** | hart, rau | |
| **abesse, absum, āfuī** *(↗ ā /ab L 9, esse L 1)* | fehlen, fern sein | *engl.* absent *abwesend* |
| mercātor, -ōris *m.* | Händler, Kaufmann | |
| 20 **ratiō, -ōnis** *f.* | Vernunft; Verstand; Art und Weise, Rechnung, Berechnung | |
| **repetere, repetō, repetīvī, repetītum** *(↗ petere L 17)* | wieder aufsuchen; wiederholen | *engl.* (to) repeat; *fr.* répéter |

| | | |
|---|---|---|
| **pendere, pendō, pependī, pēnsum** | abwägen; zahlen | |
| **lēx, lēgis** *f.* | Gesetz; Bedingung | *dt.* legal *den Gesetzen entsprechend; fr.* loi; *sp.* ley; *it.* legge |
| **interdum** *(Adv.)* | manchmal, bisweilen | |
| **corrumpere, corrumpō, corrūpī, corruptum** | verderben; bestechen | *dt.* korrupt bestechlich |
| **vinculum, -ī** *n.* | Band, Fessel | |
| **vincula, -ōrum** *n.* | Gefängnis | |
| **satis** *(Adv.)* | genug, ausreichend | |
| **māter, mātris** *f.* | „Mutter“ | *engl.* mother; *fr.* mère; *sp./it.* madre |
| līberāre | befreien | |

# 21 LECTIO VICESIMA PRIMA

## TEXT 1

| | | |
|---|---|---|
| revocāre | zurückrufen | |
| **committere, committō, commīsī, commissum** | zusammenführen; beginnen; begehen; anvertrauen | *engl.* (to) commit a crime *ein Verbrechen begehen* |
| **proelium committere** | eine Schlacht beginnen, kämpfen | |
| trāicere, trāiciō, trāiēcī, trāiectum | hinüberfahren, übersetzen | |
| asinus, -ī *m.* | Esel | |
| nāvigium, -ī *n.* | Schiff | |
| **mox** *(Adv.)* | bald | |
| ōrā, -ae *f.* | Küste | |
| **nōndum** *(Adv.)* | noch nicht | |

| | | |
|---|---|---|
| **ēdūcere, ēdūcō, ēdūxī, ēductum** *(↗ ē, ex L 9, dūcere L 17)* | herausführen, ausrücken lassen | |
| **quia** | weil | |
| **nātiō, -ōnis** *f.* | Volksstamm; Abstammung, Geburt | *dt.* Nation; *engl./fr.* nation |
| strēnuus, -a, -um | kräftig, fleißig | |
| imminēre, immineō, imminuī | bevorstehen, drohen | |
| **tempestās, -ātis** *f.* | Sturm, Unwetter | |
| obses, obsidis *m.* und *f.* | Geisel | |
| īnsula, -ae *f.* | „Insel", Wohnblock | |

## TEXT 2

| | | |
|---|---|---|
| **grex, gregis** *m.* | Herde | |
| lac, lactis *n.* | Milch | |
| merx, mercis *f.* | Ware | |
| **trahere, trahō, trāxī, tractum** | ziehen, schleppen | *dt.* Traktor |
| **vērus, -a, -um** | „wahr", echt, wirklich | |
| **sermō, -ōnis** *m.* | Gespräch, Unterredung | |
| pergere, pergō, perrēxī, perrēctum | fortsetzen | |
| cibus, -ī *m.* | Speise | |
| plērumque *(Adv.)* | meistens | |
| torquēre, torqueō, torsī, tortum | drehen, werfen, foltern | |
| orīgō, -inis *f.* | Ursprung, Abstammung, Geburt | |
| vexāre | quälen | |

# 22 LECTIO VICESIMA ALTERA

## TEXT 1

| | | | |
|---|---|---|---|
| | **clādēs, -is** *f.* | Niederlage, Unheil, Verlust | |
| | **numerus, -ī** *m.* | Zahl, Anzahl | *dt.* Nummer; *engl.* number; *fr.* nombre/numéro; *sp.* número; *it.* numero |
| | **augēre, augeō, auxī, auctum** | vergrößern, vermehren, fördern | |
| | **temeritās, -ātis** *f.* | Leichtsinn; Planlosigkeit | |
| 5 | **causa, -ae** *f.* | Grund, Ursache; Rechtssache, Prozess | *engl.* because *weil* |
| | nocēre, noceō, nocuī | schaden | |
| | **dīgnus, -a, -um** *(beim Abl.)* | würdig, angemessen, wert | |
| | socordia, -ae *f.* | Leichtsinn, Sorglosigkeit | |
| | **indūcere, indūcō, indūxī, inductum** *(in L 3, dūcere L 17)* | hineinführen, verleiten | |
| | **fallere, fallō, fefellī** | täuschen | |
| | **prīmum** *(Adv.)* | zum ersten Mal; erstens; zuerst | |
| | rārō *(Adv.)* | selten | |
| 10 | **tantus, -a, -um** | so groß, so viel | *fr.* tant; *sp./it.* tanto, -a |
| | vovēre, voveō, vōvī, vōtum | versprechen, weihen | |
| | tumultus, -ūs *m.* | Aufruhr, Aufstand | |

## TEXT 2

| | | |
|---|---|---|
| **gēns, gentis** *f.* | Stamm, Sippe, Geschlecht | *fr.* les gens *die Leute* |
| obses, obsidis *m.* und *f.* | Geisel | |
| **donāre** *(↗ dōnum L 5)* | (be)schenken | |
| **rēgnum, -ī** *n.* *(↗ rēx L 13)* | Königsherrschaft, Königreich | |

| | | |
|---|---|---|
| **appetere, appetō, appetīvī, appetītum** | begehren, verlangen; angreifen | *dt.* Appetit |
| **propinquus, -a, -um** | nahe; nahestehend, verwandt | |
| **appellāre** | anrufen; nennen | |

# 23 LECTIO VICESIMA TERTIA

## TEXT 1

| | | |
|---|---|---|
| firmāre | befestigen; sichern, stärken | |
| **urbs, urbis** *f.* | Stadt, Hauptstadt | |
| ōrnāre | schmücken | |
| **vetus**, Gen.: **veteris** | alt | |
| īnsula, -ae *f.* | „Insel"; Wohnblock | |
| **pauper**, Gen.: **pauperis** | arm | *engl.* poor; *fr.* pauvre |
| **thermae, -ārum** *f.* *(Pluralwort)* | „Thermen" | |
| **ingēns**, Gen.: **ingentis** | gewaltig, riesengroß | |
| **ingenium, -ī** *n.* | Charakter, Talent, Begabung | *dt.* Ingenieur |
| succēdere, succēdō, successī, successum | nachfolgen; gelingen | |
| **adulēscēns, adulēscentis** *m.* | Jugendlicher, junger Mann | |
| **singulāris, -e** | einzigartig | *dt.* Singular |
| **commūnis, -e** | gemeinsam; allgemein | |
| **mīlitāris, -e** | Kriegs-, „Militär-„ | |
| **cīvīlis, -e** | bürgerlich, öffentlich | *dt.* zivil |
| **sīcut** | wie | |
| **nōbilis, -e** | bekannt, berühmt, vornehm, adelig | |
| **frāter, frātris** *m.* | Bruder | *fr.* frère; *it.* fratello |
| **omnis, -e** | jeder, *Pl.*: alle | |

| | | |
|---|---|---|
| doctrīna, -ae *f.* | Bildung, Gelehrsamkeit; Wissenschaft | |
| illūstris, -e | glänzend, berühmt; hell, klar | |
| **tālis … quālis** | so beschaffen … wie | |
| cibus, -ī *m.* | Speise | |
| terribilis, -e | schrecklich | |
| **similis, -e** | ähnlich, gleich | *engl.* similar |
| **contumēlia, -ae** *f.* | Kränkung, Beleidigung, Schande | |

## TEXT 2

| | | |
|---|---|---|
| tyrannus, -ī *m.* | Tyrann, Gewaltherrscher | |
| incrēdibilis, -e | unglaublich | |
| **crūdēlitās, -ātis** *f.* | Grausamkeit | |
| **fortis, -e** | stark, mutig, tapfer | *fr.* fort, -e; *sp.* fuerte; *it.* forte |
| vexāre | quälen | |
| amphitheātrum, -ī *n.* | Amphitheater | |
| **tribūnus, -ī** *m.* | „Tribun" *(Beamter oder Offizier)* | |
| **uxor, -ōris** *f.* | Ehefrau | |
| **offendere, offendō, offendī, offēnsum** | anstoßen; beleidigen, verletzen | |
| **interficere, interficiō, interfēcī, interfectum** | töten, ermorden | |
| obscūrus, -a, -um | dunkel | |
| īnflammāre | entflammen, entzünden | |
| **temptāre** | angreifen; versuchen; auf die Probe stellen | |

# 24 LECTIO VICESIMA QUARTA

## TEXT 1

| | | |
|---|---|---|
| **providēre, providēo, provīdī, provīsum** | sorgen für *(beim Dat.)* vorhersehen *(beim Akk.)* | *dt.* Provider |
| nūbere, nūbō, nūpsī, nuptum *(beim Dat.)* | (einen Mann) heiraten | |
| **neglegere, neglegō, neglēxī, neglectum** | vernachlässigen, nicht beachten | |
| comparāre | vergleichen, verschaffen | |
| **genus, generis** *n.* | Geschlecht, Gattung, Art | *dt.* Genus |
| **nātus, -a, -um** | geboren | |
| **causā** *(nachgestellt, beim Gen.)* | wegen | |
| **dīmittere, dīmittō, dīmīsī, dīmissum** | wegschicken, entlassen | |
| **aspicere, aspiciō, aspexī, aspectum** | erblicken, anschauen, betrachten | *dt.* Aspekt |
| **contemnere, contemnō, contempsī, contemptum** | geringschätzen, verachten | |
| **tollere, tollō, sustulī, sublatum** | hochheben; verherrlichen; wegnehmen, beseitigen | |
| **dēcernere, dēcernō, dēcrēvī, dēcrētum** | entscheiden, beschließen | |
| lībertus, -ī *m.* | Freigelassener | |
| **salvus, -a, -um** *(↗ salvē/salvēte L 12)* | wohlbehalten, unversehrt | |
| **occīdere, occīdō, occīdī, occīsum** | töten, umbringen | |

## TEXT 2

| | | |
|---|---|---|
| **omnīnō** *(Adv.)* (↗ *omnis L 23)* | ganz und gar, völlig | |
| **cēnsēre, cēnseō, cēnsuī** | schätzen; meinen; beschließen | *dt.* Zensur |
| **ergō** *(Adv.)* | also | |
| repudiāre | zurückweisen, ablehnen | |
| exsilium, -ī *n.* | Verbannung | |
| **scelus, sceleris** *n.* | Verbrechen | |
| **incipere, incipiō, coepī, inceptum** | anfangen, beginnen | |
| **minuere, minuō, minuī, minūtum** | vermindern, verringern | *dt.* Minuend |
| **dēserere, dēserō, dēseruī, dēsertum** | im Stich lassen, verlassen | *dt.* Deserteur |

# 25 LECTIO VICESIMA QUINTA

## TEXT 1

| | | |
|---|---|---|
| **rēs, reī** *f.* | Sache, Ding | |
| **rēs secundae** *f.* *(Pluralwort)* | Glück | |
| **difficilis, -e** | schwer, schwierig | *engl.* difficult; *fr.* difficile; *sp.* difícil; *it.* difficile |
| **fidēs, fideī** *f.* (↗ *fidus, -a, -um L 10)* | Verantwortung, Treue, Vertrauen | |
| urgere, urgeō, ursī | drängen, bedrängen | |
| **sī** | wenn, falls | |
| **lūx, lūcis** *f.* | Licht, Tageslicht | |
| **nisī** | wenn nicht | |
| **domus, -ūs** *f.* (↗ *dominus, domina L 1)* | Haus | *dt.* Dom |
| **rēgius, -a, -um** (↗ *rēx L 13)* | königlich | |

| | | |
|---|---|---|
| **obtinēre, obtineō, obtinuī, obtentum** *(↗ tenēre L 11)* | festhalten, im Besitz haben; einnehmen | |
| **ubīque** *(Adv.)* | überall | |
| **coniungere, coniungō, coniūnxī, coniūnctum** | verbinden, vereinigen | *dt.* Konjunktion |
| **solvere, solvō, solvī, solūtum** | lösen, auflösen; bezahlen | |
| **metus, -ūs** *m.* *(↗ metuere L 19)* | Furcht, Angst | |
| explicāre | erklären, erörtern | |
| **adventus, -ūs** *m.* | Ankunft | |
| permovēre, permoveō, permōvī, permōtum | bewegen, veranlassen; erschüttern | |
| **speciēs, speciēī** *f.* | Aussehen, Äußeres; Schönheit; Schein | |
| **resistere, resistō, restitī** | sich widersetzen, Widerstand leisten | *engl.* (to) resist |
| incendere, incendō, incendī, incēnsum | anzünden, entflammen | |
| placāre | besänftigen, beruhigen; versöhnen | |
| **dīgnitās, -ātis** *f.* *(↗ dīgnus, -a, -um L 22)* | Würde | |
| **restituere, restituō, restituī, restitūtum** | wiederherstellen | |
| **scrīptor, -ōris** *m.* | Schriftsteller | |
| **rērum scrīptor** *m.* | Geschichtsschreiber | |

| | | |
|---|---|---|
| sepulcrum, -ī *n.* | Grab | |
| lacrima, -ae *f.* | Träne | |
| fundere, fundō, fūdī, fūsum | vergießen | |
| nūper *(Adv.)* | neulich, unlängst | |
| **quoniam** | da ja, weil ja | |
| **spēs, speī** *f.* *(↗ spērāre L 7)* | Hoffnung, Erwartung | *fr.* espoir; *sp.* esperanza; *it.* speranza |
| dēpōnere, dēpōnō, dēposuī, dēpositum | niederlegen, ablegen | |
| **exercitus, -ūs** *m.* | Heer | |
| **paulum** *(Adv.)* | ein wenig | |
| **paulō post** | wenig später, kurz danach | |
| **iussū** *(↗ iubēre L 18)* | auf Befehl | |
| **frūctus, -ūs** *m.* | „Frucht"; Nutzen; Genuss | *engl./fr.* fruit; *sp.* fruto; *it.* frutto |
| mōnstrāre | zeigen | |
| **manus, -ūs** *f.* | Hand; Schar | *fr.* main; *sp./it.* mano |
| **occultus, -a, -um** | verborgen, unbemerkt | |
| **dēcēdere, dēcēdō, dēcessī, dēcessum** *(↗ dē L 9, cēdere L 17)* | weggehen, abweichen | |
| **dē vītā dēcēdere** | sterben | |
| **tribuere, tribuō, tribuī, tribūtum** | zuteilen | |

# 26 LECTIO VICESIMA SEXTA

## TEXT 1

| | | | |
|---|---|---|---|
| | **utinam (nē)** *(beim Konj.)* | wenn doch (nicht)! Hoffentlich (nicht)! | |
| | mercātor, -ōris *m.* | Händler, Kaufmann | |
| | **dīves**, Ge*n.*: **dīvitis** *(↗ dīvitiae)* | reich | |
| | **ācer, ācris, ācre** | scharf; scharfsinnig; tatkräftig, leidenschaftlich | |
| | callidus, -a, -um | gewandt; erfahren, schlau | |
| | avārus, -a, -um | habgierig, geizig | |
| | **adiungere, adiungō, adiūnxī, adiūnctum** | anfügen, verbinden | |
| 5 | **circum** *(beim Akk.)* | um - herum | |
| | ambulāre | spazierengehen | |
| | sollicitus, -a, -um | unruhig, besorgt, ängstlich | |
| | īra, -ae *f.* | Zorn | |
| | īnflammāre | entflammen, entzünden | |
| | mōnstrāre | zeigen | |
| | **tam** *(Adv.)* | so | |
| | vestīmentum, -ī *n.* | Kleid | |
| | **animadvertere, animadvertō, animadvertī, animadversum** *(↗ animus L 7)* | bemerken; einschreiten; bestrafen | |
| | **dīvitiae, -ārum** *(Pluralwort) f. (↗ dīves)* | Reichtum | |
| | **nox, noctis** *f.* | „Nacht“ | *engl.* night; *fr.* nuit; *sp.* noche; *it.* notte |
| 10 | **negāre** | verneinen, abschlagen; sagen, dass nicht | *dt.* Negation |

| | | |
|---|---|---|
| **hinc** *(Adv.)* | von hier | |
| **addūcere, addūcō, addūxī, adductum** *(↗ ad L 3, dūcere L 17)* | heranführen, zuführen; veranlassen | |
| **dexter, dext(e)ra, dext(e)rum** | rechts, günstig | *it.* destro, -a |
| occultāre | verbergen, verstecken | |
| **simul** *(Adv.)* | zugleich | *dt.* simultan *gleichzeitig* |
| **faciēs, faciēī** *f.* | Gesicht; Gestalt, Aussehen | *engl./fr.* face; *it.* faccia |
| **undique** *(Adv.)* | von allen Seiten, überall | |
| **diēs, diēī** *m.* | „Tag" | *engl.* day; *sp.* día |
| **pars, partis** *f.* | Teil; Richtung, Seite | *engl./fr.* part; *sp./it.* parte |
| **partēs, partium** *f.* | „Partei", | *engl.* party |
| **fortūna, -ae** *f.* | Schicksal, Glück; *Plural:* Vermögen | *engl./fr.* fortune; *it.* fortuna |
| **perdere, perdō, perdidī, perditum** | zugrunde richten, ruinieren; verlieren, einbüßen | *fr.* perdre; *sp.* perder; *it.* perdere |

# 27 LECTIO VICESIMA SEPTIMA

## TEXT 1

| | | |
|---|---|---|
| **ūsus, -ūs** *m.* | Gebrauch, Benutzung; Nutzen, Vorteil | *engl.* use; *fr.* usage |
| **audīre, audiō, audīvī, audītum** | hören; anhören, erhören | |
| dēditiō, -ōnis *f.* | Unterwerfung, Kapitulation | |
| praecipere, praecipiō, praecēpī, praeceptum | vorschreiben | |
| **potius** *(Adv.)* | eher, lieber | |
| **meā sponte, tuā sponte** usw. | freiwillig, aus eigenem Antrieb | *dt.* spontan |

| | | |
|---|---|---|
| **cōnsentīre, cōnsentiō, cōnsēnsī, cōnsēnsum** | übereinstimmen, zustimmen, sich einig sein | |
| collocāre | aufstellen, errichten, ansiedeln | |
| **aurum, -ī** *n.* | Gold | *fr.* or; *sp./it.* oro |
| **argentum, -ī** *n.* | Silber | *fr.* argent *Geld* |
| **iūs, iūris** *n.* | Recht | *dt.* Jura *Recht(swissenschaft)* |
| **praeter** *(beim Akk.)* | außer; an … vorbei | |
| latrō, -ōnis *m.* | Räuber | |
| **nescīre, nesciō, nesciī** *(↗ scīre)* | nicht wissen | |
| indīgnus, -a, -um | unwürdig | |
| **subvenīre, subveniō, subvēnī, subventum** *(beim Dat.)* | jmdm. zur Hilfe kommen | |
| **studium, -ī** *n.* *(↗ studēre L 9)* | Eifer, Bemühung | *dt.* Studium |
| **inicere, iniciō, iniēcī, iniectum** | einflößen, bewirken, machen | |
| **venīre, veniō, vēnī, ventum** | kommen | *fr./sp.* venir; *it.* venire |
| **fīnīre, fīniō, fīnīvī, fīnītum** *(↗ fīnis L 18)* | beenden, begrenzen | *engl.* (to) finish; *fr.* finir; *it.* finire |
| īra, -ae *f.* | Zorn | |
| **obsidēre, obsideō, obsēdī, obsessum** *(↗ sedēre L 1)* | belagern, blockieren | |
| comparāre | vergleichen, verschaffen | |
| **potēns, -entis** *(↗ posse L 4)* | mächtig | |
| **eques, equitis** *m.* *(↗ equus L 8)* | Reiter, Ritter | |

## TEXT 2

| | | |
|---|---|---|
| **patrēs cōnscrīptī** (*↗ pater L 14*) | Senatoren! *(übliche Anrede im röm. Senat)* | |
| obicere, obiciō, obiēcī, obiectum | entgegenwerfen, vorwerfen | |
| **mūnus, -eris** *n.* | Aufgabe; Amt; Geschenk; Festspiel, öffentliches Schauspiel | |
| reprehendere, reprehendō, reprehendī, reprehēnsum | tadeln | |
| 20 **scīre, sciō, scīvī, scītum** (*↗ nēscīre*) | wissen; kennen, verstehen | |
| **prūdēns,** Ge*n*.: **prūdentis** (*↗ prōvidēre L 24*) | klug, erfahren, vorausschauend | *fr.* prudent, -e; *sp./it.* prudente |
| cōnstāns, Ge*n*.: cōnstantis | standhaft | |
| ergā *(beim Akk.)* | gegen, gegenüber *(im freundlichen Sinn)* | |
| **gravis, -e** | schwer; bedeutend; streng | *fr./sp./it.* grave |
| necessitās, -ātis *f.* | Notwendigkeit | |
| cōnservāre | bewahren | |
| **prōdesse, prōsum, prōfuī** (*↗ prō L 9, esse L 1*) | nützlich sein, nützen | *dt.* Prosit |

## CLARO 3

| | |
|---|---|
| vastāre | verwüsten |
| silva, -ae *f.* | Wald |
| situs, -a, -um | gelegen |
| incitāre | antreiben, anfeuern, reizen |
| cōnsīderāre | betrachten, bedenken, überlegen |

## De rebus Romanis (Lekt. 19–27)

Reste eines römischen Lagers vor der Bergfestung Masada am Toten Meer in Israel. 66 n. Chr. besetzten jüdische Aufständische Masada und verteidigten die Festung mehrere Jahre lang gegen die römischen Belagerungstruppen.

Ein römisches Haus in der antiken Hafenstadt Ostia.

Auf den antiken Fundamenten wurden im Archäologischen Park Xanten die Mauern der Colonia Ulpia Traiana rekonstruiert.

Reste der Kaiserthermen in Trier, die zum Palast von Konstantin (Kaiser 306–337 n. Chr.) gehörten. Der Bau war ungefähr 250 m lang. Im Bild ist das erhaltene Mauerwerk des Warmwasserbades (caldarium) zu sehen.

Ehefrau (uxor) und Ehemann (marītus) sind auf dieser römischen Skulptur (1. Jh. n. Chr.) dargestellt.

Nach einem römischen Sieg wurde dieser riesige Bogen bei Orange (lat. Arausio) in Südfrankreich errichtet. Reliefs zeigen Kämpfe von Römern und Galliern. Ähnliche Monumente zur Verherrlichung römischer Siege ließen die Kaiser Titus und Konstantin in Rom errichten.

| | | Grundzahlen | Ordnungszahlen |
|---|---|---|---|
| 1 | I | **ūnus, -a, -um**<br>ein/einer/ein | **prīmus, -a, -um**<br>der/die/das erste |
| 2 | II | **duo, duae, duo** | **secundus od. alter** |
| 3 | III | **trēs, trēs, tria** | **tertius** |
| 4 | IV | **quattuor** | **quārtus** |
| 5 | V | **quīnque** | **quīntus** |
| 6 | VI | **sex** | **sextus** |
| 7 | VII | **septem** | **septimus** |
| 8 | VIII | **octō** | **octāvus** |
| 9 | IX | **novem** | **nōnus** |
| 10 | X | **decem** | **decimus** |
| 11 | XI | **undecim** | **undecimus** |
| 12 | XII | **duodecim** | **duodecimus** |
| 13 | XIII | **trēdecim** | **tertius decimus** |
| 14 | XIV | **quattuordecim** | **quārtus decimus** |
| 15 | XV | **quīndecim** | **quīntus decimus** |
| 16 | XVI | **sēdecim** | **sextus decimus** |
| 17 | XVII | **septendecim** | **septimus decimus** |
| 18 | XVIII | **duodēvigintī** | **duodēvicēsimus** |
| 19 | XIX | **undēvīgintī** | **undēvicēsimus** |
| 20 | XX | **vīgintī** | **vīcēsimus** |
| 30 | XXX | **trīgintā** | **tricēsimus** |
| 40 | XL | **quadrāgintā** | **quadrāgēsimus** |
| 50 | L | **quīnquāgintā** | **quīnquāgēsimus** |
| 60 | LX | **sexāgintā** | **sexāgēsimus** |
| 70 | LXX | **septuāgintā** | **septuāgēsimus** |
| 80 | LXXX | **octōgintā** | **octōgēsimus** |
| 90 | XC | **nōnāgintā** | **nōnāgēsimus** |
| 100 | C | **centum** | **centēsimus** |

Jeder männliche römische Bürger besaß seit der ausgehenden Republik einen

| | |
|---|---|
| Vornamen | (praenomen; meistens abgekürzt, z. B. **C.** Iūlius Caesar, **M.** Tullius Cicerō), |
| Familiennamen | (nomen gentile; z. B. C. **Iūlius** Caesar), |
| Beinamen | (cognomen; z. B. M. Tullius **Cicerō**). |

Mädchen hatten nur den Familiennamen in der weiblichen Form:
**Iūlia, Cornēlia, Claudia.**

Bei Sklaven gab man sich keine große Mühe.
Sie wurden bei dem Namen gerufen, den ihnen ihr Herr gegeben hatte. Häufige Namen waren **Fēlīx** (der Glückliche) oder einfach **Spartacus, Syrus, Dēlia, Lȳdia** (Bezeichnung nach ihrem Herkunftsland).

## Abkürzungen der gebräuchlichsten römischen Vornamen

| | | | | | |
|---|---|---|---|---|---|
| A. | Aulus | L. | Lūcius | Ser. | Servius |
| C. | Gāius | M. | Mārcus | Sex. | Sextus |
| Cn. | Gnaeus | P. | Pūblius | T. | Titus |
| D. | Decimus | Q. | Quīntus | Ti. | Tiberius |

**Achillēs, -is** *m.* Achilles. Griechischer Held im Kampf um Troja. Er tötete Hektor, den stärksten Kämpfer der Trojaner. L 8

**aedīlis, -is** *m.* der Ädil. Beamter. Die Ädile hatten für die Erhaltung der Tempel (*aedes, -is f.* heißt *Tempel*) und öffentlichen Gebäude zu sorgen, besaßen Polizeigewalt vor allem bei der Marktaufsicht, sorgten für die Getreideverteilung an die Bevölkerung und waren für die Ausrichtung der öffentlichen Spiele zuständig. L 12

**Aegyptus, -ī** *f.* Ägypten. Schon die Griechen bewunderten die hohe Kultur der Ägypter. Ägypten wurde 30 v. Chr. römische Provinz und war als Hauptlieferant für Getreide sehr wichtig. L 11, 27

**Aequī, -ōrum** *m.* Die Äquer waren ein Volksstamm, der östlich von Rom im Gebirge lebte. Von den Römern lange Zeit als mächtige Gegner gefürchtet. L 12, 13

**Aenēās, -ae** *m.* Aeneas. Der Sage nach Sohn der Göttin Venus, Schwiegersohn des Königs von Troja; er führte nach der Zerstörung Trojas die überlebenden Trojaner nach Italien. L 7, 9, 10

**Aesopus, -ī** *m.* Äsop. Griechischer Fabeldichter, lebte um 550 v. Chr. Aesop soll ein Sklave gewesen sein. L 10

**Agēnōr, -oris** *m.* Agenor. Mythischer König von Sidon in Phönizien, Vater der Europa. L 17.

**Agrippīna, -ae** *f.* Julia Agrippina (15–59 n. Chr.). Mutter des Nero, Nichte und Ehefrau des Kaisers Claudius. Sie vergiftete ihren Mann, um ihren Sohn auf den Thron zu bringen, wurde später auf Veranlassung Neros ermordet. L 24

**Alamannī, -ōrum** *m.* Alamannen. Bund germanischer Stämme, die im 3. Jh. n. Chr. den Limes durchbrachen und sich zwischen Rhein, Main, Donau, Bodensee und Iller ansiedelten. L 20

**Alba Longa, -ae** *f.* Alba Longa. Stadt in Latium, heute Castelgandolfo; der Sage nach von Askanius gegründet. L 9

**Alcmēna, -ae** *f.* griech. Alkmene. Frau des Amphitryon, Mutter des Jupiter-Sohnes Herkules. L 15

**Alexandria, -ae** *f.* Alexandria. Ägyptische Stadt am westlichen Nilarm, von Alexander d. Großen gegründet. Er ist auch hier bestattet worden. Weltberühmt war die Bibliothek von Alexandria, die 48 v. Chr. abbrannte, als Caesar die Hafenanlage in Brand steckte. L 25

**Ambiānēnsium, -ī** *n.* Ambianensium. Siedlung im Norden Galliens, heute Amiens. claro 1

**amphitheātrum, -i** *n.* Amphitheater, in dem Gladiatorenspiele und Tierkämpfe vorgeführt wurden. Um eine ovale Arena herum saßen die Zuschauer auf übereinander gestuften Sitzreihen. Über den offenen Zuschauerrängen konnten Segel vor der Sonne schützen. Die ersten Amphitheater waren aus Holz gebaut, später wurden sie aus Stein oder Ziegeln gemauert. Unter der Arena befanden sich Gänge und Räume für die Gladiatoren, die zum Tode Verurteilten und die wilden Tiere. Das größte Amphitheater war das Kolosseum in Rom, in dem auch Seeschlachten aufgeführt werden konnten. Dazu wurde die Arena mit Wasser gefüllt. Die ca. 70 000 Zuschauer erreichten über Treppen und Gänge ihre Plätze und konnten so auch innerhalb kurzer Zeit das Amphitheater wieder verlassen - wie heute noch in großen Fußballstadien. L 6, 23

**Anchīsēs, -is** *m.* Anchises. Vater des Aeneas. L 8

**Anīcētus, -ī** *m.* Anicetus. Freigelassener Neros. Auf Befehl des Nero versucht Anicetus, dessen Mutter Agrippina durch einen vorgetäuschten Schiffsunfall zu töten. Da sie sich aber schwimmend retten konnte, ließ er sie durch Soldaten ermorden. L 24

**Antōnius, -ī** *m.* M. Antonius (ca. 83–30 v. Chr.). Anhänger Caesars, schloss sich nach Caesars Ermordung 44 v. Chr. mit Octavian und Lepidus zu einem politischen Bündnis, dem Triumvirat („Drei-Männer-Bund") von 43 v. Chr. zusammen; von Cicero in den *Philippischen Reden* angegriffen; später Ehemann der ägyptischen Königin Kleopatra und Gegner Octavians, wurde 31 v. Chr. in der Schlacht bei Actium von ihm besiegt und beging in Ägypten Selbstmord. L 13, 25

**Apollodōrus, -ī** *m.* Apollodorus. Half Kleopatra, in einen Teppich eingewickelt, zu Caesar zu gelangen. L 25

**Arabēs, -um** *m.* die Araber. L 27

**Argīlētum, -i** *n.* Geschäftsstraße in Rom zum Forum Romanum, die zwischen der Curia und der Basilica Aemilia zur Subura führte. L 3

**Argus, -ī** *m.* Argus. Riese mit hundert Augen, die auch im Schlaf nie alle geschlossen waren. Deshalb wurde er von der eifersüchtigen Juno eingesetzt, um die in eine Kuh verwandelte Io zu bewachen. Merkur brachte Argus aber zum Einschlafen und tötete ihn auf Befehl des Jupiter. Die Augen des Argus setzte Juno auf die Schwanzfedern des Pfaus. L 18

**Armēnī, -ōrum** *m.* die Armenier, lebten im Hochland südlich des Kaukasus. L 27

**Arminius, -ī** *m.* Arminius, Fürst der Cherusker, Schwiegersohn des Segestes. Er lernte die lateinische Sprache und die römische Kampftechnik in der römischen Armee, erwarb römisches Bürgerrecht und wurde römischer Ritter. Besiegte die römischen Truppen unter Varus 9 n. Chr. in der Schlacht im Teutoburger Wald. In der deutschen Geschichte wurde Arminius (oder Hermann) zeitweilig als „Befreier Deutschlands" gefeiert. L 22

**arx, arcis** *f.* Burg, befestigte Anhöhe. Bezeichnet in Rom die nördliche Hügelkuppe des Kapitols. L 12

**Ascanius, -ī** *m.* Askanius. Sohn des Aeneas und der Kreusa; mythischer Gründer der Stadt Alba Longa. L 8, 10

**Asia, -ae** *f.* Asien. Bezeichnet sowohl den Erdteil Asien als auch Kleinasien und die römische Provinz Asia, die einem Teil der westlichen Türkei entspricht. L 13

**Athēnae, -ārum** *f.* Athen. Hauptstadt von Attika, später der römischen Provinz Graecia. Im 5. Jh. v. Chr. demokratisch verwalteter Stadtstaat. Die kulturelle Überlegenheit der Griechen erkannten die Römer an, weshalb Athen auch als Studienort für reiche Römer sehr beliebt war. L 14

**Atlās, -lantis** *m.* Atlas. Name eines Titanen, der nach dem Mythos das Himmelsgewölbe trug. L 15

**Augīās, -ae** *m.* Augias. Mythischer griechischer König, dessen riesigen Stall Herkules als eine seiner zwölf Taten zu reinigen hatte. L 15

**Augusta Treverōrum, -ae** *f.* Augusta Treverorum, Augustusstadt der Treverer, heute: Trier. Die Gründung der ältesten römischen Stadt Deutschlands wird auf Augustus zurückgeführt. Das heutige Stadtbild wird entscheidend geprägt durch das römische rechtwinklige Straßennetz und vor allem durch die erhaltenen römischen Gebäude: das Stadttor Porta Nigra, die Palastaula („Basilika"), die Thermen (Kaiserthermen, Barbarathermen und Thermen am Viehmarkt), das Amphitheater, die Moselbrücke, der römische Kernbau des Doms und andere spätantike Kirchen. Trier war Hauptstadt der Provinz Gallia Belgica, seit dem Ende des 3. Jhs. n. Chr. kaiserliche Residenzstadt und Zentrale eines Verwaltungsbezirks, der von Britannien bis Afrika reichte. Ältester Bischofssitz Deutschlands.

**Augustus, -ī** *m.* Augustus (der Erhabene), Beiname des C. Octavius (63 v. Chr. – 14 n. Chr.), Sohn einer Nichte Caesars, von diesem adoptiert. Erster römischer Kaiser 27 v. Chr. – 14 n. Chr. L 22, 23

**Aulus, -ī** *m.* Aulus, männl. Vorname (Abk.: A.). In der Rahmenhandlung von *Salvete* Sklave in Rom. L 7. In L 20 Vorname des Vitalius, der an seinen Sohn Titus schreibt.

**Aurēliānus, -ī** *m.* Aurelian. Römischer Kaiser (270–275 n. Chr.). War von einfacher Herkunft, wurde von seinen Soldaten zum Kaiser ausgerufen. Erfolgreicher Feldherr. 275 n. Chr. von seinen Soldaten ermordet. L 27

**Aventīnus, -ī** *m.* Aventin. Hügel im südlichen Stadtgebiet von Rom. L 9

**barbarus, -ī** *m.* Barbar. Schon von den Griechen als lautmalende Bezeichnung für Fremde, die unverständlich sprachen, benutzt. Bald auf alle Ausländer übertragen. L 2, 20

**Boudicca, -ae** *f.* Boudicca (wörtlich: *Sieg*). Keltische Königin in Britannien, die 60 n. Chr. einen Aufstand gegen die Römer anführte. claro 3

**Britannia, -ae** *f.* Britannien. Entspricht dem heutigen England und südlichen Schottland; seit der Eroberung durch Kaiser Claudius 43 n. Chr. römische Provinz. L 13, 20, 21, claro 3

**Bruttius, -ī** *m.* C. Bruttius. L 21

**Brūtus, -ī** *m.* M. Iunius Brutus (85–42 v. Chr.). Einer der Mörder Caesars; von Antonius und Octavian 42 v. Chr. bei Philippi in Makedonien besiegt, beging Selbstmord. L 13

**Caesar, -aris** *m.* C. Iulius Caesar (100–44 v. Chr.). Römischer Politiker, Feldherr und Schriftsteller; schloss sich im Triumvirat von 60 v. Chr. mit Pompeius und Crassus zusammen, eroberte 58-51 v. Chr. Gallien und Teile Germaniens, löste 49 v. Chr. durch die Überschreitung des Rubicon und bewaffneten Einfall in Italien einen Bürgerkrieg aus. Durch seinen Sieg machte er sich zum Alleinherrscher in Rom; ab 45 v. Chr. war er Diktator auf Lebenszeit. An den Iden des März 44 v. Chr. wurde er im Senat durch eine Gruppe von Verschwörern ermordet. Caesar war später Beiname aller römischen Kaiser. Von Caesar leiten sich die Begriffe *Kaiser* und *Zar* ab. L 5, 13, 20, 21, 25

**Caligula, -ae** *m.* Caligula (wörtl.: *Stiefelchen*). Beiname des C. Caesar, des jüngsten Sohnes des Germanicus und der Agrippina. Er erhielt diesen Namen als Spitznamen von Soldaten an der Rheinfront, wo er als kleiner Junge Soldatenstiefel (*caligae*), die ihm noch viel zu groß waren, angezogen hatte. Caligula war von 37–41 n.Chr. römischer Kaiser und führte bis zu seiner Ermordung eine grausame Herrschaft. L 23

**Campānia, -ae** *f.* Kampanien. Gegend um Neapel in Süditalien. L 9

**campus Mārtius, -ī -tī** *m.* Marsfeld. Es umfasst das große Gebiet der Ebene zwischen Tiber und den anschließenden Hügeln des Kapitol, Quirinal und Pincio. Es war immer in öffentlichem Besitz. Militärischer Übungsplatz für die jungen Römer, benannt nach dem uralten Altar des Kriegsgottes Mars. Auf dem Marsfeld befanden sich auch die Saepta, der älteste politische Versammlungsort des römischen Volkes. Seit der ausgehenden Republik war das Marsfeld mit prächtigen Gebäuden und Denkmälern ausgestattet: Portiken (Säulenhallen), Thermen, Theatern (z.B. dem Marcellus-Theater), Tempeln (wie dem Pantheon) und der Ara Pacis (Friedensaltar des Augustus). Begräbnisstätten der kaiserlichen Familie wurden errichtet. Das Mausoleum des Augustus und die Säulen des Marc Aurel und des Antoninus Pius bestimmen noch heute das Stadtbild. Das Marsfeld bot mit seinen Einrichtungen den Römern ausgedehnte Möglichkeiten für Sport oder Wellness. L 6

**Camulodūnum, -ī** *n.* Camulodunum, heute Colchester. Bedeutende Stadt in Britannien. 43 n.Chr. von den Römern erobert, die dort ein Legionslager und einen Tempel für den vergöttlichten Kaiser Claudius errichteten. Claro 3

**Capitōlium, -ī** *n.* Kapitol, einer der sieben Hügel Roms, an dessen Fuß das Forum Romanum lag. Auf ihm befand sich der große Tempel für Jupiter, Juno und Minerva. L 12

**Capua, -ae** *f.* Capua. Stadt in Kampanien. L 9

**Carthāgō, -inis** *f.* Karthago. Ehemals nahe dem heutigen Tunis (Afrika) gelegene Stadt der Phönizier, 146 v.Chr. von den Römern zerstört. L 9

**Cassius, -ī** *m.* C. Cassius. Einer der Caesarmörder; von Antonius und Octavian 42 v.Chr. bei Philippi in Makedonien besiegt, beging daraufhin Selbstmord. L 13

**Castor, -oris** *m.* Castor wurde mit seinem Bruder Pollux als einer der Dioskuren (*Söhne des Jupiter*) verehrt, die als Helfer in der Not, besonders in Seenot oder in Schlachten galten. L 11

**Celadus, -ī** *m.* Celadus. In der Rahmenhandlung von *Salvete* ein ehemaliger Sklave, der bis zu seiner Freilassung Gladiator (Schwertkämpfer) in Capua war. L 6

**Cerberus, -ī** *m.* Zerberus. Mythischer Hund mit drei Köpfen, der den Eingang zur Unterwelt bewachte; eine der Arbeiten des Herkules bestand darin, den Zerberus aus der Unterwelt heraufzuholen. L 15

**Cheruscī, -ōrum** *m.* Cherusker. Germanischer Volksstamm, lebten im nördlichen Gebiet zwischen Weser und Elbe. L22

**chlamys, -mydis** *f.* Chlamys. Griechischer Mantel vor allem für Soldaten und Jäger. Es handelt sich dabei um einen Umhang ohne Ärmel, der mit einer Spange (Fibel) zusammengehalten werden konnte. claro 1

**Christus, -ī** *m.* Name für Jesus (wörtlich.: *der Gesalbte*). claro 1

**Cincinnātus, -i** *m.* L. Quinctius Cincinnatus soll der Sage nach 458 v. Chr. vom Pflug weg zum Diktator ernannt worden sein. Nach seinem Sieg über die Äquer soll er wieder an den Pflug zurückgekehrt sein. L12, 13

**Claudia, -ae** *f.* Claudia. Römischer Familienname in weiblicher Form. In claro 2 Name einer jungen Vestalin.

**Claudius, -ī** *m.* Claudius. Jüngster Sohn des Drusus und der Antonia minor, Neffe des Tiberius und Onkel des Caligula. Wurde von seiner Großmutter Livia erzogen. Wegen seiner Sprach- und Gehbehinderung trat er selten in der Öffentlichkeit auf. War sehr gebildet und verfasste mehrere Werke zur römischen Geschichte. Wurde nach der Ermordung des Caligula 41 n. Chr. von den Prätorianern zum Kaiser ausgerufen. Er heiratete seine Nichte Agrippina und adoptierte ihren Sohn, den späteren Kaiser Nero. 43 n. Chr. eroberte Claudius Teile Britanniens. 54 n. Chr. ließ Agrippina ihn durch ein Pilzgericht vergiften. L23, 24

**Cleopatra, -ae** *f.* Kleopatra VII. (69–30 v. Chr.), Herrscherin von Ägypten. Als Familienmitglied der Ptolemäer, die nach Alexander dem Großen in Ägypten herrschten, war sie Griechin. Kleopatra war hochgebildet und soll mehrere Sprachen fließend gesprochen haben. L25, 27.

**cohors, -ortis** *f.* Kohorte. Der zehnte Teil einer Legion. **cohors praetōria, -ae** *f.* Prätorianerkohorte. Ursprünglich die Leibwache des Feldherrn (*praetorium* war das Zelt des Befehlshabers der Armee). Augustus verlieh den Prätorianern einen Elitestatus. Sie wurden besser bezahlt und hatten kürzere Dienstzeiten als das übrige römische Heer. Die Prätorianerkohorten waren in Rom und den Nachbarstädten stationiert und dienten als Leibwache des Kaisers und der kaiserlichen Familie. Für römische Kaiser war es bald unerlässlich, die Prätorianer durch Bestechungen auf ihre Seite zu bringen, um an der Macht zu bleiben. L23

**Cōnstantīnus, -ī** *m.* Konstantin. Römischer Männername. L14

**consul, -ulis** *m.* Konsul. In der römischen Republik wurden je zwei Konsuln für ein Jahr gewählt. Diese beiden leiteten als höchste Beamte die Staatsgeschäfte und waren im Kriegsfall militärische Oberbefehlshaber. L12, 13

**Cornēlia, -ae** *f.* röm. Frauenname. In der Rahmenhandlung von *Salvete* die Mutter von Titus, Secundus und Livia. L1, 5

**Crēta, -ae** *f.* Kreta, Mittelmeerinsel südöstlich vom griechischen Festland. L14, 17.

**Creusa, -ae** *f.* Kreusa. Tochter des Königs von Troja, Frau des Aeneas. L8

**crypta, -ae** *f.* Krypta. Langgestreckter, überwölbter Gang, meist unterirdisch angelegt, Teil der Gartenanlage einer Villa oder eines öffentlichen Gebäudes. Sorgte im Sommer für einen kühlen Aufenthalt und war manchmal luxuriös ausgestattet. L 23

**Cūmae, -ārum** *f.* Cumae. Ort in Kampanien am Golf von Neapel. Dort gibt es heute noch heiße Schwefelquellen. Ein Eingang zur Unterwelt soll sich dort befunden haben. Wohnort der mythischen Priesterin und Prophetin Sibylle. L 9

**Cyclōps, -ōpis** *m.* Zyklop (wörtl.: *Rundauge*). Mythischer wilder Riese mit nur einem Auge in der Mitte der Stirn. Die Zyklopen lebten in Höhlen auf einer Insel und ernährten sich von der Viehzucht. L 16

**Daedalus, -ī** *m.* Daedalus. Mythischer athenischer Künstler und Erfinder. Soll unter anderem in Knossos das Labyrinth für den Minotaurus erbaut haben. Vater des Ikarus. L 14

**Dāmōphilus, -ī** *m.* Damophilus. In der Rahmenhandlung von *Salvete* ein römischer Sklave. L 7

**Catus Deciānus, -ī** *m.* Catus Decianus. Prokurator der Provinz Britannien zur Zeit des Aufstands der Boudicca 60 n. Chr. Floh nach seiner Niederlage nach Gallien. Claro 3

**dictātor, -ōris** *m.* Diktator. In Zeiten großer Gefahr konnte der Senat in Rom den Notstand ausrufen. In diesem Fall wurde ein Mann zum Diktator bestimmt, der an Stelle der Konsuln, allerdings für höchstens 6 Monate die unumschränkte Regierungsgewalt innehatte. L 12, 13

**Dīdō, -ūs oder -ōnis,** *f.* Dido. Mythische Königin der Karthager und Geliebte des Aeneas. L 9

**Diomēdēs, -is** *m.* Diomedes, mythischer Sohn des Mars, König in Thrakien, fütterte seine Pferde mit Menschenfleisch. Die Pferde brachte Herkules im Zuge der zwölf Taten zu Eurystheus. L 15

**druidēs, -um** *m.* Druiden. Keltische Priester in Gallien und Britannien. Sie sorgten für die Ausübung des Kults, der Opfer, waren Wahrsager und verfügten über ein hohes Wissen, das sie als Lehrer der adligen Jugend weitergaben. Die Druiden besaßen großen politischen Einfluss. Ein Mal im Jahr trafen sie sich an einem geheimen Ort, wo sie auch ihren Anführer wählten. L 19

**Ēchō, -ūs** *f.* Echo. Nymphe, von den Göttern dazu bestraft, nicht schweigen, aber auch nicht selbständig reden zu können: Sie konnte lediglich die letzten Worte, die jemand gesprochen hatte, wiederholen. Als Narziss ihre Liebe zurückwies, verging ihr Körper aus Kummer und es blieb nur noch ihre Stimme – das Echo. L 18.

**Erymanthus, -ī.** *m.* Erymanthus. Gebirge im nördlichen Arkadien in Südgriechenland, in dem der Sage nach ein wilder Eber sein Unwesen trieb, den Herkules schließlich tötete. L 15

**Ēsquiliae, -ārum** *f.* Esquilin. Hügel in Rom. Riesiges, dicht bewohntes Stadtviertel mit zum Teil sehr begehrten Wohnlagen. L 3

**Eurōpa, -ae** *f.* Europa. Mythische Tochter des Königs Agenor von Sidon in Phönizien. Wurde von Jupiter, der sich in einen weißen Stier verwandelt hatte, übers Meer nach Kreta entführt. Sie gibt deshalb unserem Kontinent seinen Namen. L 17.

**Eurystheus, -eī** *m.* König von Mykene, Liebling der Juno, verpflichtete Herkules zu zwölf Taten, die übermenschliche Kräfte erforderten. L 15

**Faustulus, -ī** *m.* Faustulus. Der Sage nach Hirte und Ziehvater von Romulus und Remus. L 9

**forum Rōmānum, -ī** *n.* das Forum Romanum. Markt- und Gerichtsplatz in Rom, unter dem Kapitol gelegen; Mittelpunkt des politischen Lebens Roms und des ganzen Römischen Reiches. Auf dem Forum Romanum standen Tempel, die Curia (Senatsgebäude), die Rostra (Rednertribüne), der Staatsherd im Vestatempel, Basiliken (Markt- und Gerichtshallen), Ehrenbögen, Siegesdenkmäler und unzählige Statuen. L 1, 2

**Gāius, -ī** *m.* Gaius. Männl. Vorname (Abk.: C.). In der Rahmenhandlung von *Salvete* ein Junge aus einer ärmeren Familie in Rom. L 3

**Galba, -ae** *m.* Galba. Ser. Sulpicius Galba (3 v. – 69 n. Chr.), römischer Statthalter in Spanien. Nachfolger von Kaiser Nero 68 n. Chr. Galba zeichnete sich durch besondere Sparsamkeit aus und wurde bei einem Putsch der Prätorianergarde ermordet. L 24

**Gallia, -ae** *f.* Gallien. Gebiet keltischer Stämme (*Galli*) im heutigen Frankreich, Belgien, Oberitalien und äußersten Westen Deutschlands. L 12, 13, 21.
**Gallus, -ī** *m.* Gallier L 19, 20, 21.

**Gatus, -ī** *m.* Gatus, ein Junge, der aus einer Treverer-Familie stammt. L 19

**Germānia, -ae** *f.* Germanien; geteilt in die römischen Provinzen Germania superior (mit der Hauptstadt Mogontiacum/Mainz) und Germania inferior (mit der Hauptstadt Colonia Claudia Ara Agrippinensium/Köln) auf dem westlichen Rheinufer und in das freie Germanien, das Gebiet östlich des Rheins; im Süden begrenzt durch die Donau. Gesichert wurden die Grenzen der Provinz durch den Limes, einen befestigten Wall, der heute zum Weltkulturerbe gehört. L 7, 20, 22

**Germānicus, -ī** *m.* Germanicus. Beiname des C. Iulius Caesar, Sohn des Drusus und Neffe des Tiberius, Enkel der Livia und des Antonius, Vater des späteren Kaisers Caligula (15 v. Chr. –19 n. Chr.). Nach großen militärischen Erfolgen starb er an einer Krankheit. L 23

**Gēryōn, -ōnis** *m.* Geryon. Mythischer Riese auf der Insel Erythea, der große Rinderherden besaß, die Herkules entführte. L 15

**Graecia, -ae** *f.* Griechenland. L 13

**Hector, -oris** *m.* Hektor. Mythischer Sohn des Königs Priamos von Troja. Hektor fiel im Kampf gegen den Griechen Achilles. L 8

**Helena, -ae** *f.* Helena. Mythische Ehefrau des Menelaos. Paris entführte sie nach Troja. L 8, 10

**Herculēs, -is** *m.* Herkules. Sohn des Jupiter und der Alkmene. Berühmter Held der griechischen Sagen. Wurde auf Veranlassung der eifersüchtigen Juno durch ihren Liebling Eurystheus gezwungen, zwölf übermenschlich schwere Taten auszuführen. Starb einen grausamen Tod durch ein von seiner Frau Deianera vergiftetes Gewand und wurde unter die Götter aufgenommen. Dargestellt wird Herkules meist mit der Keule und dem Fell des Löwen, den er tötete. L 11, 15

**Hispānia, -ae** *f.* Hispanien, heute Spanien. L 21

**Īcarus, -ī** *m.* Ikarus, mythischer Sohn des Daedalus, der beim Versuch zu fliegen ins Meer stürzte und den Tod fand. L 14

**Īcenī, -ōrum** *m.* die Ikener. Keltischer Stamm in Britannien, der sich nach der Eroberung der Insel 43 n. Chr. mit den Römern verbündete, 17 Jahre später aber mit der Königin Boudicca einen Aufstand gegen die Besatzer wagte. Claro 3

**Īdūs, -uum** *f.* die Iden. Die Monatsmitte. Im März, Mai, Juli und Oktober der 15. Tag, in den anderen Monaten der 13. Tag. L 13

**Īō, -ōnis** *f.* Io, Mythische Tochter des Königs von Argos. Von Jupiter wegen der eifersüchtigen Juno in eine Kuh verwandelt und vom hundertäugigen Argus bewacht. Nach dem Tod des Argus irrte Io lange auf der Flucht vor Juno umher, bis sie nach Ägypten kam, wo sie ihre menschliche Gestalt wieder erhielt. In Ägypten wurde sie als Göttin Isis verehrt. L 18.

**imperātor, -ōris** *m.* Feldherr, auch Oberfeldherr, dem vom Senat das *imperium*, die Amtsgewalt übertragen war. Auch Ehrentitel des siegreichen Feldherrn, später Titel jedes Kaisers. L 13

**Italia, -ae** *f.* Italien L 13

**Ithaca, -ae** *f.* Ithaka. Kleine Insel vor der Westküste Nordgriechenlands, Heimat des Odysseus. L 16

**Iūlia, -ae** *f.* Julia. Römischer Familienname in weiblicher Form. In claro 2 Name einer jungen Vestalin.

**Iūnō, Iūnōnis** *f.* Juno (griech. *Hera*). Schwester und Frau des Jupiter und damit höchste Göttin. War wegen der zahlreichen Liebesabenteuer ihres Mannes sehr eifersüchtig. Juno wurde vor allem von verheirateten Frauen verehrt und um Hilfe bei Geburten angerufen. In Rom hatte Juno zusammen mit Jupiter und Minerva eine wichtige Rolle als Staatsgöttin. Darstellungen zeigen sie mit Zepter, Kopfschmuck und Opferschale. Ihre Begleittier ist der Pfau. L 12, 18.

**Iuppiter, Iovis** *m.* Jupiter (griech. *Zeus*). Sohn des Saturn, Bruder und Mann der Juno. Höchster römischer Gott. Zog sich durch seine zahlreichen Liebschaften oft den Zorn seiner Ehefrau zu. Er wird mit dem Blitzbündel und häufig mit seinem Begleittier, dem Adler, dargestellt. L 11, 17, 22.

**Iuvenālis, -is** *m.* Decimus Iunius Iuvenalis (ca. 60 – ca. 130 n. Chr), Juvenal. Römischer Dichter und Satiriker. L 6

**Kalendae, -ārum** *f.* Kalenden. Erster Tag des Monats. In diesem Wort hat sich noch die Schreibweise mit k erhalten, die im Lateinischen sonst durch c ersetzt wurde. L 23

**Lāocoōn, -ontis,** *m.* Laokoon. Der Sage nach trojanischer Priester des Apollon, der davor warnte, das hölzerne Pferd der Griechen in die Stadt Troja zu bringen. Er und seine beiden Söhne starben durch zwei Meeresschlangen. L 8

**Latium, -ī** *n.* Latium. Gegend um Rom. L 9

**lēgiō, -ōnis** *f.* Legion. Römisches Heeresabteilung, die 4200–6000 Fußsoldaten umfasste, unterteilt in zehn Zenturien. L 13

**Libya, -ae** *f.* Libyen. Gebiet in Nordafrika. L 9

**litterae, -ārum** *f.* Brief. In der Regel wurden Briefe auf Holztäfelchen geschrieben, die mit der Antwort des Empfängers zurückgebracht werden konnten. Später wurden Briefe auch auf Papyrus geschrieben. Es gab, wie heute auch, bestimmte Formeln für die Einleitung und den Schluss. Das Datum stand am Ende des Briefs, der Adressat außen. Überbracht wurden Privatbriefe durch Briefboten oder durch reisende Bekannte. Deshalb war das Risiko, dass ein Brief nicht ankam, recht hoch. L 20

**Līvia, -ae** *f.* Livia. Römischer Familienname in weiblicher Form. In der Rahmenhandlung von *Salvete* die zehnjährige Schwester des Titus und des Secundus. L 1,2,3,4,5. Die zweite Ehefrau des Augustus hieß ebenfalls Livia (58 v. Chr. – 29 n. Chr.). Sie hatte aus ihrer ersten Ehe zwei Söhne: den späteren Kaiser Tiberius und Drusus. L 22, 23.

**M. Līvius Maximus, -ī** *m.* Marcus Livius Maximus. In der Rahmenhandlung von *Salvete* ein reicher römischer Kaufmann und Vater von Titus, Secundus und Livia. L 1,4

**Londinium, -ī** *n.* London, Hauptstadt von Britannien. claro 3

**Lucius, -ī** *m.* Lucius. Männlicher Vorname (Abk.: L.). In claro 2 ein junger Mann, in den sich die Vestalin Claudia verliebt hat. In L 19 ein junger Römer in Augusta Treverorum.

**Macedonia, -ae** *f.* Makedonien. Heutiges Mazedonien, Nordgriechenland und Nordwest-Bulgarien. Wurde 148 v. Chr. römische Provinz. L 10

**Mārcus, -ī** *m.* Markus. Männlicher Vorname. In der Rahmenhandlung von *Salvete* ein Gegner der Gladiatorenspiele. L 6

**Mārs, Mārtis** *m.* Mars (griech.: *Ares*). Gott des Krieges, Sohn des Jupiter und der Juno. Er verführte die Königstochter und Vestalin Rhea Silvia, die daraufhin die Zwillinge Romulus und Remus gebar. Mars wird als Kriegsgott in Rüstung und Waffen dargestellt. L 9

**Mārtīnus, -ī** *m.* Martinus. Er wurde 316 n. Chr. in der Provinz Pannonien geboren. Später diente Martinus als römischer Soldat in der berittenen kaiserlichen Garde. 356 n. Chr. erreichte er seine Entlassung aus dem Militärdienst, weil sich diese Tätigkeit seiner Meinung nach nicht mit seinem christlichen Glauben vereinbaren ließ. Martinus trat in ein christliches Kloster ein und wurde später zum Bischof ernannt. Die Erinnerung an ihn wird durch christliche Legenden und andere Schriften wach gehalten. Noch heute finden um den 11. November Martins-Umzüge statt. claro 1

**Mēdēa, -ae** *f.* Medea. In der Rahmenhandlung von *Salvete* Sklavin und Dienerin im Haus der Familie des M. Livius Maximus. L 5

**Memphis, -idis** *f.* Memphis. Eine der Hauptstädte im Alten Ägypten, am Nil gelegen, wo der Fluss sich zum Delta verzweigt. Residenzstadt der Pharaonen. Schon bei den Griechen galt Memphis als Hauptort ägyptischer Weisheit. L 11

**Menelāus, -ī** *m.* Menelaos. Mythischer König von Sparta und Ehemann der Helena. L 8

**Mercurius, -ī** *m.* Merkur (griech.: *Hermes*). Götterbote, Gott der Kaufleute und der Diebe, Sohn des Jupiter. In bildlichen Darstellungen trägt er Flügelschuhe, den Heroldsstab und einen geflügelten Hut. In der Hand hält er häufig einen Geldbeutel. L 9, 18.

**Mīliārium aureum, -ī** *n.* Das Milliarium aureum, der *goldene Meilenstein,* wurde von Kaiser Augustus im Jahre 20 v. Chr. auf dem Forum Romanum errichtet. Auf dieser Säule, die sozusagen im Schnittpunkt aller Straßen lag, die nach Rom führten, waren die Entfernungen zu den wichtigsten Städten des römischen Reichs angegeben. L 1

**Minerva, -ae** *f.* Minerva (griech. *Athena*), Göttin des Kriegs, der Weisheit und der Künste. Tochter des Jupiter, dem sie aus dem Kopf entsprungen sein soll. Sie wird als Bewaffnete mit Rüstung, Helm, Schild und Lanze dargestellt. Ihr Begleittier ist die Eule. L 13

**Mīnōs, -ōis** *m.* Minos. Sohn des Jupiter und der Europa, mythischer König von Kreta. L 14

**Mīnōtaurus, -ī** *m.* der Minotaurus. Menschenfressendes Ungeheuer, halb Stier, halb Mensch, von seinem Stiefvater Minos in einem Labyrinth gefangengehalten, später von Theseus getötet. L 14

**Mycēnae, -ārum** *f.* Mykene. Bedeutende altgriechische Stadt in der Argolis, der nordöstlichen Peloponnes. Nach dieser Stadt wird eine Kultur als Mykenische Kultur (ca. 1600 – 1050 v. Chr.) bezeichnet, für die große Schacht- und Kuppelgräber und eine besondere Form und Bemalung der Keramik charakteristisch sind. L 15

**Nanna, -ae** *f.* Nanna. Eine schöne junge Frau, in die sich in L 26 ein reicher Kaufmann verliebt.

**Narcissus, -ī** *m.* Narziss. Sohn eines Flussgottes und einer Nymphe, der die Liebe von Echo zurückwies. Er verliebte sich unsterblich in sein eigenes Spiegelbild, bis er sich in eine Blume – die Narzisse – verwandelte. L 18

**Nausicaa, -ae** *f.* Nausikaa. Mythische Tochter des Königs der Phäaken, die dafür sorgte, dass der schiffbrüchige Odysseus freundlich aufgenommen wurde. L 16.

**Nemea, -ae** *f.* Nemea. Altgriechische Stadt der nordöstlichen Peloponnes, wo der Sage nach der Löwe hauste, den Herkules tötete. L 15

**Neptūnus, -ī** *m.* Neptun (griech. *Poseidon*), Bruder des Jupiter und Vater des Polyphem. Gott des Meeres, der mit dem Dreizack, mit dem er die Wellen aufwühlen kann, dargestellt wird. L 16

**Nerō, -ōnis** *m.* Nero, Sohn der Agrippina, Adoptivsohn des Kaisers Claudius, römischer Kaiser von 54-68 n.Chr. Er wurde von dem Philosophen Seneca erzogen, den Nero später zum Selbstmord zwang. Er ließ seine Frau Octavia, seinen Stiefbruder Britannicus und seine Mutter ermorden und war für den großen Brand von Rom 64 n.Chr. verantwortlich, für den er viele Christen hinrichten ließ. Eine Verschwörung gegen ihn (die sogenannte Pisonische Verschwörung) ließ er grausam niederschlagen. Nachdem der Senat ihn zum Staatsfeind erklärt hatte, ließ Nero sich von einem seiner Freigelassenen töten. L 24

**Nīlus, -ī** *m.* Nil, der ägyptische Fluss. L 18

**Octāvia, -ae** *f.* Octavia. Tochter des Kaisers Claudius, Ehefrau des Nero, wurde auf seine Veranlassung getötet. L24

**Octāviānus, -ī** *m.* Octavian (63 v.Chr. – 14 n.Chr.), eigentlich C. Octavius, Großneffe und Adoptivsohn Caesars; erhielt später den Beinamen Augustus. L 25

**Orbilius, -ī** *m.* Orbilius. In der Rahmenhandlung von *Salvete* ein alter, missmutiger Lehrer für Kinder armer Familien in Rom. L 4

**Palātium, -ī** *n.* Palatin. Hügel in Rom. Später Wohnort der Kaiser. Von daher leitet sich das Wort *Palast* ab.

**Palmȳra, -ae** *f.* Palmyra. Oasenstadt in der syrischen Wüste, deren antike Bauten heute noch zu bewundern sind. L 27

**Paris, -idis** *m.* Paris. Sohn des Königs Priamos von Troja, entführte im Verlauf eines Besuches bei Menelaos in Sparta dessen Frau Helena nach Troja und verursachte damit den trojanischen Krieg. L 8

**Pāsiphaē, -ēs** *f.* Pasiphae. Frau des Minos, die sich unsterblich in einen Stier verliebte und von ihm den Sohn Minotaurus bekam. L 14

**Pēnelopē, -ēs** *f.* Penelope. Frau des Odysseus, die 20 Jahre treu auf die Heimkehr ihres Mannes wartete. L 16

**Persae, -ārum** *m.* Perser. Das Zentrum des Perserreichs lag im heutigen Iran. L 27

**Phaedrus, -ī** *m.* Phaedrus (ca. 20 v.Chr. – ca. 50 n.Chr.), Sklave des Augustus, später freigelassen; Dichter einer Fabelsammlung. L 10

**Philippūs, -ī** *m.* In der Rahmenhandlung von *Salvete* ein Gladiator in Capua. L 6

**Phoenicia, -ae** *f.* Phönizien, umfasst etwa das heutige Syrien und den Libanon. L 17

**Plutarchus, -ī** *m.* Plutarch. Griechischer Schriftsteller (45-125 n.Chr.). Von seinen zahlreichen Büchern sind vor allem die Biographien bekannt, die das Leben bekannter Persönlichkeiten darstellen. L 25

**Poenī, -ōrum** *m.* Punier oder Phönizier. Seehandelsvolk aus dem östlichen Mittelmeer, siedelte vor allem in Nordafrika/Karthago. Ihre Sprache war semitisch. Sie „erfanden" die Buchstabenschrift, aus der sich das griechische Alphabet und damit auch unsere lateinische Schrift entwickelte. L 9.

**Polyphemus, -ī** *m.* Polyphem. Zyklop, Sohn des Neptun, von Odysseus vor der Flucht aus seiner Höhle geblendet. L 16

**Pollūx, -ūcis** *m.* Pollux, Sohn des Jupiter und der Leda, Bruder des Kastor. Beide zusammen heißen die Dioskuren. Berühmter Faustkämpfer. L 11

**Pompeiī, -ōrum** *m.* Pompeji. Stadt bei Neapel in Kampanien; 79 n. Chr. durch einen Ausbruch des Vulkans Vesuv zerstört. Seit dem 18. Jahrhundert wird die verschüttete Stadt wieder ausgegraben. L 1

**Pontifex Maximus, -ficis -ī** *m.* Der Pontifex Maximus war der höchste Oberpriester. Die römischen Oberpriester waren für die Aufsicht und die Verwaltung des gesamten Religionswesens zuständig. Heute noch ist die Amtsbezeichnung des Papstes *Pontifex Maximus.* claro 2

**Poppaea, -ae** *f.* Poppaea (ca. 30–65 n. Chr.). Zweite Ehefrau des Kaisers Nero. L 24

**praetor, -ōris** *m.* Prätor. Die Prätoren waren für Rechtssprechung zuständig. Zu Kriegszeiten ständige Vertreter des Konsuls. Später verwalteten die Prätoren auch die Provinzen und hatten volle militärische Gewalt. Mit dem größer werdenden Reich wuchs die Anzahl der Prätoren bis auf 18 an. L 12

**Priamus, -ī** *m.* Priamos. Mythischer König von Troja. L 8

**Pūblius, -ī** *m.* Publius. Männl. Vorname (Abk.: P.). In der Rahmenhandlung von *Salvete* ein römischer Beamter und begeisterter Anhänger von Gladiatorenkämpfen. L 6

**quaestor, -ōris** *m.* Quästor. Hoher Finanzbeamter, der für die Staats- oder die Kriegskasse zuständig war. L 12

**Quīntus, -ī** *m.* Quintus. Männl. Vorname (Abk.: Q.). In der Rahmenhandlung von *Salvete* ein guter Freund der Familie von M. Livius Maximus. Der junge Mann kommt aus Britannien, wo er als Händler arbeitet. L 1, 2, 3, 5.

**Remus, -ī** *m.* Remus. Sohn des Mars und der Rhea Silvia, Bruder des Romulus; Mitbegründer Roms, von Romulus im Streit getötet. L 9

**Rhēa Silvia, -ae** *f.* Rhea Silvia. Tochter des Numitor, Priesterin der Vesta; Geliebte des Mars, Mutter des Romulus und Remus. L 9

**Rhodopis, -is** *f.* Rhodopis, lebte in der 1. Hälfte des 6. Jhs. v. Chr. Sie wurde als Sklavin von der griechischen Insel Samos nach Naukratis in Ägypten gebracht, wo sie freigekauft wurde und sich mit ihrer Schönheit als Hetäre (Prostituierte) ein Vermögen verdient haben soll. L 11.

**Rōma, -ae** *f.* Rom; Stadt in Latium. Die früheste nachweisbare Besiedlung stammt aus dem 10. Jh. v. Chr. Der antiken Sage nach 753 v. Chr. gegründet, Hauptstadt des römischen Reiches. Bis ins 4. Jh. n. Chr. residierten hier die Kaiser. Im 1./2. Jh. n. Chr. hatte die Stadt etwa 1 000 000 Einwohner. L 1, 2, 3, 4, 5, 6, 7, 8, 9

**Rōmulus, -ī** *m.* Romulus. Der Sage nach Gründer und erster König Roms; Sohn des Mars und der Rhea Silvia; zusammen mit seinem Bruder Remus von einer Wölfin aufgezogen. L 9

**Rūfus, -ī** *m.* Numerius Istacidius Rufus, reicher Pompejaner des 1. Jhs. n. Chr., ist auf einem in einer pompejanischen Villa gefundenen Graffito (Ritzzeichnung) abgebildet. In der Rahmenhandlung von *Salvete* ein Onkel von Titus, Livia und Secundus. L 1, 2, 3, 4, 5.

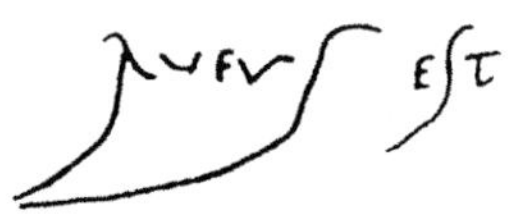

**Sabīnus, -ī** *m.* Sabinus. Männlicher Familienname. In der Rahmenhandlung von *Salvete* ein Sklave in Rom, der den Aufstand des Spartakus mit einem Freund Damophilus diskutiert. L 7

**Saracēni, -ōrum** *m.* die Sarazenen, ein arabischer Stamm. L 27

**Secundus, -ī** *m.* Secundus. Männlicher Vorname. In der Rahmenhandlung von *Salvete* Sohn des M. Livius Maximus und sechsjähriger Bruder von Titus und Livia. L 1, 3, 4, 5

**Segestes, -is** *m.* Segestes. Fürst der Cherusker, Schwiegervater des Arminius. L 22

**Segimērus, -ī** *m.* Segimerus. Fürst der Cherusker, Vater des Arminius. L 22

**Sextus, -ī** *m.* Sextus. Männl Vorname (Abk.: Sex.). In der Rahmenhandlung von *Salvete* ein Römer, der wie sein Bruder Marcus die Gladiatorenspiele ablehnt. L 6

**Sibylla, -ae** *f.* Sybille. Die Sybille von Cumae in Kampanien war Priesterin und Prophetin. Auf Sibylle wurden die Prophezeiungen in den sogenannten *Sibyllinischen Büchern* zurückgeführt, die der römische Staat als Geheimwissen unter Verschluss hielt. In Notlagen konnten sie auf Senatsbeschluss von besonderen Beauftragten eingesehen werden. L 9

**Sicilia, -ae** *f.* Sizilien. Größte Mittelmeerinsel. Seit 227 v. Chr. römische Provinz. L 9

**Spartacus, -ī** *m.* Spartakus (ca. 110–71 v. Chr.), ein von den Römern versklavter Thraker, floh 73 v. Chr. mit 70 anderen Sklaven aus der Gladiatorenschule in Capua. Tausende entlaufener Sklaven schlossen sich Spartakus an. Gemeinsam mit dem Kelten Krixos kämpfte er mehr als zwei Jahre erfolgreich gegen die Römer. Nach Krixos' Tod zwang Spartacus die Besiegten sogar, als Gladiatoren gegeneinander anzutreten. Entgegen seiner ursprünglichen Absicht, nach Thrakien in die Freiheit zu fliehen, zog er kurz vor der Grenze des heutigen Italiens wieder zurück nach Rom. Da griff Marcus Licinius Crassus ein und tötete Spartakus und seine Anhänger nach heftigem Kampf 71 v. Chr. L 7

**statua, -ae** *f.* Statue. Standbilder von Göttern und Menschen gab es auf öffentlichen Plätzen, in Tempeln und öffentlichen Gebäuden und in Privathäusern, vor allem seit der Eroberung von Griechenland im 2. Jh. v. Chr. Die griechischen Statuen waren so beliebt, dass sie auch häufig kopiert wurden. Viele antike griechische Statuen, die heute verloren sind, sind uns in römischen Nachbildungen erhalten. L 5, 14

**Subūra, -ae** *f.* Subura; dichtbevölkertes, hauptsächlich von Handwerkern, Sklaven und Freigelassenen bewohntes Viertel in Rom, das einen schlechten Ruf hatte. L 3

**C. Suētōnius Paulīnus, -ī** *m.* C. Suetonius Paulinus. Statthalter von Britannien 58–61 n. Chr. Unter großen Anstrengungen gelang es ihm, den Aufstand der Boudicca niederzuwerfen. Um größere Unruhen zu vermeiden, wurde er schließlich von Kaiser Nero abberufen. claro 3

**Syrī, -ōrum** *m.* Syrer. L 27

**Tabulārium, -ī** *n.* Tabularium. Das römische Staatsarchiv. Es wurde nach dem Brand des Kapitols 83 v. Chr. am Hang des Hügels neben dem Saturn-Tempel eingerichtet. Seine mächtige Fassade überragt heute noch das Forum Romanum. L 12

**Tarquinius Superbus, -ī** *m.* Tarquinius Superbus. Letzter römischer König, der 509 v. Chr. vertrieben wurde. L 12

**templum, -ī** *n.* Heiligtum, Tempel. Der römische Tempel besaß im Gegensatz zum griechischen nur an der Front Säulen. Im Tempelinneren, der Cella, standen die Statuen der Götter und wurden Weihgeschenke aufbewahrt. Die Tempel wurden aus Stein gebaut, um einbruch- und brandsicher zu sein, und dienten deshalb auch oft als Bank. Es fand kein Gottesdienst der Gemeinde im Tempel statt. Das Opfer wurde in der Regel vor dem Tempel auf einem Altar vollzogen. L 12, 23, claro 2.

**Tenedus, -ī** *f.* Tenedos. Insel vor der Küste von Troja. L 8.

**Theodōrus, -ī** *m.* Theodorus. In der Rahmenhandlung von *Salvete* Sklave und Hauslehrer bei der Familie des M. Livius Maximus. L 1, 2, 4, 5

**thermae, -ārum** *f.* Thermen. Badeanlagen, die man in verschiedenen Stufen durchlief: Zuerst legte man seine Kleider im Umkleideraum (*apodyterium*) ab. Im Hof (*palaestra*) hatte man die Möglichkeit, Sport zu treiben und begab sich danach in die verschieden geheizten Saunaanlagen (*sudationes*, *laconicum*). Die Schwimmbäder nutzte man dann in der Reihenfolge vom *caldarium* (Warmwasserbad) über das *tepidarium* (mit mäßig warmer Temperatur) bis zum *frigidarium* (Kaltwasserbad). Anschließend konnte man sich noch im Freibad (*natatio*) vergnügen. In den großen Städten gab es riesige Thermen als öffentliche Anlagen, die zum Teil luxuriös ausgestattet waren. Aber es gab auch in vielen Villen kleine Thermenanlagen, die die Möglichkeit zur privaten Wellness boten. L 23

**Tiberis, -is** *m.* der Fluss Tiber. Er entspringt im Appennin, fließt durch Rom und mündet bei Ostia ins Mittelmeer. Auf der dem Stadtzentrum von Rom gegenüber liegenden Flussseite (*trans Tiberim*) lebten vor allem Handwerker, Arbeiter und viele Ausländer. Direkt am Flussufer und auf den Hügeln lagen Villen und schöne Gärten. Noch heute heißt dieser Stadtteil von Rom Trastevere. L 9, 25

**Tiberius, -ī** *m.* Tiberius, Sohn der Livia, Stiefsohn des Augustus, römischer Kaiser (14-37 n. Chr.). Feierte vor allem nach der Niederlage des Varus große militärische Erfolge. Enttäuscht von der Politik des Senats in Rom zog er sich in den letzten Jahren auf die Insel Capri zurück. L 23

**Titus, -ī** *m.* Titus. Männl. Vorname (Abk.: T.). In der Rahmenhandlung von *Salvete* 15-jähriger Sohn des Marcus Livius Maximus und Bruder von Secundus und Livia. L 1, 2, 3, 4, 5.
In L 20 Vorname des Vitalius, der in Briefkontakt mit seinem Vater steht. In L 21 heißt ein römischer Soldat Titus, der mit Caesar am Britannien-Feldzug teilgenommen hatte.

**toga, -ae** *f.* Toga, Obergewand der Römer, das über der Tunika getragen wurde. Es bestand aus einer sehr langen, halbovalen Tuchbahn, die so um den Körper geschlungen wurde, dass der linke Arm in einer Schlaufe lag und der rechte frei blieb. Die genaue Drapierung war der Mode unterworfen und konnte sich ändern. Zum Anlegen der Toga brauchte man fremde Hilfe und es war nicht besonders bequem, sie zu tragen. Normalerweise war die Toga einfach weiß, freigeborene Jungen, Ritter und hohe Beamte hatte zusätzlich einen Purpurstreifen (*toga praetexta*). Bewerber um ein Amt trugen eine blendend weiße Toga, die *toga candida*. Daher leitet sich die Bezeichnung *Kandidat* ab. L 10

**Trōia, -ae** *f.* Troja. Antike Stadt in Kleinasien, an der Westküste der heutigen Türkei. Der Kaufmann Heinrich Schliemann leitete 1870 auf dem Hügel Hisarlik archäologische Grabungen, legte Siedlungsreste frei und entdeckte einen Goldschatz. Schliemann gab damit den Anstoß dazu, die Ausgrabung zu einer wichtigen Methode der archäologischen Wissenschaft zu entwickeln. Schliemann war überzeugt davon, das sagenhafte Troja gefunden zu haben. Bis heute dauert die wissenschaftliche Auseinandersetzung um die Deutung der verschiedenen Siedlungsschichten der ausgrabenen Stadt an. L 8, 10, 16

**Ulixēs, -is** *m.* Ulixes (griechisch: *Odysseus*). Mythischer König von Ithaka, bekannt für seine List; bei den Irrfahrten auf dem Heimweg vom Trojanischen Krieg erlebte er viele Abenteuer und begegnete unter anderem dem Zyklopen Polyphem. L 8, 16

**Vārus, -ī** *m.* P. Quinctilius Varus. Römischer Feldherr, ca. 46 v. Chr. – 9 n. Chr. Unterlag als Oberbefehlshaber in Germanien in der Schlacht im Teutoburger Wald den Truppen des Arminius. Drei Legionen wurden vernichtend geschlagen, Varus beging Selbstmord. L 22

**Vesta, -ae** *f.* Vesta. Römische Göttin des Herdfeuers. Schwester des Jupiter. Sie besaß einen kleinen Rundtempel am Forum Romanum. In ihm wurde kein Kultbild der Göttin verehrt, sondern das Herdfeuer, das zum Wohl des Staates immer brennen musste. claro 2

**vestālis, -is** *f.* Vestalin, Priesterin der Vesta. Sechs Frauen blieben für 30 Jahre im Dienst der Göttin. Sie begannen ihre Priesterschaft als Mädchen im Alter zwischen 6 und 10 Jahren und hatten vor allem für die Unterhaltung des öffentlichen Feuers im Vesta-Tempel zu sorgen. Die Vestalinnen lebten getrennt von ihren Familien im Atrium Vestae nahe beim Tempel. Sie waren rechtlich dem Pontifex Maximus unterstellt und zur Jungfräulichkeit verpflichtet, sonst wurden sie mit dem Tode bestraft. In der römischen Gesellschaft genossen sie hohes Ansehen. claro 2

**Via Appia, -ae** *f.* Die *Appische Straße* ist nach ihrem Erbauer, Appius Claudius Caecus, benannt; Hauptstraße von Rom in Richtung Süden, erbaut 312 v. Chr. bis Capua, später bis Brundisium/Brindisi fortgeführt. L 7

**Via Lāta, -ae** *f.* Die *Breite Straße* war ein Teilstück der von Norden nach Rom führenden *Via Flaminia*. Die *Via Lata* führte durch das nördliche Marsfeld am Mausoleum des Augustus, der *Ara Pacis* (dem Friedensaltar des Augustus) und der Mark-Aurel-Säule vorbei bis zum Kapitol. Ihr Verlauf entspricht heute der *Via del Corso*. L 5

**Via Sacra, -ae** *f.* Die *Heilige Straße* verläuft über das Forum Romanum an zahlreichen Tempeln vorbei und endet am Fuß des Kapitolinischen Hügels, wo die Straße weiter führt bis zum Jupitertempel. Als Prozessionsstraße war die *Via Sacra* auch Teilstück des Triumphzugs, den die siegreichen Feldherren, später nur noch die Kaiser, abhalten durften. L 5

**vīlla, -ae** *f.* Landgut, Landhaus. Reiche Römer besaßen Landgüter, auf die sie sich im heißen Sommer aus der stickigen Stadt zurückziehen konnten. Im Unterschied zu heute bezeichnete die römische Villa den gesamten landwirtschaftlichen Betrieb. Das Wohnhaus konnte sehr groß und äußerst prächtig ausgestattet sein. Besonders begehrt war eine Lage am Golf von Neapel. L 10, 19, 24

**Vītālius, -ī** *m.* Vitalius. Römischer Familienname. In L 20 schreiben sich Vater Aulus Vitalius und Sohn Titus Vitalius Briefe. L 20

**Zēnobia, -ae** *f.* Zenobia. Königin von Palmyra in Syrien (ca. 240–272 n. Chr.). Gegnerin des römischen Kaisers Aurelian. L 27

| | |
|---|---|
| **ā/ab** *(beim Abl.)* | von L 9 |
| **abesse, absum, āfuī** | fehlen, fern sein L 20 |
| **abīre, abeō, abiī** | weggehen L 9 |
| **ac** | und L 8 |
| **accēdere, accēdō, accessī, accessum** | herantreten L 17 |
| **accipere, accipiō, accēpī, acceptum** | annehmen, empfangen; aufnehmen L 19 |
| **ācer, ācris, ācre** | scharf; scharfsinnig; tatkräftig, leidenschaftlich L 26 |
| acūtus, -a, -um | scharf, spitz L 16 |
| **ad** *(beim Akk.)* | zu, nach; bei L 3 |
| **addūcere, addūcō, addūxī, adductum** | heranführen, zuführen; veranlassen L 26 |
| **adesse, adsum, adfuī, (affuī)** | da sein; helfen L 1 |
| **adhibēre, adhibeō, adhibuī, adhibitum** | hinzuziehen, anwenden L 16 |
| **adhūc** *(Adv.)* | bis jetzt; noch immer L 4 |
| **adīre, adeō, adiī** | herangehen, hingehen L 17 |
| **adiungere, adiungō, adiūnxī, adiūnctum** | anfügen, verbinden L 26 |
| **adiuvāre, adiuvō, adiūvī, adiūtum** *(beim Akk.)* | jmdn. unterstützen, jmdm. helfen L 12 |
| **administrāre** | leiten, verwalten L 13 |
| **admonēre, admoneō, admonuī, admonitum** | ermahnen. erinnern L 19 |
| **adulēscēns, -entis** *m.* | Jugendlicher, junger Mann L 23 |
| **adventus, -ūs** *m.* | Ankunft L 25 |
| adversārius, -ī *m.* | Gegner, Feind 6 |
| **aedificāre** | (er)bauen, errichten L 8 |
| **aedificium, -ī** *n.* | Gebäude L 2 |
| **aequō animō** | mit Gleichmut L 7 |
| **aequus, -a, -um** | eben, (gleich)mäßig; gerecht; ruhig L 7 |
| **ager, agrī** *m.* | „Acker", Gebiet, Feld L 12 |
| **agere, agō, ēgī, āctum** | treiben; tun; führen; (ver)handeln L 19 |
| **agitāre** | (an)treiben L 3 |
| **aliēnus, -a, -um** | fremd; unpassend; widersprechend L 9 |
| **aliquandō** *(Adv.)* | einst, irgendeinmal L 10 |
| **alius, alia, aliud** | ein anderer L 2 |
| **aliī … aliī** | die einen … die anderen L 2 |
| **alter, altera, alterum** | der eine, der andere (von beiden) L 11 |
| **altus, -a, -um** | hoch; tief L 1 |
| **amāre** | lieben L 6 |
| ambulāre | spazierengehen L 26 |
| **amīcitia, -ae** *f.* | Freundschaft L 19 |

| | |
|---|---|
| **amīca, -ae** *f.* | Freundin L 1 |
| **amīcus, -i** *m.* | Freund L 1 |
| **amor, -ōris** *m.* | Liebe L 17 |
| amphitheātrum, -ī *n.* | Amphitheater L 6 |
| **amplus, -a, -um** | weit, groß, geräumig L 1 |
| angelus, -ī *m.* | „Engel" claro 1 |
| **animadvertere, animadvertō, animadvertī, animadversum** | bemerken; einschreiten; bestrafen L 26 |
| **animal, animālis** *n.* | Lebewesen, Tier L 17 |
| **animus, -ī** *m.* | Geist; Gemüt; Charakter L 7 |
| **annus, -ī** *m.* | Jahr L 7 |
| **ante** *(beim Akk.)* | vor L 5 |
| **anteā** *(Adv.)* | vorher, früher L 15 |
| **apertus, -a, -um** | offen L 2 |
| **appārēre, appāreō, appāruī** | erscheinen, sich zeigen L 19 |
| **appāret, appāruit** | es ist offenkundig L 11 |
| **appellāre** | anrufen, nennen L 22 |
| **appetere, appetō, appetīvī, appetītum** | begehren, verlangen; angreifen L 22 |
| **apportāre** | bringen, herbeischaffen L 3 |
| **appropinquāre** | näher kommen, sich nähern L 1 |
| **apud** *(beim Akk.)* | bei L 3 |
| **aqua, -ae** *f.* | Wasser L 2 |
| **arcēre, arceō, arcuī** | fernhalten; abwehren L 9 |
| **ārdēre, ārdeō, ārsī** | brennen L 2 |
| **argentum, -ī** *n.* | Silber L 27 |
| **arma, -ōrum** *n.* *(Pluralwort)* | Waffen L 7 |
| **armāre** | bewaffnen L 7 |
| **arx, arcis** *f.* | Burg L 12 |
| asinus, -ī *m.* | Esel L 3 |
| **asper, aspera, asperum** | hart, rau L 20 |
| **aspicere, aspiciō, aspexī, aspectum** | erblicken, anschauen, betrachten L 24 |
| **at** | aber, dagegen L 12 |
| **atque** | und L 8 |
| ātrium, -ī *n.* | „Atrium", Halle L 3 |
| attentus, -a, -um | aufmerksam L 1 |
| **auctōritās, -ātis** *f.* | Ansehen; Einfluss; „Autorität" L 13 |
| **audācia, -ae** *f.* | Kühnheit L 6 |
| **audīre, audiō, audīvī, audītum** | hören; anhören, erhören L 27 |
| **augēre, augeō, auxī, auctum** | vergrößern, vermehren, fördern L 22 |
| **aurum, -ī** *n.* | Gold L 27 |

| | |
|---|---|
| **aut** | oder L 5 |
| **aut … aut** | entweder … oder L 5 |
| **autem** *(nachgestellt)* | aber L 2 |
| **auxilia, -ōrum** *n.* | Hilfstruppen L 18 |
| **auxilium, -ī** *n.* | Hilfe L 18 |
| avārus, -a, -um | habgierig, geizig 26 |
| **āvertere, āvertō, āvertī, āversum** | abwenden L 18 |
| avis, -is *f.* | Vogel L 14 |
| **barbarus, -ī** *m.* | „Barbar", Ausländer, Fremder L 2 |
| beātus, -a, -um | glücklich 11 |
| **bellum, -ī** *n.* | Krieg L 12 |
| **bene** *(Adv.)* | gut L 16 |
| **beneficium, -ī** *n.* | Wohltat L 13 |
| bēstia, -ae *f.* | (wildes) Tier L 6 |
| **bonus, -a, -um** | gut L 2 |
| **caelum, -ī** *n.* | Himmel; Wetter, Klima L 9 |
| callidus, -a, -um | gewandt; erfahren, schlau L 8 |
| **campus, -ī** *m.* | Feld L 5 |
| **capere, capiō, cēpī, captum** | fassen, ergreifen, fangen L 19 |
| capra, -ae *f.* | Ziege L 11 |
| captīvus, -ī *m.* | Gefangener L 7 |
| **caput, capitis** *n.* | Kopf, Haupt; Hauptstadt L 14 |
| casa, -ae *f.* | Hütte claro 1 |
| cāseus, -ī *m.* | Käse L 16 |

| | |
|---|---|
| **castra, -ōrum** *n.* *(Pluralwort)* | Lager L 20 |
| **causā** *(beim Gen.)* | wegen L 24 |
| **causa, -ae** *f.* | Grund, Ursache; Rechtssache, Prozess L 22 |
| cautus, -a, -um | vorsichtig L 15 |
| **cēdere, cēdō, cessī, cessum** | gehen, weichen L 17 |
| celebrāre | besuchen; feiern, preisen L 13 |
| **cēnsēre, cēnseō, cēnsuī** | schätzen; meinen; beschließen L 24 |
| **cernere, cernō, crēvī, crētum** | sehen, wahrnehmen L 17 |
| **certāre** | kämpfen, streiten, Wettkämpfe austragen L 8 |
| **certē** *(Adv.)* | sicherlich L 5 |
| **cēterī, -ae, -a** | die Übrigen L 8 |
| cibus, -ī *m.* | Speise L 2 |
| **circum** *(beim Akk.)* | um … herum L 26 |
| citō *(Adv.)* | schnell L 20 |
| **cīvīlis, -e** | bürgerlich, öffentlich L 23 |
| **cīvis, -is** *m.* | Bürger L 15 |
| **cīvitās, -ātis** *f.* | Bürgergemeinschaft; Stadt; Staat; Bürgerrecht L 13 |
| **clādēs, -is** *f.* | Niederlage, Unheil, Verlust L 22 |
| **clam** *(Adv.)* | heimlich L 11 |

| | |
|---|---|
| **clāmāre** | laut rufen, schreien L 1 |
| **clāmor, -ōris** *m.* | Geschrei, Lärm L 12 |
| **clārus, -a, -um** | „klar“, glänzend, berühmt L 5 |
| **cōgitāre** | (nach)denken, beabsichtigen L 4 |
| **cognōscere, cognōscō, cognōvī, cognitum** | erkennen, kennen lernen; untersuchen L 17 |
| **colere, colō, coluī, cultum** | pflegen, bebauen, ehren L 18 |
| collocāre | (auf)stellen, errichten, ansiedeln L 16 |
| **committere, committō, commīsī, commissum** | zusammenführen; beginnen; begehen; anvertrauen L 21 |
| **commovēre, commoveō, commōvī, commōtum** | bewegen, erregen L 18 |
| **commūnis, -e** | gemeinsam; allgemein L 23 |
| comparāre | vergleichen, verschaffen L 27 |
| complēre, compleō, complēvī, complētum | (an)füllen L 3 |
| cōnfirmāre | stärken, ermutigen; bestätigen L 17 |

| | |
|---|---|
| coniu(n)x, coniugis *f.* | Ehefrau, Gattin L 18 |
| **coniungere, coniungō, coniūnxī, coniūnctum** | verbinden, vereinigen L 25 |
| **coniūrātiō, -ōnis** *f.* | Verschwörung L 13 |
| **cōnsentīre, cōnsentiō, cōnsēnsī, cōnsēnsum** | übereinstimmen, zustimmen, sich einig sein L 27 |
| cōnservāre | bewahren L 27 |
| cōnsīderāre | betrachten, bedenken, überlegen L 13 |
| **cōnsīdere, cōnsīdō, cōnsēdī, cōnsessum** | sich setzen, sich niederlassen L 17 |
| **cōnsilium, -ī** *n.* | Absicht, Wille, Plan; Vorschlag L 7 |
| cōnstāns, *Gen:* constantis | standhaft L 27 |
| **cōnstat, cōnstitit** | es steht fest, es ist bekannt L 12 |
| **cōnstituere, cōnstituō, cōnstituī, cōnstitūtum** | festsetzen, beschließen L 19 |
| **cōnsul, cōnsulis** *m.* | „Konsul“ L 12 |
| **cōnsulere, cōnsulō, cōnsuluī, cōnsultum** | um Rat fragen L 18 |
| **contemnere, contemnō, contempsī, contemptum** | geringschätzen, verachten L 24 |

| | |
|---|---|
| **contentus, -a, -um** | zufrieden L 2 |
| **contrā** *(beim Akk.)* | gegen L 9 |
| **contumēlia, -ae** *f.* | Kränkung, Beleidigung, Schande L 23 |
| **convertere, convertō, convertī, conversum** | umdrehen, wenden; sich umdrehen L 17 |
| convocāre | zusammenrufen L 10 |
| **cōpia, -ae** *f.* | Menge, Masse L 11 |
| **cōpiae, -ārum** *f.* | Truppen L 11 |
| **corpus, corporis** *n.* | Körper L 14 |
| **corrumpere, corrumpō, corrūpī, corruptum** | verderben; bestechen L 20 |
| **cottīdiē** *(Adv.)* | täglich L 10 |
| **creāre** | erschaffen, hervorbringen; wählen L 12 |
| **crēdere, crēdō, crēdidī, crēditum** | glauben L 19 |
| **crūdēlitās, -ātis** *f.* | Grausamkeit L 23 |
| **cuius?/cui?/quem?** | wessen? wem? wen? L 14 |
| **cum** *(beim Abl.)* | mit L 9 |
| **cum** *(beim Ind.)* | jedes Mal, wenn; dann, wenn L 18 |
| **cūnctī, -ae, -a** | alle L 2 |
| **cupidus, -a, -um** *(beim Gen.)* | gierig, begierig nach L 13 |
| **cūr?** | warum? L 4 |
| **cūra, -ae** *f.* | Sorge, Sorgfalt L 7 |
| **cūrāre** | sorgen für, versorgen; besorgen L 7 |
| **custōs, -ōdis** *m.* | Wächter L 18 |

| | |
|---|---|
| **dare, dō, dedī, datum** | geben L 5 |
| **dē** *(beim Abl.)* | über, von L 9 |
| **dē vītā dēcēdere** | sterben L 25 |
| **dea, -ae** *f.* | Göttin L 5 |
| **dēbēre, dēbeō, dēbuī, dēbitum** | müssen; schulden; verdanken L 4 |
| **dēcēdere, dēcēdō, dēcessī, dēcessum** | weggehen, abweichen L 25 |
| **dēcernere, dēcernō, dēcrēvī, dēcrētum** | entscheiden, beschließen L 24 |
| dēditiō, -ōnis *f.* | Unterwerfung, Kapitulation L 27 |
| **dēdūcere, dēdūcō, dēdūxī, dēductum** | herabführen, wegführen L 17 |
| **dēesse, dēsum, dēfuī** | nicht da sein, fehlen L 2 |
| dēfessus, -a, -um | müde, erschöpft L 15 |
| **dēlectāre** | Freude bereiten, Spaß machen L 4 |
| **dēlēre, dēleō, dēlēvī, dēlētum** | zerstören, vernichten L 7 |
| **dēnique** *(Adv.)* | endlich, schließlich, überhaupt L 8 |

| | |
|---|---|
| **dēpellere, dēpellō, dēpulī, dēpulsum** | wegstoßen, vertreiben L 18 |
| dēpōnere, dēpōnō, dēposuī, dēpositum | niederlegen, ablegen L 25 |
| **dēscendere, dēscendō, dēscendī, dēscēnsum** | hinabsteigen L 17 |
| **dēserere, dēserō, dēseruī, dēsertum** | im Stich lassen, verlassen L 24 |
| dēsīderāre | wünschen, begehren L 6 |
| **deus, -ī** *m.* | Gott L 5 |
| **dexter, dext(e)ra, dext(e)rum** | rechts, günstig L 26 |
| diabolus, -ī *m.* | Teufel L 11 |
| **dīcere, dīcō, dīxī, dictum** | sagen, sprechen L 17 |
| **dictātor, -ōris** *m.* | „Diktator" L 12 |
| **dictum, -ī** *n.* | Wort, Äußerung L 11 |
| **diēs, diēī** *m.* | „Tag" L 26 |
| **difficilis, -e** | schwer, schwierig L 25 |
| **dīgnitās, -ātis** *f.* | Würde L 25 |
| **dīgnus, -a, -um** | würdig, angemessen, wert L 22 |
| **dīligentia, -ae** *f.* | Sorgfalt L 7 |
| **dīmittere, dīmittō, dīmīsī, dīmissum** | wegschicken, entlassen L 24 |
| discipula, -ae *f.* | Schülerin L 4 |
| discipulus, -ī *m.* | Schüler L 4 |
| disputāre | diskutieren L 2 |
| **diū** *(Adv.)* | lange (Zeit) L 1 |
| **dīves,** *Gen.:* **dīvitis** | reich L 26 |
| **dīvitiae, -ārum** *f.* | Reichtum L 26 |
| **docēre, doceō, docuī, doctum** | unterrichten; zeigen L 4 |
| doctrīna, -ae *f.* | Bildung, Gelehrsamkeit; Wissenschaft L 23 |
| **dolēre, doleō, doluī** | Schmerz empfinden L 10 |
| **domina, -ae** *f.* | Herrin, Hausherrin L 1 |
| **dominus, -ī** *m.* | Herr, Hausherr L 1 |
| **domum** *(Adv.)* | nach Hause L 6 |
| **domus, -ūs** *f.* | Haus L 25 |
| **dōnāre** | (be)schenken L 22 |
| **dōnum, -ī** *n.* | Geschenk L 5 |
| **dubitāre** | zweifeln; unschlüssig sein; zögern L 5 |
| **dūcere, dūcō, dūxī, ductum** | ziehen, führen; glauben L 17 |
| **dum** *(beim Ind. Präs.)* | während L 5 |
| **dūrus, -a, -um** | hart; streng L 4 |
| **dux, ducis** *m.* und *f.* | Führer(in); Feldherr L 12 |
| **ē/ex** *(beim Abl.)* | aus L 9 |
| ecce! | schau! siehe da! L 1 |

| | |
|---|---|
| **ēdūcere, ēdūcō, ēdūxī, ēductum** | herausführen, ausrücken lassen L 21 |
| **egō** | ich L 4 |
| **enim** | denn, nämlich L 4 |
| **eō** *(Adv.)* | dorthin L 10 |
| **eques, equitis** *m.* | Reiter, Ritter L 27 |
| **equus, -ī** *m.* | Pferd L 8 |
| ergā *(beim Akk.)* | gegen, gegenüber *(im freundlichen Sinn)* L 13 |
| **ergō** *(Adv.)* | also L 24 |
| **ēripere, ēripiō, ēripuī, ēreptum** | rauben, entreißen L 19 |
| **errāre** | umher „irren", sich „irren" L 8 |
| **esse, sum, fuī** | sein L 1 |
| **et** | und; auch L 1 |
| **et … et** | sowohl … als auch; … und … L 1 |
| **etiam** | auch; sogar L 1 |
| excellere, excellō | hervorragen, sich auszeichnen L 17 |
| **excitāre** | erregen, aufschrecken, alarmieren L 12 |
| **exercēre, exerceō, exercuī** | (aus)üben L 3 |
| **exercitus, -ūs** *m.* | Heer L 25 |
| **exīre, exeō, exiī** | herausgehen L 14 |
| **exīstimāre** | glauben, meinen; schätzen L 10 |
| explicāre | erklären L 3 |
| **expūgnāre** | erobern L 7 |
| exsilium, -ī *n.* | Verbannung L 24 |
| **exspectāre** | erwarten, warten L 1 |
| **extrā** *(beim Akk.)* | außerhalb L 19 |
| **fābula, -ae** *f.* | Erzählung, Geschichte, Sage L 4 |
| **facere, faciō, fēcī, factum** | tun, machen L 19 |
| **faciēs, faciēī** *f.* | Gesicht; Gestalt, Aussehen L 26 |
| **factum, -ī** *n.* | Tat, Handlung L 13 |
| **fallere, fallō, fefellī** | täuschen L 22 |
| **falsus, -a, -um** | „falsch", unwahr L 19 |
| **fāma, -ae** *f.* | Gerücht, Gerede; Sage L 11 |
| **fāma est** | es geht die Sage, es geht das Gerücht L 11 |
| **famēs, -is** *f.* | Hunger L 16 |
| **familia, -ae** *f.* | „Familie" L 3 |
| **fātum, -ī** *n.* | Göttersspruch, Schicksal L 8 |
| **fēmina, -ae** *f.* | Frau L 2 |
| **fenestra, -ae** *f.* | „Fenster" L 11 |
| **ferē** *(Adv.)* | ungefähr, fast L 8 |
| **ferus, -a, -um** | wild L 17 |
| fessus, -a, -um | müde, erschöpft L 1 |
| **festīnāre** | schnell gehen, sich beeilen L 3 |

| | |
|---|---|
| fibula, -ae *f.* | Spange, Schnalle L 5 |
| **fidēs, fideī** *f.* | Verantwortung, Treue, Vertrauen L 25 |
| **fīdus, -a, -um** | treu L 10 |
| **fīlia, -ae** *f.* | Tochter L 8 |
| **fīlius, -ī** *m.* | Sohn L 8 |
| **fīnēs, -ium** *m.* | Gebiet L 18 |
| **fīnīre, fīnīo, fīnīvī, fīnītum** | beenden, begrenzen L 27 |
| **fīnis, -is** *m.* | Ende, Grenze L 18 |
| firmāre | befestigen; sichern, stärken L 23 |
| flamma, -ae *f.* | „Flamme“ L 3 |
| flōs, flōris *m.* | Blume, Blüte L 17 |
| **flūmen, flūminis** *n.* | Fluss L 18 |
| foedus, -a, -um | hässlich, scheußlich, widerlich L 6 |
| forīs *(Adv.)* | draußen L 2 |
| **fōrma, -ae** *f.* | „Form“, Gestalt, Erscheinung; Schönheit L 14 |
| **fortasse** *(Adv.)* | vielleicht L 3 |
| **fortis, -e** | stark, mutig, tapfer L 23 |
| **fortūna, -ae** *f.* | Schicksal, Glück; *Plural:* Vermögen L 26 |
| **forum, -ī** *n.* | „Forum“, Marktplatz L 1 |
| **frāter, frātris** *m.* | Bruder L 23 |
| **frequentāre** | besuchen L 5 |
| **frōns, frontis** *f.* | Stirn; Vorderseite L 16 |
| **frūctus, -ūs** *m.* | „Frucht“; Nutzen; Genuss L 25 |
| **frūmentum, -ī** *n.* | Getreide L 3 |
| **frūstrā** *(Adv.)* | grundlos; vergeblich, umsonst L 9 |
| **fuga, -ae** *f.* | Flucht L 18 |
| **fugā salūtem petere** | seine Rettung in der Flucht suchen L 18 |
| **fugere, fugiō, fūgī** | fliehen, flüchten L 19 |
| fundere, fundō, fūdī, fūsum | vergießen L 25 |
| **gaudēre, gaudeō** | sich freuen L 1 |
| **gaudium, -ī** *n.* | Freude, Vergnügen L 1 |
| **gēns, gentis** *f.* | Stamm, Sippe, Geschlecht L 22 |
| **genus, generis** *n.* | Geschlecht, Gattung, Art L 24 |
| **gerere, gerō, gessī, gestum** | tragen, ausführen L 20 |
| **gladius, -ī** *m.* | Schwert L 6 |
| **glōria, -ae** *f.* | Ruhm L 6 |
| **grātia, -ae** *f.* | Dank; Beliebtheit; Gefälligkeit L 5 |
| **grātiam hābere** | Dank wissen, dankbar sein L 5 |
| grātuītus, -a, -um | „gratis“, kostenlos L 2 |

| | |
|---|---|
| **grātus, -a, -um** | dankbar; willkommen; nett L 5 |
| **gravis, -e** | schwer; bedeutend; streng L 27 |
| **grex, gregis** *m.* | Herde L 21 |
| gūstāre | kosten L 16 |
| **habēre, habeō, habuī, habitum** | haben L 3 |
| **habitāre** | (be)wohnen L 3 |
| **haud** | nicht L 15 |
| **hīc** *(Adv.)* | hier L 1 |
| **hic, haec, hoc** | dieser, diese, dieses L 18 |
| **hinc** *(Adv.)* | von hier L 26 |
| **homō, hominis** *m.* | Mensch; Mann L 13 |
| **honor, honōris** *m.* | Ehre; Auszeichnung L 12 |
| **hōra, -ae** *f.* | Stunde L 7 |
| hortus, -ī *m.* | Garten L 3 |
| **hospes, hospitis** *m.* | Gast; Fremder L 16 |
| **hostis, -is** *m.* | Feind, Landesfeind L 19 |
| **hūc** *(Adv.)* | hierher L 1 |
| **hūmānus, -a, -um** | menschlich L 18 |
| iacēre, iaceō, iacuī | liegen L 17 |
| **iam** *(Adv.)* | schon L 2 |
| **ibī** *(Adv.)* | dort L 6 |
| **idōneus, -a, -um** | geeignet L 12 |
| **igitur** *(Adv.)* | also L 18 |
| **īgnāvus, -a, -um** | feige; träge; untätig; kraftlos L 9 |
| **īgnōrāre** | nicht wissen, nicht kennen L 10 |
| **īgnōtus, -a, -um** | unbekannt L 3 |
| **ille, illa, illud** | jener, jene, jenes L 18 |
| illūstris, -e | glänzend, berühmt; hell, klar L 23 |
| imminēre, immineō, imminuī | bevorstehen, drohen L 21 |
| immolāre | opfern L 5 |
| **imperāre** | befehlen L 14 |
| **imperātor, -ōris** *m.* | Feldherr; Kaiser L 12 |
| **imperium, -ī** *n.* | Befehl; Herrschaft; Reich L 7 |
| **impōnere, impōnō, imposuī, impositum** | auf etw. setzen, auferlegen L 19 |
| **imprīmīs** *(Adv.)* | besonders L 7 |
| **in** *(beim Abl.)* | „in“, auf, bei L 9 |
| **in** *(beim Akk.)* | „in“, nach; gegen L 3 |
| incendere, incendō, incendī, incēnsum | anzünden, entflammen L 25 |
| **incendium, -ī** *n.* | Brand, Feuer L 2 |
| **incipere, incipiō, coepī, inceptum** | anfangen, beginnen L 24 |
| incitāre | antreiben, anfeuern, reizen claro 3 |
| incrēdibilis, -e | unglaublich L 23 |

| | |
|---|---|
| indīgnus, -a, -um | unwürdig L 27 |
| **indūcere, indūcō, indūxī, inductum** | hineinführen, verleiten L 22 |
| īnflammāre | entflammen, entzünden L 26 |
| **ingenium, -ī** *n.* | Charakter, Talent, Begabung L 23 |
| **ingēns,** *Gen.:* **ingentis** | gewaltig, riesengroß L 23 |
| **inicere, iniciō, iniēcī, iniectum** | einflößen, bewirken, machen |
| **inimīcus, -ī** *m.* | Feind L 11 |
| **iniūria, -ae** *f.* | Unrecht, Ungerechtigkeit; Kränkung L 19 |
| **inopia, -ae** *f.* | Mangel, Not L 20 |
| **inquit** | sagt(e) (er/sie/es) L 11 |
| īnsānus, -a, -um | wahnsinnig, verrückt L 16 |
| **īnsidiae, -ārum** *f.* *(Pluralwort)* | Anschlag, Hinterhalt, Attentat L 8 |
| īnstrūmentum, -ī *n.* | Werkzeug, Gerät L 3 |
| īnsula, -ae *f.* | „Insel", Wohnblock L 3 |
| **inter** *(beim Akk.)* | zwischen; unter L 3 |
| **interdum** *(Adv.)* | manchmal, bisweilen L 20 |
| intereā *(Adv.)* | inzwischen L 11 |
| **interficere, interficiō, interfēcī, interfectum** | töten, ermorden L 23 |
| **interrōgare** | fragen L 5 |
| **intrāre** | betreten L 3 |
| intus *(Adv.)* | innen, drinnen L 2 |
| **invidia, -ae** *f.* | Neid L 10 |
| īra, -ae *f.* | Zorn L 10 |
| īrātus, -a, -um | zornig L 4 |
| **īre, eō, iī** | gehen; reisen L 6 |
| **irrīdēre, irrīdeō, irrīsī, irrīsum** | verspotten, auslachen L 10 |
| **is, ea, id** | dieser, diese, dieses L 13 |
| **ita** *(Adv.)* | so L 8 |
| **itaque** *(Adv.)* | deshalb, daher L 4 |
| **iter, itineris** *n.* | Weg, Reise L 14 |
| **iterum** *(Adv.)* | wiederum, zum zweiten Mal L 8 |
| **iterum atque iterum** | immer wieder L 8 |
| **iubēre, iubeō, iussī, iussum** | befehlen L 18 |
| **iūcundus, -a, -um** | angenehm, erfreulich L 4 |
| **iūs, iūris** *n.* | Recht L 27 |
| **iussū** | auf Befehl L 25 |
| **iūstus, -a, -um** | gerecht, gebührend L 6 |
| **iuvat, iūvit** | es macht Spaß, es freut L 4 |
| **iuvenis, -is** *m.* | junger Mann L 18 |

| | |
|---|---|
| **labōrāre** | sich anstrengen, arbeiten; leiden L 1 |
| labyrinthus, -ī *m.* | „Labyrinth“ L 14 |
| lac, lactis *n.* | Milch L 21 |
| lacrima, -ae *f.* | Träne L 18 |
| **laetus, -a, -um** | fröhlich L 1 |
| latrō, -ōnis *m.* | Räuber L 27 |
| **lātus, -a, -um** | breit, weit (ausgedehnt) L 5 |
| **lătus, lateris** *n.* | Seite L 15 |
| **laudāre** | loben L 4 |
| **legiō, -ōnis** *f.* | „Legion“ L 13 |
| **leō, leōnis** *m.* | Löwe L 15 |
| levāre | erheben; erleichtern L 10 |
| **lēx, lēgis** *f.* | Gesetz; Bedingung L 20 |
| **libenter** *(Adv.)* | gern L 3 |
| **līber, lībera, līberum** | frei L 7 |
| līberāre | befreien L 7 |
| **līberī, -ōrum** *(Pluralwort) m.* | Kinder L 3 |
| **lībertās, -ātis** *f.* | Freiheit L 13 |
| lībertus, -ī *m.* | Freigelassener L 3 |
| **licet, licuit** | es ist erlaubt; es ist möglich L 4 |
| **līmes, limitis** *m.* | Grenze, Grenzwall, Grenzbefestigung L 20 |
| **lingua, -ae** *f.* | Zunge; Sprache L 10 |
| **littera, -ae** *f.* | Buchstabe L 4 |
| **litterae, -ārum** *f.* | Brief; „Literatur“, Wissenschaften L 4 |

| | |
|---|---|
| **litus, litoris** *n.* | Küste, Strand L 17 |
| **locus, -ī** *m.* | Ort, Stelle L 6 |
| **longus, -a, -um** | „lang“; weit L 16 |
| **lūdus, -ī** *m.* | Spiel; Schauspiel; Schule L 4 |
| **lūx, lūcis** *f.* | Licht, Tageslicht L 25 |
| maestus, -a, -um | traurig L 10 |
| **magister, magistrī** *m.* | Lehrer L 4 |
| **magistra, -ae** *f.* | Lehrerin L 4 |
| **māgnificus, -a, -um** | großartig, prächtig L 5 |
| **māgnitūdō, -inis** *f.* | Größe L 13 |
| **māgnus, -a, -um** | groß L 1 |
| **māiōrēs, -um** *m.* | Vorfahren L 13 |
| **malum, -ī** *n.* | Übel, Leid L 18 |
| **malus, -a, -um** | schlecht; schädlich L 9 |
| **manēre, maneō, mānsī** | bleiben L 9 |
| **manus, -ūs** *f.* | Hand, Schar L 25 |
| **mare, maris** *n.* | Meer L 15 |
| **māter, mātris** *f.* | „Mutter“ L 20 |
| **meā sponte** | freiwillig, aus eigenem Antrieb L 27 |
| **mēcum** | mit mir L 9 |
| **medius, -a, -um** | der Mittlere, in der Mitte gelegen; mitten L 16 |
| **memoriā tenēre** | sich daran erinnern, dass; sich dessen bewusst sein, dass L 11 |

| | |
|---|---|
| **memoria, -ae** *f.* | Gedächtnis; Erinnerung L 11 |
| mercātor, -ōris *m.* | Händler, Kaufmann L 20 |
| merx, mercis *f.* | Ware L 21 |
| **metuere, metuō, metuī** | sich fürchten; fürchten L 19 |
| **metus, -ūs** *m.* | Furcht, Angst L 25 |
| **meus, -a, -um** | „mein“ L 6 |
| **mīles, mīlitis** *m.* | Soldat L 13 |
| **mīlitāris, -e** | Kriegs-, „Militär“-L 23 |
| **minimē** *(Adv.)* | keineswegs; überhaupt nicht L 16 |
| **minuere, minuō, minuī, minūtum** | vermindern, verringern L 24 |
| mīrus, -a, -um | seltsam, verwunderlich L 14 |
| **miser, misera, miserum** | unglücklich, elend L 7 |
| **misericordia, -ae** *f.* | Mitleid, Barmherzigkeit L 6 |
| **mittere, mittō, mīsī, missum** | schicken, senden; entlassen; werfen L 20 |
| **modo** *(Adv.)* | eben erst; nur L 17 |
| **modo … modo** | bald … bald L 17 |
| **modus, -ī** *m.* | Art, Weise; Maß L 13 |
| **moenia, -ium** *n.* *(Pluralwort)* | Mauern, Stadtmauern L 19 |

| | |
|---|---|
| **monēre, moneō, monuī, monitum** | (er)mahnen L 3 |
| **mōns, montis** *m.* | Berg, Gebirge L 15 |
| mōnstrāre | zeigen L 3 |
| **monumentum, -ī** *n.* | Denkmal L 1 |
| **morbus, -ī** *m.* | Krankheit L 20 |
| **mors, mortis** *f.* | Tod L 20 |
| **mortuus, -a, -um** | tot L 7 |
| **mōs, mōris** *m.* | Sitte, Brauch L 13 |
| **movēre, moveō, mōvī, mōtum** | bewegen L 14 |
| **mox** *(Adv.)* | bald L 21 |
| **mulier, mulieris** *f.* | Frau L 12 |
| **multus, -a, -um** | viel L 2 |
| mūnicipium, -ī *n.* | Landstadt L 7 |
| **mūnus, mūneris** *n.* | Aufgabe; Amt; Geschenk; Festspiel, öffentliches Schauspiel L 27 |
| mūrus, -ī *m.* | Mauer L 9 |
| **mūtāre** | ändern, wechseln; austauschen, entfernen L 17 |
| **nam** | denn L 1 |
| **narrāre** | erzählen L 3 |
| **nātiō, -ōnis** *f.* | Volksstamm; Abstammung; Geburt L 21 |
| **nātus, -a, -um** | geboren L 24 |
| **nāvigāre** | segeln L 8 |
| nāvigium, -ī *n.* | Schiff L 9 |
| **nāvis, -is** *f.* | Schiff L 15 |
| **nē … quidem** | nicht … einmal L 20 |

| | |
|---|---|
| **-ne?** | (Fragepartikel; an ein Wort angehängt, wird nicht übersetzt) L 14 |
| **nec** | und nicht, auch nicht L 6 |
| **nec … nec** | weder … noch L 6 |
| **necāre** | töten L 6 |
| **necesse est** | es ist nötig, notwendig L 6 |
| necessitās, -ātis *f.* | Notwendigkeit L 27 |
| **negāre** | verneinen, abschlagen; sagen, dass nicht L 26 |
| **neglegere, neglegō, neglēxī, neglēctum** | vernachlässigen, nicht beachten L 24 |
| **negōtium, -ī** *n.* | Tätigkeit, Aufgabe L 3 |
| **nēmō** | niemand L 16 |
| **neque** | und nicht, auch nicht L 6 |
| **neque … neque** | weder … noch L 6 |
| **nescīre, nesciō, nesciī** | nicht wissen L 27 |
| nimius, -a, -um | zu groß, zu gewaltig, übermäßig L 13 |
| **nisī** | wenn nicht L 25 |
| **nōbilis, -e** | bekannt, berühmt, vornehm, adelig L 23 |
| **nōbīscum** | mit uns L 9 |
| nocēre, noceō, nocuī | schaden L 22 |
| **noctū** *(Adv.)* | nachts L 8 |
| **nōmen, nōminis** *n.* | Name L 16 |
| nōmināre | (be)nennen L 4 |
| **nōn** | nicht L 1 |
| **nōn iam** | nicht mehr L 2 |
| **nōn sōlum … sed etiam** | nicht nur … sondern auch L 3 |
| **nōndum** *(Adv.)* | noch nicht L 21 |
| **nōnne?** | nicht? *(legt zust. Antw. nahe)* L 14 |
| **nōnnūllī, -ae, -a** | einige, manche L 2 |
| **nōnnumquam** *(Adv.)* | manchmal L 4 |
| **nōs** | *Nom.*: wir; *Akk.*: uns L 4 |
| **noster, nostra, nostrum** | unser L 6 |
| **nōtus, -a, -um** | bekannt L 11 |
| **novus, -a, -um** | „neu" L 3 |
| **nox, noctis** *f.* | „Nacht" L 26 |
| nūbere, nūbō, nūpsī, nuptum *(beim Dat.)* | (einen Mann) heiraten L 24 |
| **num?** | etwa wirklich? *(legt ablehn. Antw. nahe)* L 14 |
| **numerus, -ī** *m.* | Zahl, Anzahl L 22 |
| **numquam** *(Adv.)* | nie(mals) L 4 |
| **nunc** *(Adv.)* | jetzt, nun L 1 |
| **nūntiāre** | verkünden, melden, sagen lassen L 8 |

| | |
|---|---|
| **nūntius, -ī** *m.* | Bote; Botschaft, Meldung, Nachricht L 11 |
| nūper *(Adv.)* | neulich, unlängst L 16 |
| obicere, obiciō, obiēcī, obiectum | entgegenwerfen, vorwerfen L 27 |
| obscūrus, -a, -um | dunkel L 3 |
| obses, obsidis *m.* und *f.* | Geisel L 21 |
| **obsidēre, obsideō, obsēdī, obsessum** | belagern, blockieren L 27 |
| **obtinēre, obtineō, obtinuī, obtentum** | festhalten, in Besitz haben; einnehmen L 25 |
| **obviam** *(Adv.)* | entgegen L 15 |
| **occīdere, occīdō, occīdī, occīsum** | töten, umbringen L 24 |
| occultāre | verbergen, verstecken L 8 |
| **occultus, -a, -um** | verborgen, unbemerkt L 25 |
| **occupāre** | einnehmen, besetzen L 12 |
| **oculus, -ī** *m.* | Auge L 16 |
| **odium, -ī** *n.* | Hass L 13 |
| **offendere, offendō, offendī, offēnsum** | anstoßen; beleidigen, verletzen L 23 |
| **officium, -ī** *n.* | Pflicht, Aufgabe, Dienst L 6 |
| **ōlim** *(Adv.)* | einst, dereinst L 11 |

| | |
|---|---|
| **omnīnō** *(Adv.)* | ganz und gar, völlig L 24 |
| **omnis, -e** | jeder; *Plural:* alle L 23 |
| **oppidum, -ī** *n.* | befestigte Siedlung; (kleine) Stadt L 8 |
| **opprimere, opprimō, oppressī, oppressum** | bedrücken, unterdrücken; plötzlich überfallen L 19 |
| **oppūgnāre** | bestürmen, angreifen L 12 |
| **opus est** | es ist notwendig L 11 |
| **opus, operis** *n.* | Werk L 14 |
| ōrā, -ae *f.* | Küste L 8 |
| **orbis, -is** *m.* | Kreis L 18 |
| **orbis terrārum** *m.* | Erdkreis L 18 |
| orīgō, orīginis *f.* | Ursprung, Abstammung, Geburt L 21 |
| ōrnāmentum, -ī *n.* | Schmuck(stück) L 5 |
| ōrnāre | schmücken L 14 |
| **ōs, ōris** *n.* | Mund, Gesicht L 18 |
| **parāre** | (zu)bereiten L 3 |
| **parātus, -a, -um** | bereit L 4 |
| **pārēre, pāreō, pāruī** | gehorchen L 8 |
| **pars, partis** *f.* | Teil; Richtung, Seite L 26 |
| **partēs, -ium** *f.* | „Partei“ L 26 |
| **parvus, -a, -um** | klein L 5 |
| **pater, patris** *m.* | „Vater“ L 14 |

| | |
|---|---|
| **patrēs cōnscrīptī** *m.* | Senatoren! *(übliche Anrede im röm. Senat)* L 27 |
| **patria, -ae** *f.* | Heimat, Vaterland L 6 |
| **paucī, -ae, -a** | wenige, nur wenige L 8 |
| paulātim *(Adv.)* | allmählich L 11 |
| **paulō post** *(Adv.)* | wenig später; kurz danach L 25 |
| **paulum** *(Adv.)* | ein wenig L 25 |
| **pauper,** *Gen.:* **pauperis** | arm L 23 |
| **pāx, pācis** *f.* | Friede L 13 |
| **pecūnia, -ae** *f.* | Geld L 2 |
| **pendere, pendō, pependī, pēnsum** | abwägen; zahlen L 20 |
| **per** *(beim Akk.)* | durch L 3 |
| **perdere, perdō, perdidī, perditum** | zugrunde richten, ruinieren; verlieren, einbüßen L 26 |
| pergere, pergō, perrēxī, perrēctum | fortsetzen L 21 |
| perīcula subīre | Gefahren bestehen L 9 |
| **perīculum, -ī** *n.* | Gefahr L 2 |
| **perīre, pereō, periī** | zugrunde gehen, umkommen L 6 |
| permovēre, permoveō, permōvī, permōtum | bewegen, veranlassen; erschüttern L 25 |
| perniciōsus, -a, -um | verderblich, schädlich L 13 |
| perpetuus, -a, -um | ununterbrochen, fortdauernd L 13 |
| **persuādēre, persuādeō, persuāsī, persuāsum** *(beim Dat.)* | jmdn. überreden, überzeugen L 12 |
| **pēs, pedis** *m.* | Fuß L 17 |
| **petere, petō, petīvī, petītum** | zu erreichen suchen, erstreben; angreifen L 17 |
| placāre | besänftigen, beruhigen; versöhnen L 25 |
| **placēre, placeō, placuī** | gefallen L 5 |
| **plēnus, -a, -um** *(beim Gen.)* | voll von/mit L 6 |
| **plērīque, plēraeque, plēraque** | die meisten L 12 |
| plērumque *(Adv.)* | meistens L 21 |
| **poena, -ae** *f.* | Strafe L 6 |
| pontifex maximus, pontificis maximī *m.* | Oberpriester claro 2 |
| **populus, -ī** *m.* | Volk, Menge L 5 |
| **porta, -ae** *f.* | „Pforte“, Tor L 2 |
| **portāre** | tragen, bringen L 3 |
| **posse, possum, potuī** | können L 4 |

| | |
|---|---|
| **possidēre, possideō, possēdī, possessum** | besitzen L 10 |
| **post** *(b. Akk.)* | hinter, nach L 13 |
| **posteā** *(Adv.)* | nachher, später L 9 |
| **posterus, -a, -um** | nachfolgend; als Nachfolger L 9 |
| **postquam** *(beim Perf.)* | nachdem L 9 |
| **postrēmō** *(Adv.)* | schließlich, endlich, zuletzt L 8 |
| **postulāre** | fordern, verlangen L 5 |
| **potēns,** *Gen.:* **potentis** | mächtig L 27 |
| **potestās, -ātis** *f.* | (Amts-)Gewalt, Macht; Möglichkeit L 17 |
| **potius** *(Adv.)* | eher, lieber L 27 |
| **praebēre, praebeō, praebuī, praebitum** | hinhalten, (dar)reichen L 5 |
| praecipere, praecipiō, praecēpī, praeceptum | vorschreiben L 27 |
| **praeesse, praesum, praefuī** | kommandieren, leiten L 19 |
| **praeter** *(beim Akk.)* | außer; an … vorbei L 27 |
| **praetereā** *(Adv.)* | außerdem L 13 |
| **premere, premō, pressī, pressum** | drücken, bedrängen L 17 |
| **prīmō** *(Adv.)* | zuerst L 9 |
| **prīmum** *(Adv.)* | zum ersten Mal; erstens; zuerst L 22 |
| **prīnceps, prīncipis** *m.* | führender Mann; „Prinz“, Häuptling; Kaiser L 13 |
| **prō** *(beim Abl.)* | vor, für, an Stelle von; L 9 |
| **probāre** | untersuchen, prüfen; billigen, gutheißen L 7 |
| procul *(Adv.)* | in der Ferne, fern L 6 |
| **prōdesse, prōsum, prōfuī** | nützlich sein, nützen L 27 |
| prōdigium, -ī *n.* | Vorzeichen L 8 |
| **proelium, -ī** *n.* | Kampf, Schlacht L 7 |
| **proelium committere** | eine Schlacht beginnen, kämpfen L 21 |
| **profectō** *(Adv.)* | in der Tat, sicherlich L 12 |
| **prohibēre, prohibeō, prohibuī, prohibitum** | abhalten, (ver)hindern L 18 |
| **prope** *(beim Akk.)* | nahe bei L 3 |
| properāre | eilen, sich beeilen L 5 |
| **propinquus, -a, -um** | nahe; nahestehend, verwandt L 22 |
| **propter** *(beim Akk.)* | wegen L 8 |
| **prōvidēre, prōvideō, prōvīdī, prōvīsum** | vorhersehen; sorgen für L 24 |
| **prōvincia, -ae** *f.* | Amtsbereich, „Provinz“ L 20 |

| | |
|---|---|
| **proximus, -a, -um** | nächster, nächstgelegen L 7 |
| **prūdēns,** *Gen.:* **prūdentis** | klug, erfahren, vorausschauend L 27 |
| **pūblicus, -a, -um** | öffentlich, staatlich L 2 |
| **puella, -ae** *f.* | Mädchen L 2 |
| **puer, puerī** *m.* | Junge L 2 |
| **puerī, -ōrum** *m.* | Jungen; Kinder L 2 |
| **pūgna, -ae** *f.* | Kampf L 7 |
| **pūgnāre** | kämpfen L 6 |
| **pulcher, pulchra, pulchrum** | schön L 2 |
| **pūrus, -a, -um** | rein, sauber L 5 |
| **putāre** | glauben, meinen; halten für L 10 |
| **quaerere, quaerō, quaesīvī, quaesītum** | suchen, fragen L 17 |
| quaesō! | bitte! L 20 |
| **quam** *(Adv.)* | wie L 1 |
| **quamquam** | obgleich, obwohl L 18 |
| **quandō?** | wann? L 12 |
| **-que** | und L 7 |
| **quī, quae, quod** | der, die, das L. 15 |
| **quia** | weil L 21 |
| **quid?** | was? L 6 |
| **quidem** *(Adv.)* | wenigstens, freilich, zwar, gewiss L 11 |
| **quis?** | wer? L 1 |
| **quō?** *(Adv.)* | wohin? L 17 |
| **quod** | weil L 5 |
| **quōmodo?** *(Adv.)* | wie? L 18 |
| **quoniam** | da ja, weil ja L 25 |
| rārō *(Adv.)* | selten L 22 |
| **ratiō, -ōnis** *f.* | Vernunft; Verstand; Art und Weise, Rechnung, Berechnung L 20 |
| **recipere, recipiō, recēpī, receptum** | zurücknehmen, zurückhalten; zurückziehen, aufnehmen L 20 |
| **reddere, reddō, reddidī, redditum** | zurückgeben; etw. zu etw. machen L 18 |
| **redīre, redeō, rediī** | zurückgehen, zurückkehren, zurückkommen L 6 |
| rēgīna, -ae *f.* | Königin L 9 |
| **rēgius, -a, -um** | königlich L 25 |
| **rēgnum, -ī** *n.* | Königsherrschaft, Königreich L 22 |
| **relinquere, relinquō, relīquī, relictum** | verlassen, zurücklassen L 17 |
| **reliquus, -a, -um** | übrig L 8 |
| **remanēre, remaneō, remānsī** | zurückbleiben L 11 |
| **repetere, repetō, repetīvī, repetītum** | wiederaufsuchen; wiederholen L 20 |
| reprehendere, reprehendō, reprehendī, reprehēnsum | tadeln L 27 |

| | |
|---|---|
| repudiāre | zurückweisen, ablehnen L 24 |
| **rērum scrīptor, -ōris** *m.* | Geschichtsschreiber L 25 |
| **rēs, reī** *f.* | Sache, Ding L 25 |
| **rēs secundae** *f.* *(Pluralwort)* | Glück L 25 |
| **resistere, resistō, restitī** | sich widersetzen; Widerstand leisten L 25 |
| **respondēre, respondeō, respondī, respōnsum** | antworten L 11 |
| **restituere, restituō, restituī, restitūtum** | wiederherstellen L 25 |
| revocāre | zurückrufen L 21 |
| **rēx, rēgis** *m.* | König, Herrscher L 13 |
| **rīdēre, rīdeō, rīsī, rīsum** | lachen L 1 |
| rīpa, -ae *f.* | Ufer L 11 |
| **Rōmam** *(Adv.)* | nach Rom L 6 |
| saccus, -ī *m.* | „Sack“ L 3 |
| **sacer, sacra, sacrum** | heilig, geweiht L 5 |
| **saepe** *(Adv.)* | oft L 10 |
| **salūs, salūtis** *f.* | Wohl, Rettung; Gruß L 12 |
| salūtāre | begrüßen L 3 |
| **salvē!/salvēte!** | hallo! Guten Tag! Herzlich willkommen! L 12 |
| **salvus, -a, -um** | wohlbehalten, unversehrt L 24 |
| sānus, -a, -um | gesund L 16 |
| **satis** *(Adv.)* | genug, ausreichend L 20 |
| **saxum, -ī** *n.* | Stein, Fels L 15 |
| **scelus, sceleris** *n.* | Verbrechen L 24 |
| **scientia, -ae** *f.* | Wissen, Kenntnis L 14 |
| **scīre, sciō, scīvī, scītum** | wissen; kennen, verstehen L 27 |
| **scrīptor, -ōris** *m.* | Schriftsteller L 25 |
| **sē** *(Akk.)* | sich L 7 |
| **sēcum** | mit sich, bei sich L 9 |
| **secundus, -a, -um** | günstig L 9 |
| **sed** | aber; sondern L 1 |
| **sedēre, sedeō, sēdī, sessum** | sitzen L 1 |
| sēdulus, -a, -um | fleißig claro 1 |
| **semper** *(Adv.)* | immer L 1 |
| **senātor, -ōris** *m.* | „Senator“ L 12 |
| **senex, senis** *m.* | alter Mann, Greis L 16 |
| **sententia, -ae** *f.* | Meinung; Ausspruch; Satz L 20 |
| sepulcrum, -ī *n.* | Grab L 25 |
| **sermō, sermōnis** *m.* | Gespräch, Unterredung L 21 |
| **servāre** | retten, bewahren L 8 |
| **servus, -ī** *m.* | Sklave L 1 |

| | |
|---|---|
| **serva, -ae** *f.* | Sklavin L 1 |
| **sī** | wenn, falls L 25 |
| **sibi** *(Dat.)* | sich L 14 |
| **sīc** *(Adv.)* | so L 12 |
| **sīcut** | wie L 23 |
| **sīgnum, -ī** *n.* | Zeichen L 15 |
| silva, -ae *f.* | Wald L 11 |
| **similis, -e** | ähnlich, gleich L 23 |
| **simul** *(Adv.)* | zugleich L 26 |
| **simulāre** | vorgeben; so tun, als ob L 11 |
| **sine** *(beim Abl.)* | ohne L 9 |
| **singulāris, -e** | einzigartig L 23 |
| situs, -a, -um | gelegen L 15 |
| **socius, -ī** *m.* | Gefährte, Begleiter; Verbündeter L 6 |
| socordia, -ae *f.* | Leichtsinn, Sorglosigkeit L 22 |
| sollicitus, -a, -um | unruhig, besorgt, ängstlich L 2 |
| **sōlus, -a, -um** | allein; einsam, verlassen L 17 |
| **solvere, solvō, solvī, solūtum** | lösen, auflösen; bezahlen L 25 |
| somnium, -ī *n.* | Traum, Traumbild L 8 |
| somnus, -ī *m.* | Schlaf L 12 |
| **sonus, -ī** *m.* | Ton, Klang, Stimme L 18 |
| soror, -ōris *f.* | Schwester L 18 |
| **speciēs, speciēī** *f.* | Aussehen; Äußeres; Schönheit; Schein L 25 |
| **spectāre** | schauen, ansehen L 1 |
| spēlunca, -ae *f.* | Höhle, Grotte L 16 |
| **spērāre** | hoffen, erhoffen L 7 |
| **spēs, speī** *f.* | Hoffnung, Erwartung L 25 |
| splendidus, -a, -um | stattlich; bedeutend; glänzend L 16 |
| **spoliāre** *(beim Abl.)* | berauben, plündern L 7 |
| **stāre, stō, stetī, statum** | stehen L 1 |
| **statim** *(Adv.)* | sofort L 8 |
| **statua, -ae** *f.* | „Statue", Standbild L 3 |
| stipendia facere | Kriegsdienst leisten L 20 |
| strēnuus, -a, -um | tatkräftig, tüchtig, entschlossen L 8 |
| **studēre, studeō, studuī** *(beim Dat.)* | sich bemühen L 9 |
| **studium, -ī** *n.* | Eifer, Bemühung L 27 |
| stultus, -a, -um | dumm L 10 |
| subīre, subeō, subiī | auf sich nehmen L 6 |
| **subitō** *(Adv.)* | plötzlich L 1 |

| | |
|---|---|
| **subvenīre, subveniō, subvēnī, subventum** *(beim Dat.)* | jmdm. zu Hilfe kommen L 27 |
| succēdere, succēdō, successī, successum | nachfolgen; gelingen L 23 |
| **summus, -a, -um** | oberster, höchster L 11 |
| **super** *(beim Akk.)* | über L 10 |
| **superāre** | besiegen; übertreffen L 7 |
| superbus, -a, -um | hochmütig, stolz L 13 |
| **supplicium, -ī** *n.* | Hinrichtung, Todesstrafe L 6 |
| **sustinēre, sustineō, sustinuī, sustentum** | aushalten, (er)tragen L 13 |
| **suus, -a, -um** | sein, ihr L 13 |
| **taberna, -ae** *f.* | „Taverne“ , Schenke; Laden L 2 |
| **tacēre, taceō, tacuī** | schweigen L 4 |
| **tālis … quālis** | so beschaffen … wie L 23 |
| **tam** *(Adv.)* | so L 26 |
| **tamen** | dennoch, trotzdem L 8 |
| **tandem** *(Adv.)* | endlich L 2 |
| **tangere, tangō, tetigī, tāctum** | berühren L 17 |
| **tantus, -a, -um** | so groß, so viel L 22 |
| tardus, -a, -um | (zu) spät, langsam L 2 |
| **tēcum** | mit dir L 9 |
| **tegere, tegō, tēxī, tēctum** | „bedecken“, schützen L 20 |
| **tēlum, -ī** *n.* | Wurfgeschoss; Waffe L 7 |
| **temeritās, -ātis** *f.* | Leichtsinn, Planlosigkeit L 22 |
| **tempestās, -ātis** *f.* | Sturm, Unwetter L 21 |
| **templum, -ī** *n.* | „Tempel“, Heiligtum L 5 |
| **temptāre** | angreifen; versuchen; auf die Probe stellen L 23 |
| **tempus, -oris** *n.* | Zeit L 14 |
| **tenēre, teneō, tenuī** | (fest)halten L 11 |
| **tergum, -ī** *n.* | Rücken L 17 |
| **terrā marīque** | zu Lande und zu Wasser L 20 |
| **terra, -ae** *f.* | Land, Erde L 15 |
| **terrēre, terreō, terruī, territum** | erschrecken L 7 |
| terribilis, -e | schrecklich L 23 |
| **thermae, -ārum** *f. (Pluralwort)* | „Thermen“ L 23 |
| **timēre, timeō, timuī** | fürchten, Angst haben vor L 2 |
| **timor, -ōris** *m.* | Furcht, Angst L 12 |
| **toga, -ae** *f.* | „Toga“ L 4 |
| **tolerāre** | aushalten, ertragen L 7 |

| | |
|---|---|
| **tollere, tollō, sustulī, sublātum** | hochheben; verherrlichen; wegnehmen, beseitigen L 24 |
| torquēre, torqueō, torsī, tortum | drehen, werfen, foltern L 21 |
| **trādere, trādō, trādidī, trāditum** | übergeben, überliefern L 19 |
| **trahere, trahō, trāxī, tractum** | ziehen, schleppen L 21 |
| trāicere, trāiciō, trāiēcī, trāiectum | hinüberfahren, übersetzen L 21 |
| **trānsīre, trānseō, trānsiī, trānsitum** | hinübergehen, überschreiten; überspringen L 9 |
| **tribuere, tribuō, tribuī, tribūtum** | zuteilen L 25 |
| **tribūnus, -ī** *m.* | „Tribun" *(Beamter oder Offizier)* L 23 |
| **tū** | „du" L 4 |
| **tum** *(Adv.)* | da; dann; darauf; damals L 2 |
| tumultus, -ūs *m.* | Aufruhr, Aufstand L 22 |
| tunica, -ae *f.* | „Tunica" L 5 |
| turba, -ae *f.* | Menschenmenge, Masse L 2 |
| **tūtus, -a, -um** | sicher, geschützt L 20 |
| **tuus, -a, -um** | dein L 6 |
| tyrannus, -ī *m.* | „Tyrann", Gewaltherrscher L 23 |
| **ubī?** *(Adv.)* | wo? L 1 |
| ubīque *(Adv.)* | überall L 2 |
| umbra, -ae *f.* | Schatten L 8 |
| **umquam** *(Adv.)* | jemals L 17 |
| **ūnā cum** *(beim Abl.)* | zusammen mit, gemeinsam mit L 18 |
| unda, -ae *f.* | Welle L 17 |
| **undique** *(Adv.)* | von allen Seiten, überall L 26 |
| **urbs, urbis** *f.* | Stadt, Hauptstadt L 23 |
| urgēre, urgeō, ursī | (be)drängen L 3 |
| **ūsque ad** *(beim Akk.)* | bis zu L 15 |
| **ūsque adhūc** *(Adv.)* | immer noch, bis jetzt noch L 15 |
| **ūsus, -ūs** *m.* | Gebrauch, Benutzung; Nutzen, Vorteil L 27 |
| **ut** *(beim Ind.)* | wie L 10 |
| **utinam (nē)** *(beim Konj.)* | wenn doch (nicht)! Hoffentlich (nicht)! L 26 |
| **(utrum) … an** | (ob) … oder? L 20 |
| **uxor, uxōris** *f.* | Ehefrau L 23 |
| **valdē** *(Adv.)* | sehr L 5 |
| **valē!/valēte!** | sei/seid gesund! Auf Wiedersehen! L 20 |
| **valēre, valeō, valuī** | stark/kräftig/gesund sein; gelten; Einfluss haben L 20 |
| **varius, -a, -um** | verschieden L 9 |

| | |
|---|---|
| vāstāre | verwüsten claro 3 |
| **vectīgal, -ālis** *n.* | Steuer, Abgabe L 19 |
| **velut** | wie (zum Beispiel) L 5 |
| **venīre, veniō, vēnī, ventum** | kommen L 27 |
| ventus, -ī *m.* | Wind L 9 |
| **verbum, -ī** *n.* | Wort L 10 |
| **vērō** *(Adv.)* | in der Tat, aber L 17 |
| **vērus, -a, -um** | wahr, echt, wirklich L 21 |
| Vestālis, -is *f.* | Vestalin, Vestapriesterin claro 2 |
| **vester, vestra, vestrum** | euer L 6 |
| vestīmentum, -ī *n.* | Kleid(ungsstück) L 5 |
| **vetus,** *Gen.:* **veteris** | alt L 23 |
| vexāre | quälen L 7 |
| **via, -ae** *f.* | Straße, Weg L 3 |
| **victor, -ōris** *m.* | Sieger L 12 |
| **victōria, -ae** *f.* | Sieg L 13 |
| **vidēre, videō, vīdī, vīsum** | sehen L 3 |
| **vīlla, -ae** *f.* | Landhaus, Landgut L 10 |
| **vincere, vincō, vīcī, victum** | (be)siegen L 19 |
| **vincula, -ōrum** *n.* | Gefängnis L 20 |
| **vinculum, -ī** *n.* | Band, Fessel L 20 |
| **vīnum, -ī** *n.* | „Wein“ L 2 |
| **violāre** | verletzen, verwüsten L 9 |
| **vir, virī** *m.* | Mann L 2 |
| **virgō, virginis** *f.* | Mädchen, junge Frau L 18 |
| **virtūs, -ūtis** *f.* | Tatkraft, Mut; Wert; Tugend L 15 |
| **vīs,** *Akk.:* **vim,** *Abl.:* **vī** *f.* | Kraft, Gewalt, Stärke L 15 |
| **vīta, -ae** *f.* | Leben L 6 |
| **vitium, -ī** *n.* | Fehler, Mangel L 13 |
| **vīvere, vīvō, vīxī** | leben L 19 |
| **vix** *(Adv.)* | kaum, mit Mühe L 20 |
| **vōbīscum** | mit euch L 9 |
| **vocāre** | rufen, nennen L 8 |
| **vōs** | *Nom.:* ihr; *Akk.:* euch L 4 |
| vovēre, voveō, vōvī, vōtum | versprechen, weihen L 22 |
| **vōx, vōcis** *f.* | Stimme; Laut; Äußerung L 16 |

| | |
|---|---|
| **abesse, absum, āfuī** | fehlen, fern sein |
| **accēdere, accēdō, accessī, accessum** | herantreten |
| **addūcere, addūcō, addūxī, adductum** | heranführen, zuführen; veranlassen |
| **adhibēre, adhibeō, adhibuī, adhibitum** | hinzuziehen, anwenden |
| **adiungere, adiungō, adiūnxī, adiunctum** | anfügen, verbinden |
| **animadvertere, animadvertō, animadvertī, animadversum** | bemerken; einschreiten; bestrafen |
| **appetere, appetō, appetīvī, appetītum** | begehren, verlangen; angreifen |
| **aspicere, aspiciō, aspexī, aspectum** | erblicken, anschauen, betrachten |
| **audīre, audiō, audīvī, audītum** | hören; anhören, erhören |
| **augēre, augeō, auxī, auctum** | vergrößern, vermehren, fördern |
| **avertere, avertō, avertī, aversum** | abwenden |
| **cēdere, cēdō, cessī, cessum** | gehen, weichen |
| **cēnsēre, cēnseō, cēnsuī** | schätzen; meinen; beschließen |
| **cernere, cernō, crēvī, crētum** | sehen, wahrnehmen |
| **cognōscere, cognōscō, cognōvī, cognitum** | erkennen, kennen lernen; untersuchen |
| **colere, colō, coluī, cultum** | pflegen, bebauen, ehren |
| **committere, committō, commīsī, commissum** | zusammenführen; beginnen; begehen; anvertrauen |
| **commovēre, commoveō, commōvī, commōtum** | bewegen, erregen |
| **coniungere, coniungō, coniūnxī, coniūnctum** | verbinden, vereinigen |
| **cōnsentīre, cōnsentiō, cōnsēnsī, cōnsēnsum** | übereinstimmen, zustimmen, sich einig sein |
| **cōnsīdere, cōnsīdō, cōnsēdī, cōnsessum** | sich setzen, sich niederlassen |
| **cōnsulere, cōnsulō, cōnsuluī, cōnsultum** | um Rat fragen |
| **contemnere, contemnō, contempsī, contemptum** | gering schätzen, verachten |
| **convertere, convertō, convertī, conversum** | umdrehen, wenden; sich umdrehen |

| | |
|---|---|
| **corrumpere, corrumpō, corrūpī, corruptum** | verderben; bestechen |
| **dare, dō, dedī, datum** | geben |
| **dēbēre, dēbeō, dēbuī, dēbitum** | müssen; schulden; verdanken |
| **dēcēdere, dēcēdō, dēcessī, dēcessum** | weggehen, abweichen |
| **dēcernere, dēcernō, dēcrēvī, dēcrētum** | entscheiden, beschließen |
| **dēdūcere, dēdūcō, dēdūxī, dēductum** | herabführen, wegführen |
| **dēlēre, dēleō, dēlēvī, dēlētum** | zerstören, vernichten |
| **dēpellere, dēpellō, dēpulī, dēpulsum** | wegstoßen, vertreiben |
| **dēscendere, dēscendō, dēscendī, dēscēnsum** | hinabsteigen |
| **dēserere, dēserō, dēseruī, dēsertum** | im Stich lassen, verlassen |
| **dīcere, dīcō, dīxī, dictum** | sagen, sprechen |
| **dīmittere, dīmittō, dīmīsī, dīmissum** | wegschicken, entlassen |
| **docēre, doceō, docuī, doctum** | unterrichten; zeigen |
| **dūcere, dūcō, dūxī, ductum** | ziehen, führen; glauben |
| **ēdūcere, ēdūcō, ēdūxī, ēductum** | herausführen, ausrücken lassen |
| **esse, sum, fuī** | sein |
| **fallere, fallō, fefellī** | täuschen |
| **finīre, finiō, finīvī, finītum** | beenden, begrenzen |
| **gerere, gerō, gessī, gestum** | tragen, ausführen |
| **incipere, incipiō, coepī, inceptum** | anfangen, beginnen |
| **indūcere, indūcō, indūxī, inductum** | hineinführen, verleiten |
| **interficere, interficiō, interfēcī, interfectum** | töten, ermorden |
| **īre, eō, iī** | gehen; reisen |
| **irrīdēre, irrīdeō, irrīsī, irrīsum** | verspotten, auslachen |
| **iubēre, iubeō, iussī, iussum** | befehlen |
| **minuere, minuō, minuī, minūtum** | vermindern, verringern |
| **mittere, mittō, mīsī, missum** | schicken, senden; entlassen; werfen |
| **monēre, moneō, monuī, monitum** | (er)mahnen |

| | |
|---|---|
| **movēre, moveō, mōvī, mōtum** | bewegen |
| **neglegere, neglegō, neglēxī, neglēctum** | vernachlässigen, nicht beachten |
| **nescīre, nesciō, nesciī** | nicht wissen |
| **obsidēre, obsideō, obsēdī, obsessum** | belagern, blockieren |
| **obtinēre, obtineō, obtinuī, obtentum** | festhalten, im Besitz haben; einnehmen |
| **occīdere, occīdō, occīdī, occīsum** | töten, umbringen |
| **offendere, offendō, offendī, offēnsum** | anstoßen; beleidigen, verletzen |
| **pendere, pendō, pependī, pēnsum** | abwägen; zahlen |
| **perdere, perdō, perdidī, perditum** | zugrunde richten, ruinieren; verlieren, einbüßen |
| **perīre, pereō, periī** | zugrunde gehen, umkommen |
| **persuādēre, persuādeō, persuāsī, persuāsum** | überreden, überzeugen |
| **petere, petō, petīvī, petītum** | zu erreichen suchen, erstreben; angreifen |
| **possidēre, possideō, possēdī, possessum** | besitzen |
| **praebēre, praebeō, praebuī, praebitum** | hinhalten, (dar)reichen |
| **premere, premō, pressī, pressum** | drücken, bedrängen |
| **prōdesse, prōsum, prōfuī** | nützlich sein, nützen |
| **prohibēre, prohibeō, prohibuī, prohibitum** | abhalten, (ver)hindern |
| **prōvidēre, prōvideō, prōvīdī, prōvīsum** | sorgen für |
| **quaerere, quaerō, quaesīvī, quaesītum** | suchen, fragen |
| **recipere, recipiō, recēpī, receptum** | zurücknehmen, zurückhalten; zurückziehen; aufnehmen |
| **reddere, reddō, reddidī, redditum** | zurückgeben |
| **redīre, redeō, rediī** | zurückgehen, zurückkehren, zurückkommen |
| **relinquere, relinquō, relīquī, relictum** | verlassen, zurücklassen |
| **repetere, repetō, repetīvī, repetītum** | wieder aufsuchen; wiederholen |
| **resistere, resistō, restitī** | sich widersetzen, Widerstand leisten |
| **respondēre, respondēō, respondī, respōnsum** | antworten |

| | |
|---|---|
| **restituere, restituō, restituī, restitūtum** | wiederherstellen |
| **rīdēre, rīdeō, rīsī, rīsum** | lachen |
| **scīre, sciō, scīvī, scītum** | wissen; kennen, verstehen |
| **solvere, solvō, solvī, solūtum** | lösen, auflösen; bezahlen |
| **stāre, stō, stetī, statum** | stehen |
| **subvenīre, subveniō, subvēnī, subventum** | jmdm. zur Hilfe kommen |
| **sustinēre, sustineō, sustinuī, sustentum** | aushalten, (er)tragen |
| **tangere, tangō, tetigī, tāctum** | berühren |
| **tegere, tegō, tēxī, tēctum** | „bedecken", schützen |
| **terrēre, terreō, terruī, territum** | erschrecken |
| **tollere, tollō, sustulī, sublātum** | hochheben; verherrlichen; wegnehmen, beseitigen |
| **trahere, trahō, trāxī, tractum** | ziehen, schleppen |
| **tribuere, tribuō, tribuī, tribūtum** | zuteilen |
| **venīre, veniō, vēnī, ventum** | kommen |
| **vidēre, videō, vīdī, vīsum** | sehen |

# Bildnachweis

Titelfoto: Film Set Augustus Rom
Agentur Focus/ ©Fabio Lorino/ Contrasto, Hamburg
Archiv für Kunst und Geschichte, Berlin 115, 116 (u.), 124, 128, 132, 134
Audi AG, 15 (mi.)
Bildarchiv Preußischer Kulturbesitz, Berlin 92, 121, 128, 207
Bildachiv Steffens/brigemanart.com, Berlin 116
Binder, V. (Karten) Berlin 76, 78, 104
bridgemanart.com Berlin 102, 116 (o.), 118, 123 (u.)
dpa-Bildarchiv, Frankfurt a. M.106, 127
Edition Albert, R., Paris 74
Foglia, Alfredo und Pio, erschienen im Buch Pompeji im Hirmer Verlag München 42, 46, 50
Gemeinnützige Stiftung Leonhard von Matt, Buochs 205 (l.)
H & S Virtuelle Welten GmbH, Trier 100, 102
Krefeld, H., Rheine 70, 75, 126 (r. o.), 149 (2), 155 (mi.), 175, 195 (2)
KPA/HIP 140
Leue, Holger/LOOK GmbH, München 112
Loto Film,Kaufbeuren 28
Picture Alliance/akg-images 129, 126
Picture Alliance/akg-images/ John Hios 90,
Picture Alliance/akg-images/Pirozzi 97
Picture Alliance/KPA 86 (r. o.)
Picture Alliance/Picture Press 15 (r. o.),
Photographie Giraudon Vanves 32
„Rotfigurige Vasen aus Athen. Die klassische Zeit“ von John Boardman, Verlag Philipp von Zabern, Abb. 364, Mainz 95
Schmidt, W., Berlin 14, (4), 15 (l. u.) (r. u.), 29 (2), 78 (2), 123 (o), 126 (l.), 149 (2), 155 (o. r.) (o. l.), 161 (4), 175 (4), 195 (4)
Schrade, St., Havixbeck 138 (2)
Sessner, Dachau 74
Solvis GmbH & Co. KG, Braunschweig 15 (l. o.)
Staatliche Münzsammlung, München 73, 78 (2), 98, 126 (u.), 149
Wacker-Chemie GmbH. München 86 (l.), 88
Wille, Chr. (Karikaturen), Ascheberg 205 (2), 208
Zwölfer, E., Freiburg 155 (l. u.)

Nicht in allen Fällen war es uns möglich, den Rechteinhaber der Abbildungen ausfindig zu machen. Berechtigte Ansprüche werden selbstverständlich im Rahmen der üblichen Vereinbarungen abgegolten.

Italia
GALLIA
RAETIA
Tridentum
Comum
Mediolanum
Sirmio
Verona
Aquileia
Placentia
Padus
Atesis
Via Aemilia
Via Iulia Augusta
Genua
Bononia
Ravenna
Pisae
Arnus
ETRURIA
Tiberis
Via Flaminia
Ancona
CORSICA
Via Claudia
Aequi
Sabini
Tarquinii
Veii
Tibur
Ostia
Roma
Tusculum
LATIUM
Samnites
Tarracina
CAMPANIA
Cannae
Capua
Neapolis
Via Appia
Brundisium
SARDINIA
Tarentum
Paestum
Messana
SICILIA
Aetna mons
Agrigentum
Syracusae
Carthago
AFRICA
0
50
100
150 km
Via Appia
Beneventum
Capua
CAMPANIA
Nola
Cumae
Neapolis
Vesuvius mons
Herculaneum
Pompeii
Nuceria
Pithecussae I.
Salernum
Surrentum
Capreae I.